浙江工商大学马克思主义学院资助出版

经济结构调整与财税体制安排的政治经济学研究

谢长安　著

中国财经出版传媒集团

图书在版编目（CIP）数据

经济结构调整与财税体制安排的政治经济学研究/谢长安著．—北京：经济科学出版社，2019.2
ISBN 978-7-5218-0321-1

Ⅰ.①经… Ⅱ.①谢… Ⅲ.①经济结构调整-关系-财政制度-研究-中国 Ⅳ.①F121②F812.2

中国版本图书馆 CIP 数据核字（2019）第 037246 号

责任编辑：李晓杰
责任校对：靳玉环
责任印制：李 鹏

经济结构调整与财税体制安排的政治经济学研究
谢长安 著
经济科学出版社出版、发行 新华书店经销
社址：北京市海淀区阜成路甲 28 号 邮编：100142
总编部电话：010-88191217 发行部电话：010-88191522
网址：www.esp.com.cn
电子邮件：esp@esp.com.cn
天猫网店：经济科学出版社旗舰店
网址：http://jjkxcbs.tmall.com
北京密兴印刷有限公司印装
710×1000 16 开 13 印张 220000 字
2019 年 4 月第 1 版 2019 年 4 月第 1 次印刷
ISBN 978-7-5218-0321-1 定价：39.00 元

前　言

金融危机以来，欧美发达国家纷纷去杠杆、调结构，纠正本国在过去发展中的经济结构失衡问题，实施再工业化战略，振兴实体经济，试图再次占据国际社会发展的制高点。

经济结构失衡也是处于高速发展状态的当代中国所面临的一个十分突出问题。尽管我国提出调整经济结构的口号已有数年之久，但经济结构调整的效果并不理想，关于经济结构的基本内涵、调整方向、可采取的必要措施等，学术界迄今也没有达成共识。

本书基于辩证的历史主义方法，以全球化为基本背景，以工业化为主线，从生产力和生产关系的层面，将经济结构界定为一国在工业化进程下反映经济发展水平的国民经济中最重要组成部分之间的比例关系，具体而言将其分为四个方面内容：以制造业为主体的实体经济与虚拟经济之间的结构状况；财富和收入分配结构状况；所有制结构状况即国有资本、私有资本和外国资本在一国国民经济中的比例与地位；人口和产业布局结构状况即工业化水平。以制造业为主体的实体经济发展状况决定一国国民经济独立程度和国家兴衰；财富和收入分配结构是否合理决定一国经济运行效率，反映经济发展成果共享程度；所有制结构反映一国经济发展的主导权状况，若本国国有资本相对外国资本和私有资本占绝对优势地位，则本国政府可以牢牢掌握国民经济发展的主导权，否则可能是国家经济主权丧失，经济陷入依附境地；人口和产业布局是否合理显示一国工业化广度和深度，反映一国区域发展协调状况和国内市场潜力。

由于财税体制与经济结构存在较为紧密的关系，因此在经济结构调整中被寄予厚望。

财税体制是指以财政收入体制、财政支出体制和预算管理体制等为主要内容，用于规范政府收支及其运行的一系列制度安排的统称。财税体制尤其是税制的设计说到底是再分配的过程，财政政策的有效发挥要依赖于科学的财税体制。当一国的课税重心是劳动所得和生产领域，长此以往，该国创造价值的活动必然会受到抑制；当一国在财税体制上没有对政府收支采取严格立法，官员财产公开透明制度没有建立，政府预算监督体制不健全，其导致的一大后果便是腐败横行、国民财富大量流失；当一国的财税体制不能有效约束国内外资本尤其是金融资本，对资本投机行为没有税收上的举措，资本逐利本性必然会导致实体经济与虚拟经济结构失衡，食利产业和暴利行业过度膨胀，制造业衰落。在经济全球化下，资本跨国流动极为频繁，如果对外国金融资本无法进行有效约束，本国经济和产业极易被外国资本所控制，致使所有制结构失衡。

一国政府反对什么、鼓励什么、支持什么，往往可以从财税体制中反映出来。在工业化进展的重要时期，通过财税体制的有效设计，奖励真实劳动和创新创造活动，遏制投机产业和食利产业过度膨胀，确保劳动收入超过食利收入、工业资本收益率高于投机资本收益率，则工业资本就可以有效推动产业升级与科技进步。反之，如果一国的财税体制无法有效节制资本甚至鼓励投机，无力制约资产价格快速上涨，工业资本就可能从工业领域退出，整个国家的工业化进程就会停滞，制造业走向滑坡，就业问题得不到有效解决，社会不稳，经济陷入衰退。

本书在回顾国内外相关研究，阐述财税体制和经济结构理论关系基础上，从全球和历史视野考察了相关代表性国家的财税体制和经济结构变迁历史，得出若干启发性的结论，然后详细分析了我国经济结构现状和财税体制存在的弊端，认为自20世纪90年代中后期特别是21世纪初以来，我国在经济总量迅速提高的同时，经济结构也发生了深刻变化，经济结构存在的主要问题包含国际和国内双重因素。一方面，我国经济已经深深融入由西方发达国家主导的全球经济中，国际金融资本对我国国民经济的影响越来越大；另一方面，我国国民经济虚拟化程度的不断提高、分配差距的拉大、所有制结构失衡倾向等问题是毫无节制的金融资本淘汰否定产业资本和介入国民收入分配环节的必然结果。我国经济结构扭曲的主要原因在于现行的财税体制未能有效约束国内外金融资本，导致分配差距拉大、大量产业资本流入虚拟经济领域、食利阶层开始分享经济发展成果、工业化程度无法进一步提高。最后指出我国未来经济结构调整的目标是推动技术进步和产业升级，实现工业化和现代化，使国家进入到全球经济中的比较优越位置；未来结构调整的方向不是走高消费、高消耗的道路，也不是走内需主导、放任制造业出走、大力发展现代服务业、经济金融化、金融自由化的道路，而是在节制和引导资本的同时，维护以制造业为主体的实体经济的坚固地位，缩小分配差距；在维护国家经济主权的前提下，建立符合本国国情的混合所有制；在保护环境和提高资源能源利用效率基础上，适当调整人口和产业布局。为此，在财税体制安排上，应调整税负结构，建立针对资产持有和资本利得的严谨课税，建立针对资产转移的严谨课税，遏制资本暴利，将金融资本重新导入到创造价值的领域和高附加值的产业，保证生产部门的基本增长，阻止产业空心化趋势；征收环境补偿税和特种资源税，让外资的投资利润回报恢复到国际平均水平；本着最低事权和以收定支的原则，厘清各级政府的职责，建立真正的分税制；建立对地方政府预算实行公开透明和严厉的监督和审核的制度，将地方政府的工作重心转到调整经济结构、实现高质量发展、推动工业化进程的工作上来；将中央集中的财税收入按照全国各地区的发展实际进行合理分配，抽肥补瘦。

本书的主要创新之处在于：第一，从生产力和生产关系两个层面界定经济结构基本内涵，分析我国经济结构演变历程并从财税体制方面寻求经济结构扭曲的原因。以往的研究多局限于从产业结构、需求结构、分配结构等方面研究经济结构，未全面分析我国在国际分工体系中的位置及当前国际秩序对国内经济发展的影响。第二，在理论上分析未来财税体制改革主要方向不应该仅仅停留在“营改增”这样的“术”的层面，而应该上升到对资产持有和资本利得征税的“道”的高度，以将庞大的资本导入到实体经济和制造业中，从而促进经济结构调整。

本书的不足之处在于：第一，未能将全书定义的经济结构四大组成部分予以量化，尤其是没有设定优良的经济结构的量化标准，进而在经济结构和财税体制关系的计量分析部分，显得科学性不够。第二，由于我国并没有对资本利得和资产持有征税，相关数据的缺少使得此方面的实证分析较为欠缺。此外，党的十八届三中全会以来开启的全面深化改革正在进行中，相关的财税体制改革也处于展开状态，一些改革的成效已经显现，而另一些改革措施由于时间短，成效尚待观察，因此，对这些改革的分析和评价只能留待将来。

谢长安

2019 年 2 月 20 日

目录

Contents

第一章

绪　论

实现工业化并在此基础上最终实现现代化进而实现民族伟大复兴是一百多年来无数中国人不懈追求和奋斗的目标。新中国成立以来的七十年间，尽管历经不少曲折与失误，但中国的经济、社会、文化、国防等建设还是取得了举世瞩目的成就，当前中国已经成为世界第二大经济体和第一大出口国，城镇化进程平稳推进，一大批企业走出国门，国际地位不断提高，国家综合实力不断增强。

推动中国发生巨变的根本力量是工业化。工业革命以来，工业是改变一个国家和民族命运的根本手段，凡是处于世界中心位置的西方发达国家，包括后起的日本、苏联（俄罗斯）、韩国等都是通过扎实的工业化建设并最终成为工业强国，实现现代化的。第二次世界大战结束后，实现工业化再次成为获得独立的广大发展中国家和第三世界国家的共识，在信息技术高度发达的当代，这一点依然没有变。今天，在中国广袤的大地上，正在进行着人类历史上最壮观的工业化进程，中国已经成为一部巨大的工业机器，工业的力量正在以前所未有的速度在物质、精神和文化等层面改造、影响着整个国家和普通人的生活。然而，工业化是一个复杂的系统工程，各国面临的国内外环境、所具有的自然资源禀赋、采取的政策措施等不同，导致的结果也不尽相同。在市场经济体制下的国家进行工业化建设过程中，极容易由于政策设计与体制安排不当，发生资本、劳动力等宝贵资源从工业领域流出，进入到如房地产等不动产领域，进而产生食利产业和食利阶层膨胀、投机行为大行其道、财富和收入分配失衡、实体经济与虚拟经济之间结构失衡等问题，长此以往必将导致经济结构扭曲，进而工业化进程半途而废，国家逐渐衰弱。同时，为了追求单纯的所谓经济增长（突出表现为盲目的GDP崇拜），一些发展中国家也容易出现“去工业化”的悲剧，国民经济逐渐虚拟化，以制造业为主体的实体经济发展水平不断下降。当前，处于全面深化改革时期的中国也面临着类似的问题。如何准确认识当前经济结构存在的问题、怎样对其进行调整和优化以促进国民经济更好发展，最终顺利实现工业化和现代化，成为工业强国和科技强国，避免历史上富而不强的局面是值得研究的重要的理论和政策问题。

衡量一国或一地区经济发展绩效的不仅有量的指标（如GDP、GNP等），还有质的指标（如经济结构、科技水平、创新能力等）。科学发展观要求我们对经济发展不仅应追求量的增长，还应注重质的提高，这要求我们必须要关注经济结构方面存在的问题，采取切实有效措施优化和调整经济结构。对于正在完善社会主义市场经济体制的中国而言，显然已经不可能像过去计划经济时期采取大规模的行政手段进行干预，而必须要在遵循市场经济规律基础上，积极发挥政府的作用。由于财税体制与经济结构方面的紧密关系，因此被寄予厚望。

一国政府反对什么、鼓励什么、支持什么，往往可以从财税体制中反映出来。在工业化进展的重要时期，通过财税体制的有效设计，奖励真实劳动和创新创造活动，遏制投机产业和食利产业过度膨胀，避免资本掠夺财富的野蛮行为发生，使劳动收入超过食利收入，工业资本收益率高于投机资本收益率，则工业资本就可以有效推动产业升级与科技进步。反之，如果一国的财税体制无法有效节制资本甚至鼓励投机，漠视资产价格疯狂上涨，工业资本就会迅速从工业领域退出，整个国家的工业化进程就会停滞，制造业走向滑坡，就业问题无法得到有效解决，社会不稳，经济陷入衰退。我们看到，第二次世界大战后获得独立的国家中真正实现工业化和现代化的寥寥无几，一些国家甚至落入了所谓“中等收入陷阱”而不能自拔，这与这些国家的政府未能通过合理的政策设计特别是财税体制安排有效管理非生产暴利密切相关。

本书主要以辩证的历史主义方法为指导，结合西方经济学理论和其他社会科学相关理论，构建全书研究范式，分析中国所处的国际分工位置和面临的困境（世情）、世界上代表性国家经济结构调整和升级的经验与教训、中国经济发展阶段（国情）、经济结构现状、未来调整的方向、现有财税体制缺陷及其与经济结构调整关系等。本章的总体结构如下：首先，介绍全书的研究背景；其次，论述全书的研究意义；再次，阐述基本概念；再其次，对全书的研究方法、研究路线图和可能的创新之处进行简单说明；最后，对全书的主要内容进行概括安排。

第一节 研究背景

经济结构失衡是处于高速发展状态的当代中国所面临的一个十分突出问题。党的十八大明确提出要推进我国经济结构战略性调整，并指出这是加快转变经济发展方式的主攻方向，“必须以改善需求结构、优化产业结构、促进区域协调发展……着力解决制约经济持续健康发展的重大结构性问题”。党的十九大强调，我国经济已由高速增长阶段转向高质量发展阶段，正处于转变发展方式、优化经济结构、转换增长动力的攻关期。转变经济发展方式、调整和优化经济结构，这也是我国国民经济实现全面、协调、可持续发展的前提。可以说，调整和优化经济结构是我国当前及今后改革与发展的重点和难点。

自 1992 年党的十四大我国首次提出“保八”以来，我国经济建设取得了举世瞩目的增长奇迹。人民币汇率改革和加入世界贸易组织（WTO），社会主义市场经济体制的建立与逐渐完善，通过引进外资、利用廉价资源和劳动力实施出口导向发展战略等基本解决了我国资本稀缺和市场空间不足等问题，我国经济步入了高速发展的轨道，中国制造涌向世界各地。然而，我国经济在高速增长的同时，也产生了不少问题，如我国积累了大量的外汇储备，发行了大量的基础货币，购买大量美国国债；资产价格和商品价格在一定程度上被扭曲；对外部市场依赖性过大，资源能源短缺问题日益突出；环境污染、资源破坏、产能过剩等问题不断显现；国民经济房地产化倾向越来越严重；产业升级越来越困难，制造业出走现象开始发生；分配差距过大、区域失衡（突出表现为人口和产业布局失衡）等问题始终得不到有效解决；等等。大部分问题说到底是我国经济结构失衡的表现，经济结构失衡已经使经济运行效率开始下降，经济可持续发展受到影响。

一般而言，考察一国经济发展水平和状况，一是看其经济规模、总量情况；二是看其经济结构情况。经济的高速和稳定增长必须要建立在合理的经济结构基础上，否则经济发展将是不可持续的，即经济结构衡量一国经济的质量。一国经济发展的源泉是管理和科技的进步、劳动生产率的提高，这就要求在一定阶段和一定时间内顺利完成经济结构转型和升级，经济的发展不能总是依靠劳动力和生产资料的大量投入，而应该充分发挥技术、管理等因素的作用。尽管关于优良的经济结构没有统一公认的标准，国内外理论界也没有形成系统的经济结构失衡的测度方法，但关于我国经济结构失衡问题，学者们基本达成共识（魏杰，2010）。

刘志彪（2014）从实体经济与虚拟经济关系方面概括当前中国经济存在的主要问题，即实体经济发展基础不牢，虚拟经济发展过快。项俊波（2008）通过构造中国经济结构失衡测度的指标体系，对20世纪90年代以来的经济结构失衡程度进行测度，结果表明中国经济结构失衡程度总体上在加剧。同时，我国的第二产业比发达国家平均水平大体高出10～20个百分点，第三产业偏低，第一产业生产率低、收益低，伴随着这种产业结构的是我国经济发展的科技含量不高，我国科技对经济增长的贡献率只有20%左右，而美日等国科技贡献率在80%左右。

马克思在分析后进国家现代化进程时指出："一切都取决于它所处的历史环境"①。在看到我国国内经济社会存在的种种问题的同时，我们也应从全球和历史视野看到中国在当前国际分工中的地位和所处的具体发展环境②。无疑，中国作为后起的发展中国家，处在全球分工的产业链中低端和世界体系的"半中心—半外围"位置，面临着如何从激烈的国际竞争中突围的难题，这个突围必将是艰苦卓绝的，甚至充满了失败的风险。只有突围成功，从而攀升到产业链高端，才能达到高企业利润回报、高收入就业岗位、高税收产业结构、高技术含量产品结构的良好格局，最终实现由中国制造向中国创造的转变。因此，对于已经深深融入经济全球化（由西方发达国家所主导）的当代中国而言，许多问题可以说都与自身所处的国际分工地位密切相关，如就业难、收入分配不均、区域发展失衡、环境污染、资源破坏等，而中国进行工业化和现代化建设时，自身的人口资源存在着严重的不平衡，更是加剧了发展的难度。如我国人口数量是发达国家总人口数的近2倍，但中国人均可耕地面积只有1.6亩，是美国的1/5，不到俄罗斯的1/7，而西方发达国家加上日本的总人口数约为6.9亿人，占世界总人口比重的10%，却控制着世界总资源的90%，消耗世界总资源的40%（陈平，2012）。欧美发达国家近些年发生的经济、金融和财政危机更是警示我们，那种依靠信贷刺

① 《马克思恩格斯文集》第3卷，中译本，人民出版社2009年版，第586页。

② 当前，中国在对外经济活动中所面临的最大问题是自身处于由西方发达国家主导的不公正的国际政治经济秩序中，更具体地说是美元霸权体系。无论是过去、现在，还是今后，国际间的垄断资本集团的竞争都是极为激烈的，市场并不是"资源配置"的公平上帝，貌似公平的"效率"竞争的表象无法掩饰残酷的资本竞争的实质。美国华裔经济学家、美元霸权理论创立者之一的廖子光先生就曾指出，世界资本主义自20世纪70年代后进入了一个新的以美元霸权为中心的金融资本主义的积累体系，被这一体系主导或严重影响的国家就会出现这样一个奇怪的现象：这些国家看到到处是汹涌的资金，但是当政府要投资民生或者国家长远计划时却发现一块钱都找不到，就像轮船失事后漂流在茫茫大海上的海员，他们口渴至极，四周都是海水，但是却一滴都不能喝。这些国家一旦陷入这个体系，初期会有短暂的繁荣，但是后来却发现国民收入长期得不到和经济相一致的增长，原因是国民经济已经被控制被抽干。参见廖子光：《中国出路：全球债务危机与中国应对策略》，中译本，中央编译出版社2010年版，译序，第2页。在本书后文关于拉美、日本包括中国经济结构的分析中，我们均能感受到西方金融资本主导的美元霸权体系对各国经济的影响。

激和透支而来的高消费、高福利的生活方式难以为继，经济金融化、金融自由化必然导致经济社会投机盛行、产业出走、危机不断、国家衰弱。另一方面，西方新古典经济学的国民经济核算体系存在诸多缺陷，如构成国内生产总值中的投资没有区别有效和无效；消费没有区别健康与有害；GDP 总量大小无法代表一国真实实力；为追求 GDP 而人为推动的刺激消费、拉动内需措施可能会产生大量的垃圾 GDP，造成大量浪费；为追求单纯的 GDP 数字增加的经济增长模式极易忽视真实的实物财富流失；等等。这些均对我们认识当前的经济结构调整和经济发展方式转变问题具有启发意义。因此，中国作为发展中的人口大国，经济结构失衡问题是否为所谓的投资需求失衡、三大产业比例不够合理这么简单，如何客观理性地看待经济结构问题，未来经济结构调整的方向究竟是否简单地走高消费、高福利、经济金融化、金融自由化、“去工业化”（类似欧美的自由化道路）和大力发展现代服务业的道路；在信息技术高度发达的今天，包括中国在内的后起的发展中国家是否可以不经过工业化阶段或放弃工业化道路而直接进入所谓现代服务业时代或后工业化时代；等等。对于这些问题，我们必须要进行深入的分析。

近些年来，尽管各地在经济结构调整上给予高度重视和大量投入，但现实情况却是经济结构调整效果不够理想。出现这种现象的原因很多，其中一个重要因素就是财税体制。财税体制是政府调整和优化经济结构的最重要政策工具之一，一国的经济结构状况与一定阶段和时期内该国的财税体制安排密切相关。

财税体制是一国经济体制的重要组成部分，财税体制并非一成不变，而是随着一国经济体制改革尤其是经济结构的变化而变化的。财税体制的建立往往牵涉各方利益，财税体制尤其是税制的设计说到底是再分配的过程。一国课税重心是资本利得还是劳动所得，对税收与预算有无完整与严谨的立法，预算有无公开透明，对政府的收入与支出有无系统、严厉的监督与审核，政府官员收入有无申报、公开，资产持有和资本利得是否被征税，食利产业有无受到税制有效抑制，清晰的财产登记与连续的纳税记录有无建立，转移支付与所得税制度能否有效缩小贫富差距等，这些均牵涉一国的经济基础并由经济基础影响上层建筑。当一国的课税重心是劳动所得和生产领域，劳动所得占据税收收入主要部分，长此以往，该国创造价值的活动必然会受到抑制；当一国在财税体制上没有对政府收支采取严格立法，官员财产公开透明制度没有建立，政府预算监督体制不健全，其导致的一大后果便是腐败横行、公权力私有化和经济领域私有化盛行、国民财富大量流失，国民福利受到影响；当一国的财税体制不能有效约束国内外资本，对资本投机行为没有税收上的举措，资本逐利本性必然会导致国家实体经济与虚拟经济比例失衡，食利产业和暴利行业过度膨胀，制造业衰落。特别地，在经济全球化下，资本跨国流动极为频繁，如果对外国金融资本无法进行有力约束，本国国民经济和产业极易被外国资本所收购和控制。要避免这些负面情况，必须要通过立法手段扎实推进财税体制建设，正规而又科学的财税体制彰显一国治理水平和政府的文明程度。正如熊彼特所说，一个民族的精神，以及它的文化水平、社会结构和政策预示的行动等，所有这些甚至更多的事情都是由财政史书写，都留下了财政的痕迹（转引自刘志广，2012）。

在1994年分税制改革基础上形成的财税体制曾对我国经济发展和社会进步起到了极大的促进作用，但该体制的负面弊端也在日渐显现。自2013年《中共中央关于全面深化改革若干重大问题的决定》颁布以来，我国的财税体制也走上了新一轮的改革之路，能否将现有财税体制弊端解决好，设计更加合理科学、更加符合国情的财税体制，直接关系到经济结构调整的顺利实现。

第二节　研究意义

一、理论意义

西方主流经济学通常用“三驾马车”形容经济增长的三大动力（消费、投资和出口）并用GDP这一指标衡量经济增长的主要绩效。按照这一标准，我国经济确实存在消费率低、投资率高，经济增长高度依赖投资和出口等问题，甚至造成了“勤劳而不富有”的结果（陈志武，2010）。但这种认识具有片面性和表面性，因为“三驾马车”说是对已有的经济增长结果统计指标GDP的分解，而不是对经济增长动力和过程的正确认识，它易颠倒经济发展、科技进步与消费增加、国民生活水平提高之间的关系，倘若调整经济结构的方向就是简单地向西方模式靠拢：刺激消费、大力发展现代服务业（尤其是金融服务业）等可以促进国家现代化，那么世界上就不可能存在那么多贫穷落后国家。这种认识也忽略了具体的历史环境和国情，没有看到在当前的世界体系和多元的国际政治经济秩序中，欧美发达国家处于全球分工中的产业链高端，垄断着国际金融、资源能源、高科技、广阔的海外市场和国际规则制定权，控制着全球绝大部分的财富，对其他发展中国家的发展造成巨大压力。当前中国已经被深深卷入到由西方发达国家主导的全球市场，特别是中美两国已经在金融和贸易等方面形成了种种复杂紧密关系，简单地人为推动金融服务业发展和无限度地开放本国金融市场极易受到国际金融资本冲击。因此，究竟如何全面辩证地分析清楚我国的经济结构现状、经济结构调整的方向是否简单地刺激消费、拉动内需、大力发展现代服务业，包括中国在内的广大发展中国家的现代服务业是依赖于科技进步下的工业与农业创造的剩余还是靠人为的推动，如何更加理性地认识中国的人口和产业布局以及人口资源失衡状况，当前中国所处的国际分工地位对国家经济社会发展影响程度如何、怎样在财税体制安排上采取切实有效措施抑制投机产业过度膨胀和食利阶层过度分享经济发展剩余、缩小收入分配差距、维护本国产业和国民经济独立和自主性、合理有效地利用有限资源促进经济发展和社会进步等，这些都是需要阐述清楚的重要问题。

二、现实意义

正如迈克尔·波特所指出的，一国制定产业政策的主要目标是发展提高生产力的人力资源与资本（波特，2012）。我国经济发展的根本问题是提高工业化程度和水平，主要目标是实现工业化和现代化，经济结构扭曲说到底是资本与劳动力等资源配置错位，财税体制安排的主要方向是实现资源的合理有效配置，提高国民经济独立和自主程度，推动技术进步和产业升级，促进经济社会平稳健康发展。

第一，我国当前正在进行的现代化事业是历史上空前的伟大事业。《人民日报》2010 年 3 月 1 日曾发表题为《决定现代化命运的重大抉择——论加快经济发展方式转变》，将转变经济发展方式与 60 年前的中华人民共和国成立和 30 年前的改革开放相提并论，认为转变经济发展方式是我国的第三次社会经济大变革（参见贾根良，2010）。对于一个拥有数量无比庞大人口的发展中国家而言，要实现现代化首先就必须解决好就业问题，而保持强大和坚实的实体经济无疑具有重要的意义，实体经济的健康与强大依赖于经济结构的不断优化。因而，调整和优化经济结构对我国具有深远的战略意义，经济发展方式的转变必然伴随着经济结构的调整与优化。

第二，持续数年的国际金融危机给我国带来了挑战和机遇。我们看到，欧美发达国家纷纷在危机中去杠杆、调结构，推动再工业化战略，振兴实体经济，吸引实体企业和资本回流，一些国家还专门制定了低碳社会、绿色发展、“工业 4.0”等规划和政策，努力培育新的经济增长点，再次推动以制造业为核心的实体经济的发展和复兴。特别是美国，正试图再次成为新一轮科技革命（新能源、新材料、新一代信息网络技术、3D 打印等）的引领者，积极抢占世界经济发展新的制高点。反观发展中国家，在过去几十年中，几乎都处于规模报酬递减的工业活动领域中，通过产业升级进而成为工业强国和科技强国、从边缘地区进入到中心位置的成功案例极少。因而，国际大趋势也要求我们必须要正视问题，积极调整经济结构，提高整个国家的核心竞争力。

第三，党的十八届三中全会通过的《中共中央关于全面深化改革若干重大问题的决定》，明确指出财政是国家治理的基础和重要支柱，科学的财税体制是优化资源配置、维护市场统一、促进社会公平、实现国家长治久安的制度保障。党的十九大报告将加快建立现代财政制度视为加快完善社会主义市场经济体制的重要部分。这些论述无疑将我们对财政与国家治理之间关系的认识提高到了新的高度。因此，以经济结构的调整为契机，扎实推进财税体制改革和建设任务，寻求如何完善社会分配制度，推动社会走向公平和正义，塑造稳定均衡博弈的治理体系，达到“系统治理、依法治理、源头治理、综合施策”的效果，最大限度地发挥市场与社会的自治能力，使国家走上长治久安的轨道，具有很强的现实意义。

第三节　概念界定

一、经济增长与经济发展

一般而言，经济增长主要指劳动者人均产量随着时间的推移而不断增加，侧重于量的方面。经济发展涵义要广一些，不仅包括经济增长这一量的方面，而且还包括产业结构、分配结构、需求结构、就业结构、产品质量、技术水平、经济发展成果共享程度、居民福利水平、国民经济和产业独立程度等质的方面。

显然，经济增长不一定会带来经济发展，如一些发展中国家出现的“无发展的增长”困境。本书研究经济结构调整问题，其一大目的就是强调比较全面地看待一国国民经济状况，而非单纯一味地追求一些数字增长进而忽略真实物质财富变化。特别是在经济全球化下，资本在国家间的流动极为频繁，资本化、货币化和国际化的进程表面上也许会促进经济的增长和繁荣，推动 GDP 膨胀，但付出的代价却是真实国民财富向国外的大规模流失，国民福利受损。

二、经济结构

有学者对经济结构问题进行过研究。马洪（1979）、马洪、吴家骏（1982）认为经济结构是构成国民经济诸要素之间的质的联系和量的比例，经济结构既涉及生产力方面的问题，又涉及生产关系方面的问题。另有学者将经济结构定义为生产过程中，人、技术、自然之间的相互关系，并且具体将它区分为生态经济结构、技术经济结构和经济管理结构三个层次（陈平，1981）。但迄今为止，学术界并没有关于经济结构形成公认的统一定义，通常所讲的投资结构、产业结构、需求结构、消费结构、分配结构、人口结构、就业结构、城乡结构、资源能源结构、企业组织结构、市场结构、产品结构、投入结构、技术结构、贸易结构、制度结构等都可以看成是经济结构的范畴。马克思主义经济学中通常所讲的生产资料所有制结构、社会再生产中两大部类之间的比例关系也属于经济结构范畴。

总体来说，经济结构是社会生产中各种要素之间的比例关系。具体来说，经济结构首先必然是涉及生产力层面的问题。唯物史观认为，人们为了生存和生活，首先必须要解决吃穿住等基本需求，为此，必须要发展社会生产力，发展生产。生产力是人们运用生产资料创造社会物质和精神财富的能力（程恩富、冯金华、马艳，2012）。正是在创造社会物质财富和精神财富、发展生产力过程中，劳动者之间形成了社会分工，经济活动和经济部门不断细化，进而形成了经济结构。经济结构其次又是涉及生产关系层面的问题，因为生产要素背后的主体是人，而人们的生产“表现为双重关系：一方面是自然关系；另一方面是社会关系”①。自然关系也就是生产力②，社会关系是社会生产关系③。生产关系包含诸多内容，如生产资料所有制结构，劳动者之间的关系，直接生产过程中的关系，交换、分配、消费等关系。故而经济结构又牵涉生产关系的层面。在人类社会发展进程中，生产力是社会生产关系发展变化的根本决定力量，生产关系会反作用于生产力。正是因为经济结构涉及生产力和生产关系两个层面的问题，生产力和生产关系在人类社会发展具有极为重要的作用，本书认为应该从生产力和生产关系两个层次界定经济结构的基本内涵④，应该将是否有利于生产力发展、有利于

---

① 《马克思恩格斯文集》第1卷，中译本，人民出版社2009年版，第532页。

② 关于生产力究竟是二要素、三要素还是多要素，学术界是存在争论的，可参见卫兴华、李凯明：《关于生产力的内容和发展生产力的问题》，载《哲学研究》1980年第11期；马昀、卫兴华：《用唯物史观科学把握生产力的历史作用》，载《中国社会科学》2013年第11期。

③ 在生产关系体系中，生产资料所有制结构无疑是基础。

④ 在《政治经济学批判》序言中，马克思说：“人们在自己生活的社会生产中发生一定的、必然的、不以他们的意志为转移的关系，即同他们的物质生产力的一定发展阶段相适应的生产关系。这些生产关系的总和构成社会的经济结构，即有法律的和政治的上层建筑竖立其上并有一定的社会意识形式与之相适应的现实基础。”（《马克思恩格斯文集》第2卷，中译本，人民出版社2009年版，第591页）可以看出，马克思在这里讲的经济结构也是包含生产力和生产关系两个方面内容。

国家上升到国际分工中的比较优越位置看作是判断经济结构是否合理的基本标准。基于此，本书将经济结构概括如下，在工业化和全球化进程下①，反映一国经济发展水平的国民经济中最重要组成部分之间的比例关系，具体将其分为四个方面内容：以制造业为主体的实体经济与虚拟经济之间的结构状况；财富和收入分配结构状况；所有制结构状况即国有资本、私有资本和外国资本在一国国民经济中的比例与地位；人口和产业布局结构状况即工业化水平，或者说工业化在全国展开或辐射情况。可以看出，上述四部分既有生产力方面的因素，也有生产关系方面的因素。

一国国民经济总体上可以划分为实体经济（以制造业为核心）与虚拟经济（以金融和房地产为核心）两大部分。作为世界上人口最多的发展中国家——中国必须要建立一个相对完善、利于就业、运行良好的经济系统，这个经济系统的动力是制造业而非金融业或房地产业，制造业的规模和水平最终决定我国的国家实力和命运，要想实现真正的独立自主、繁荣富强，就必须有一个强大、多样和富有创造性的制造行业。这个制造行业不仅能在现有资源能源约束下提供高质量产品，而且能提供充足的就业岗位和税源，为本国经济向外发展开拓广阔的市场空间，强大健康的制造业和科学合理的财税体制共同推动国家走向富强和社会实现共同富裕。制造业的兴衰决定一国兴衰，是确保一国成为科技强国和工业强国的基础，这已经为过去无数的历史事实所验证。

以制造业为主体的实体经济是决定一国国民经济独立程度和国家兴衰的关键；而财富和收入分配是否合理决定一国经济运行效率，反映经济发展成果共享程度，分配结构直接关系到经济发展动力和社会稳定；所有制结构反映一国经济发展的主导权状况，若本国国有资本相对外国资本和私有资本占绝对优势地位，则本国政府可以牢牢掌握国民经济发展的主导权，否则必然是国家经济主权丧失，经济陷入依附境地；人口和产业布局是否合理显示一国工业化广度和深度，反映一国区域发展均衡状况和国内市场潜力。这四个方面实际上是相互联系、相互影响的，它们从很大程度上反映一国经济发展的质。

中国的问题是非常复杂的，必须要用多层次、全球的和历史的眼光进行分析（陈平，2012）。尽管关于经济结构没有统一公认的定义，合理优良的经济结构也没有国际统一的衡量标准，但在过去几百年中，大量国家在工业化进程下的经济发展历史已经为我们提供了足够多的经验与深刻教训。本书以工业化为主线，从全球和历史视野探析当今西方发达资本主义国家经济结构变迁历史，成功实现工

① 本书的研究背景是全球化，研究主线是工业化。

业化和现代化的一些国家（以日本为例）经济结构转型升级历程，陷入所谓“中等收入陷阱”的发展中国家（以拉美国家为例）经济结构扭曲以及国家走向失败的原因教训，以此概括出对工业化进程下一国经济结构较为完整和准确的认识，同时对这些代表性国家财政制度变迁也进行了分析，对比研究我国以制造业为主体的实体经济发展状况、财富和收入分配结构状况、所有制结构状况、人口和产业布局结构状况，汲取经验和教训，说明未来结构调整的方向以及财税体制方面的相应安排。

三、财政、税收、税制、流转税、所得税、财税体制

西方财政学认为财政是公共部门（政府）实施的一种经济活动，简言之就是政府的收入和支出。在我国学界，关于财政有公共财政与国家财政两种看法。公共财政说赞成前述西方主流财政学理论观点，而国家财政说认为财政是国家参与社会分配所形成的关系。国家财政被认为是“财政一般”，而公共财政则是“财政特殊”[①]。本书倾向于国家财政说，认为国家财政揭示了财政的本质特征。就我国的国情来看，作为社会主义国家，本就拥有大量的国有资产，国家经济行为必然涉及国有资产和资产附着物上的大量利益。例如，具有中国特色的土地财政就不能划入西方主流财政学理论中所称之的公共财政范畴，土地财政是我国的土地国家和集体所有也即宪法秩序安排下的产物，因而，公共财政包含于国家财政之中。

税收是一国政府基于相关法律规定，为实现公共职能和满足社会公共需要，介入国民收入分配和再分配，强制获取财政收入所形成的一种分配关系。税收通常具有强制性、固定性、无偿性等特点。

税制即税收制度，是一国政府以法律形式确定的各种课税办法的总和，反映政府与纳税人之间的经济关系，税收制度包括税种的设计、各个税种的具体内容，如课税对象、税率、纳税环节、纳税期限、违章处理等。一般而言，一国税收制度的核心是税种的设计——即以税种配置为主要内容的税制结构问题（主体税种的选择和其他各税种的搭配）。

流转税是指以纳税人商品生产和流通环节的流转额或数量、非商品交易的营业额等为征税对象的一类税收，流转税又称流转课税，流转税主要包括增值税、

① 关于国家财政与公共财政之间关系的讨论，可参见邓子基（1997，1999a，1999b，2000，2001）；张馨（1997a，1997b，1999，2000，2007）等。

消费税和营业税等几大税种。

所得税是一国政府对自然人、法人和其他经济组织在一定时期内各种所得征收的一类税收，主要包括企业所得税和个人所得税等税种。

财税体制是指以财政收入体制、财政支出体制和预算管理体制等为主要内容，用于规范政府收支及其运行的一系列制度安排的统称。一般而言，税收收入是一国政府财政收入的最重要组成部分，因此，财税体制必然包含诸如主体税种选择和各税种搭配之类的税制结构方面的内容。财税体制是具有中国国情特色的一个概念（我国的财政部门和税务部门在管理体制上实行分设），等同于其他国家的财政制度，财税体制所面对并处理的是两条线索上的关系：政府与企业和居民之间的分配关系、不同级次政府之间的分配关系（高培勇，2014）。

马克思主义认为，财政与国家都是历史范畴，都是社会生产力发展到一定阶段的产物。“在经济发展到一定阶段而必然使社会分裂为阶级时，国家就由于这种分裂而成为必要了”①。统治阶级建立政权后，为了维持政权，国家“就需要公民缴纳费用——捐税”②。因此，维护国家机器的运转，需要捐税和财政，庞大数量的财税收入为国家实现其职能提供了物质基础。国家的强大与繁荣依赖于国家财政的强大，国家财政的强大依赖于本国实体经济尤其是制造业的强大，国家财政的强大是一国货币走向国际化的根本前提。因此，一国的金融系统与财税系统又是密切联系的。但凡发达先进的国家，基本都能通过一整套运行有效的财税体制，支持本国国民经济体系高效运转，推动经济结构朝向科学、合理、高级、有序的方向发展。在信息技术高度发达、资本流动极为频繁的今天，一些发达国家甚至可以利用发展中国家的大量资金为己所用，以他人财富谋自己发展。

本书后面章节的研究表明，金融从属于财政，财税体制位居一国经济建设中的核心位置，财税体制建设涉及经济、政治、社会等方方面面，只有科学有效的财税体制安排才能确保经济结构合理进而促进经济发展、国家财政强大和国家繁荣富强，“科学的财税体制是优化资源配置、维护市场统一、促进社会公平、实现国家长治久安的制度保障”③。

---

① 《马克思恩格斯文集》第4卷，中译本，人民出版社2009年版，第193页。

② 《马克思恩格斯文集》第4卷，中译本，人民出版社2009年版，第190页。

③ 中共中央编写组：《中共中央关于全面深化改革若干重大问题的决定》，人民出版社2013年版，第19页。

第四节 研究方法、可能创新之处和研究路线

一、研究方法

（一）历史和比较的研究方法

本书主要采取历史和比较的研究方法相结合，探析当前处于世界体系中心的西方发达国家的主要发展历程尤其是其工业化进展的经验，分析西方发达国家经济结构与财税体制变迁历程；同时分析处于外围的非西方国家（以拉美国家和日本为例）工业化进程和经济结构调整情况，特别是一些国家的国民经济陷入依附困境的教训；对比中国与上述国家在经济发展中的特殊国情，指出未来调整经济结构的基本政策取向。

（二）适当运用数理方法和计量经济学方法

在研究过程中，适当运用一些数理模型和计量经济学方法，以更好地阐述和研究问题。如使用计量经济学方法研究现行分税制如何通过影响地方政府财税收入进而影响以制造业为主体的实体经济发展。

二、可能创新之处

第一，从生产力和生产关系两个层次系统地考察经济结构基本内涵，分析我国经济结构演变历史，并从财税体制方面寻求经济结构扭曲的原因。现有的研究仅仅局限于从国内的产业结构、需求结构、分配结构等方面研究经济结构，未从全球和历史视野看待中国在现有国际分工体系中的位置及现有国际秩序对国内经济发展的影响。

第二，考察我国财税体制发展历程，指出不同阶段应采取不同的财税体制和政策设计的重要性，未来财税体制改革主要方向不应该仅仅停留在通常所说的“营改增”这样的“术”的层面，而应该上升到对资产持有和资本利得征税的“道”的高度，以将庞大的资本导入实体经济和制造业中，从而促进经济结构调整。

三、研究路线图

本书的研究思路可以用图 1－1 表示。

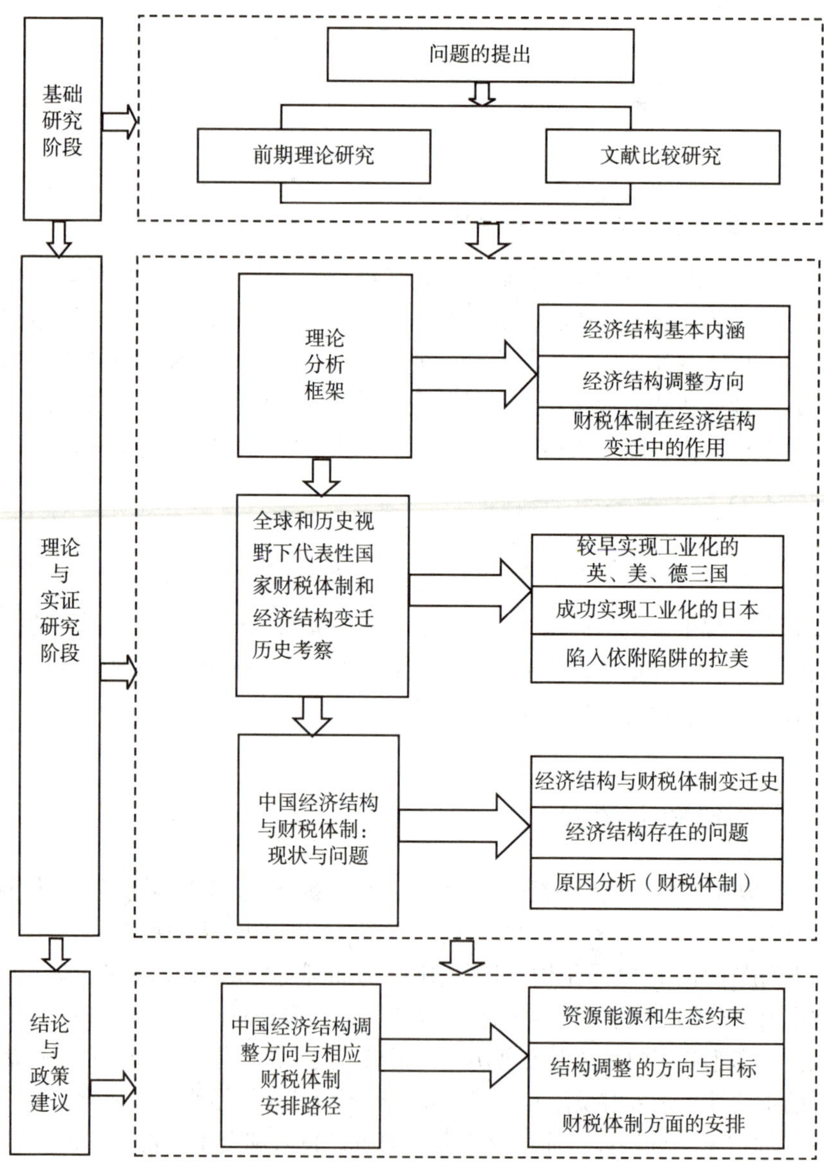

图 1－1　本书的研究技术路线

第五节 本书内容框架安排

本书以经济结构基本内涵、调整和优化经济结构重要性、财税体制在经济结构调整中的作用为逻辑主线，综合运用马克思主义经济理论和西方经济学理论，对全书所要阐述的问题进行理论和实证研究。本书的主要内容结构和框架安排如下。

第一章，绪论。绪论部分提出全书所要研究的主要问题、研究背景和研究意义，对经济结构、财税体制等核心概念进行界定，交代全书研究的基本方法、可能的创新之处，设计全书的研究技术路线图，最后简要说明全书结构安排。

第二章，文献综述部分。本章回顾了马克思主义视域下的经济结构思想、马克思的财政税收思想、西方经济学理论中的经济结构和财税思想，概述了国内外学术界关于税制结构和经济结构之间关系的研究成果，列举了学术界关于中国经济结构调整方向的政策建议。

第三章，理论分析部分。本章从理论上再次深入阐述第二章中对经济结构内涵的定义，剖析关于中国未来经济结构调整的几种方案，详细说明财税体制基本内容及其在结构调整中所起的作用。

第四章，全球和历史视野下代表性国家财税体制和经济结构变迁历史考察。中国的问题是复杂的，我们对经济结构与财税体制关系的认识不应该仅仅停留在理论层面，而应具有全球和历史眼光。本章从全球和历史视野出发，分析了西方主要发达国家自工业革命以来所有制结构、分配结构和制造业变迁轨迹，探寻成功实现工业化和现代化的国家（以日本为例）和陷入所谓“中等收入陷阱”的国家（以拉美国家为例）的经济结构与财税体制变迁中的历史经验和教训，从而对中国未来经济结构调整的目标和方向提供必要借鉴。

第五章，中国经济结构与财税体制的现状和问题。本章首先简要回顾新中国经济和财税体制发展史；其次，从以制造业为主体的实体经济发展状况、分配结构状况、所有制结构状况、人口和产业布局结构状况等方面分析目前中国经济结构存在的主要问题；最后，分析财税体制存在的弊端，从理论和实证上论证财税体制是经济结构扭曲的主要原因。

第六章，中国未来经济结构调整的方向和相应的财税体制安排路径。本章在继续分析我国面临的资源、生态和环境约束方面的基础上，结合前面章节的分析，指出中国未来经济结构调整的目标、基本方向，以及相应的财税体制方面的安排路径。

第二章

文献综述

自人类社会诞生以来，在漫长的历史进程中，随着社会生产力的不断发展与提高，经济结构也在逐渐发生变化。第一次社会大分工后，整个社会经济活动由狩猎和畜牧业构成；当手工业从农业和畜牧业中分离出来后，发生了第二次社会大分工，之后便出现了商品经济以及商品经济的发展和繁荣，最终以商人阶级从社会生产活动中分离出来为标志的第三次社会大分工也出现了。至此，整个社会的经济活动包括农业、手工业和商业三大部门。源于西方的工业革命，使人类社会的生产力水平获得空前提高，劳动生产率水平也获得极大提升，工业取代农业占据了社会的绝对主导地位，人类社会由此进入工业社会，经济结构发生了历史性变革。到20世纪中叶后，第三次科技革命使得西方先进发达国家催生了第三产业，信息产业的产值甚至超越工业的产值。在信息技术和生产力高速发展的当今社会，社会分工越来越细，经济结构越来越复杂，各个国家、地区、生产部门、企业之间联系更加紧密。

财税在古代社会就已经产生，当时基本以实物为主要形式。在工业社会中，商品经济、市场经济成为社会经济主导形态后，一国的税收收入基本以货币为主要形态。古今中外，因财政、税收问题导致国家政权瓦解的事例比比皆是。我国历代王朝农民起义基本都是由饥荒、税负过重所引起，而饥荒、税负过重的主要原因是国家统治的经济基础出现了问题。在单一的以农业为一国经济主要形态的封建社会中，税收收入基本来源于农业领域创造的剩余。因此，在古代社会，一旦国家的财政收入出现问题，统治阶级往往使用增加农业税（等同于增加农民负担）来解决问题。到了现代社会，则更多采取发债融资和货币投放等手段。无论是加税还是滥发货币都会对经济结构产生一系列负面影响。

现代财政税收管理体制是诞生于资本主义市场经济中的，尽管社会主义市场经济与资本主义市场经济运行的经济基础有所不同，但税制对经济、社会产生的影响具有共性。现代文明国家的治理路径，依靠一整套制度安排，通过制度去管理社会各方面的事务，而在所有的有关国家治理的制度安排中，只有财税体制能够渗透到国家治理的方方面面，像枝蔓般延伸至国家生活的各个领域（高培勇，2014）。显然，经济结构的调整从广义上说属于国家治理中的经济治理方面，财税体制必然能在其中发挥重要作用。

本章首先回顾了马克思的经济结构思想、马克思主义视域下的当代垄断资本主义经济特征、马克思的财政税收思想；其次回顾西方经济理论中的经济结构和财税理论；再其次，对经济结构与税制结构之间关系的文献进行梳理，归纳学术界关于中国未来经济结构调整和转型方向的看法；最后是对本章的总结。

第一节 马克思主义视域下的经济结构思想

一、马克思的经济结构思想概览

尽管马克思并没有系统论述过经济结构，但三卷《资本论》与经济学手稿中却零散分布着一些关于经济增长和发展方式的论述，在这些论述中蕴含着丰富的经济结构思想。

首先是外延式和内涵式的扩大再生产。“如果生产场所扩大了，就是外延上扩大；如果生产资料效率提高了，就是内涵上扩大”①。内涵的扩大再生产主要依靠科学技术进步和劳动生产率提高等方法。显然，从广义上看，技术进步与劳动生产率的提高是经济结构优化的表现和重要途径。

关于科学技术在经济增长中的作用。科学技术在促进经济增长的同时也会对资源配置和资本流动产生相应影响进而影响经济结构。“大工业把巨大的自然力

① 《马克思恩格斯文集》第6卷，中译本，人民出版社2009年版，第192页。

和自然科学并入生产过程，必然大大提高劳动生产率”①，“现代工业通过机器、化学过程和其他方法，使工人的职能和劳动过程的社会结合不断地随着生产的技术基础发生变革。这样，它也同样不断地使社会内部的分工发生变革，不断地把大量资本和大批工人从一个生产部门投向另一生产部门”②。

关于生产资料和生活资料两大部类比例协调促进社会再生产问题。用Ⅰ表示生产生产资料的部门，Ⅱ表示生产消费资料的部门，C 表示不变资本，V 表示可变资本，M 表示剩余价值，在一个生产过程结束后，第Ⅰ部类生产的产品总价值是Ⅰ(C+V+M)，第Ⅱ部类生产的产品总价值是Ⅱ(C+V+M)。

简单再生产顺利进行的条件是：

$$\text{Ⅱ}(C+V+M)=\text{Ⅰ}(V+M)+\text{Ⅱ}(V+M)$$

$$\text{Ⅰ}(C+V+M)=\text{Ⅰ}C+\text{Ⅱ}C$$

由于第一部类所需补偿的生产资料ⅠC 可以在第一部类内部得到解决，第二部类需要补偿的消费资料Ⅱ(V+M) 可以在第二部类内部得到解决，故现在两大部类之间需要交换的只是ⅡC 和Ⅰ(V+M)，把公式简化后，得到：

$$\text{Ⅰ}(V+M)=\text{Ⅱ}C$$

即社会再生产正常进行的条件是：第Ⅰ部类需要补偿的消费资料与第Ⅱ部类需要补偿的生产资料在价值上相等。

以上的再生产是简单再生产，即资本家获取的剩余价值全部被用于消费，而当剩余价值不是全部被消费掉，留有一部分用于积累，则此时的再生产就是扩大再生产。在扩大再生产中，剩余价值的一部分被作为追加资本投入生产，为了实现资本积累和扩大再生产，必须具备这样的两个条件：第一，社会总产品中要包含有追加的生产资料，即生产资料在补偿了已经消耗的不变资本后还有剩余；第二，社会总产品中还要有维持追加劳动力所必需的消费资料。“既然把积累作为前提，Ⅰ(V+M) 就大于ⅡC，而不像简单再生产那样，和ⅡC 相等”③。扩大再生产条件下社会总产品的实现条件是：

$$\text{Ⅰ}(V+\Delta V+M/X)=\text{Ⅱ}(C+\Delta C)$$

或者：Ⅰ(C+V+M)=ⅠC+ⅡC+ⅠΔC+ⅡΔC，即第Ⅰ部类全部社会产品的价值，应当等于两个部类原有的不变资本和追加的不变资本价值的总和。

亦或者：Ⅱ(C+V+M)=Ⅰ(V+ΔV+M/X)+Ⅱ(V+ΔV+M/X)，即第Ⅱ部类社会产品的价值应当等于两个部类原有的可变资本价值、追加的可变资本价

① 《马克思恩格斯文集》第 5 卷，中译本，人民出版社 2009 年版，第 444 页。
② 《马克思恩格斯文集》第 5 卷，中译本，人民出版社 2009 年版，第 560 页。
③ 《马克思恩格斯文集》第 6 卷，中译本，人民出版社 2009 年版，第 580 页。

值和供资本家个人消费的剩余价值之和，也就是满足全部资本家和全部工人个人消费的需求。

马克思对资本主义社会再生产实现条件的分析也是适用于建设市场经济的社会主义国家，要使社会再生产顺利进行下去，需要社会生产的各个部门之间保持一定的比例。这即是说，资源在不同经济部门的配置必须保持合理比例，从而使社会的经济结构维持合理状态，以确保扩大再生产顺利进行，经济持续健康发展。

马克思还有许多涉及经济结构和发展方式方面的论述，如重视企业管理质量的提高以促进经营效益提高，“薄记对资本主义生产，比对手工业和农民的分散生产更为必要，对公有生产，比对资本主义生产更为必要”①。

对现代国民经济中流行的服务业、第三产业，马克思也有所论述：“服务这个名词，一般地说，不过是指这种劳动所提供的特殊使用价值，就像其他一切商品也提供自己的特殊使用价值一样；但是，这种劳动的特殊使用价值在这里取得了‘服务’这个特殊名称，是因为劳动不是作为物，而是作为活动提供的”②。“为了得到这些东西，他们把自己的服务提供给或强加给别人，这些服务本身有使用价值，由于它们的生产费用，也有交换价值。任何时候，在消费品中，除了以商品形式存在的消费品以外，还包括一定量的以服务形式存在的消费品”③。

实际上，资本积累与扩张是马克思观察和分析资本主义经济的重要视角之一。经济景气的变动是资本的积累过程与支持资本积累的社会制度交互作用的结果，可以将马克思分析资本主义经济危机现象所运用的方法称为资本积累的社会结构（social structure of accumulation）方法（刘志彪，1999）。正是由于资本对利润无止境的追逐，推动着生产率的提高和科技的进步，新的产品和新的部门被生产和发展起来，由此带来资本积累与扩张的规模不断扩大，而消费不足问题制约资本积累和扩张促使资本必须要开辟海外市场，海外市场的开辟并不能彻底解决问题，只会产生新的矛盾与冲突。一些学者提出的中心—外围理论、新帝国主义理论、知识产权优势理论等，基本都是针对经济全球化下资本开拓全球市场时对广大发展中国家和第三世界国家经济、社会造成的种种影响而提出的。因而，资本自由流动、积累和扩张的一系列过程必然导致诸多的负面问题（如贫富差距扩大、产业资本从工业领域中流出进入到虚拟经济中等），在不改变生产资料私有制的情况下，只能依靠政府对市场进行调控，这也是西方国家的政府支出（尤

① 《马克思恩格斯文集》第6卷，中译本，人民出版社2009年版，第152页。

② 《马克思恩格斯全集》第26卷，中译本，人民出版社1972年版，第435页。

③ 《马克思恩格斯全集》第26卷，中译本，人民出版社1972年版，第160页。

其是财政支出）不断增加的重要原因，那种完全自由放任的丛林市场经济只会导致危机不断。

应该说，马克思关于经济增长、两大部类比例关系以及资本积累、扩张中所蕴含的经济结构变化和调整的思想仍然具有时代价值。

二、当代垄断资本主义经济特征

西方发达资本主义国家一直都是许多发展中国家模仿和学习的对象，其经济结构更是被一些学者和国家视为发达和先进的代表。有必要梳理马克思主义者对当代西方垄断资本主义经济的研究。国内学者对当代垄断资本主义的研究主要集中在金融垄断方面，因为无论是新帝国主义、新自由主义、金融化全球化垄断资本主义、国际金融垄断资本主义的分类和研究方法，基本落脚点都是金融垄断。如朱炳元、陆扬（2011）从六个方面总结当代资本主义经济虚拟化金融化趋势：经济加速金融化；金融资本虚拟化；实体经济空心化；日常消费借贷化；国家运行债务化；劳动人民贫困化。杨承训、张新宁（2013）将当代资本主义称之为国际超级金融垄断资本主义，并从七个方面概括其特征：发展极端不平衡；美元霸权横行世界，虚拟经济主导国民经济乃至全球化，广大发展中国家遭受美元霸权剥夺；通过金融危机等手段转嫁危机于世界各国；垄断高科技，推动并掌握金融资本流向；通过跨国公司这一生产组织形式转移低端产业，控制和垄断全球商品和技术市场；军事强权，抢占战略资源和能源；输出新自由主义等意识形态，竭力对所有国家进行颠覆和渗透。同时认为资本主义正在由强势而充满矛盾走向衰落。周淼（2014）也指出以美国为代表的现代资本主义的阶段性特征就是由国际垄断资本主义嬗变为国际金融垄断资本主义，国际金融垄断资本主义是资本主义发展的最新形式，国际金融垄断资本主义是当代世界的最高统治力量。持此类观点的还有李其庆（2008）、张俊山（2009）、张宇（2009）、张宇和蔡万焕（2009）、李慎明（2010）、高峰（2011）、何秉孟（2012）、蔡万焕（2012）、何自力、马锦生（2013）、刘元琪（2014）等。另有学者研究了金融自由化、金融垄断资本主义问题（程恩富、王佳菲，2009；程恩富、杨斌，2012，2014），指出当代资本主义已经进入金融主导型国际垄断阶段，由于世界各国的股票、证券、期货、外汇、商品等市场已经通过网络信息技术相互连接起来，一旦拥有操纵市场的垄断力量，便能获取巨额利润，发动大规模掠夺财富的金融战争已经成为当代国际垄断资本主义的关键性特征。

尽管大部分学者尤其是国内学者对当代垄断资本主义的研究方法不同，但基本都认为垄断资本主义尤其是金融垄断资本主义对资本主义的腐朽性体现得更明显了，在此阶段的资本主义爆发的危机更强烈，对资本主义破坏力更大，会加速资本主义的灭亡。但我们也应该注意到：危机对资本主义也有可能产生积极作用，当代处于金融垄断阶段的资本主义正在以超国家主权的全球金融资本控制和国家控制的形态出现，转嫁危机成为资本主义国家解决问题的重要手段和方法。正如法国著名历史学家、年鉴学派大师费尔南·布罗代尔所指出的：虽然西方资本主义今天正经历种种危机和曲折，但它不一定就是明天就会断气的“病夫”……资本主义不可能由于“内在的”衰败而自动垮台；为使资本主义垮台，必须有极大的外力冲击和可靠的替代办法……资本主义在危机后甚至会变得更加强大……危机对资本主义的发展至关重要，通货膨胀、失业等（今天）都有助于资本的集中和资本主义集中化……面对新兴的第三世界，我们敢于断言，资本主义将在一段时期内还能改变其统治形式，或选择其他的统治形式（布罗代尔，1993）。换言之，当代垄断资本主义依然具有活力，并非我们想象的是腐朽、垂死的资本主义。资本主义之所以能够持续如此之长的时间而呈现蓬勃发展之态，与其控制国际金融、高科技、资源能源，垄断广阔的海外市场密切相关。一些学者以马克思主义基本原理为基础，研究了垄断资本主义经济与广大发展中国家和第三世界国家经济之间的关系，创立了新的理论体系，如世界体系理论、依附理论、知识产权优势理论等。如弗兰克以“结构增熵”描述西方资本积累对广大发展中国家的影响：处于世界体系中心位置的发达国家借助一整套秩序和国际规则将发展的代价（称为“熵”）逐步转移或释放到处于外围的广大发展中国家，长期结果便是中心的国家不断发展和强大，而边缘的国家陷入贫穷落后境地，中心国家的先进和发达是以边缘国家的落后为代价的（转引自韩毓海，2011）。处于世界体系中心的西方发达国家之所以能将发展的代价输出到广大发展中国家，依托的便是一系列利于资本积累和扩张的制度框架安排。因而，在新的历史发展阶段，以中国为代表的广大发展中国家应该高度关注本国的经济结构问题，避免本国国民经济被庞大的西方金融巨无霸所吞噬。

第二节 马克思的财政税收思想

通常认为，现代财政税收理论完全属于西方经济学的专利，实际上，马克思的经济理论中同样包含着极为丰富的财政税收思想。

一、现代税收的本质——国家参与剩余价值分配的具体形式①

在经济学说史上，马克思“第一次确定了什么样的劳动形成价值，为什么形成价值以及怎样形成价值，并确定了价值不外就是这种劳动的凝固”②。由于劳动力具有创造并且是超过自身价值的价值，在劳动力成为商品，交换价值采用货币形式的资本主义市场经济中，资本家通过货币交易便可以获得价值增值和剩余价值。马克思揭示商品价值由 C、V、M 三部分组成，其中，C 是补偿生产资料消耗的价值部分，V 是新创造的价值中归劳动者个人支配的部分，M 是新创造的归社会支配的剩余产品价值部分。在资本主义市场经济中，税收主要是采取货币的形式。因此，剩余价值 M 的揭示也由此说明了税收的本质——税收是资产阶级国家参与剩余价值分配的具体形式，即税收收入主要是来源于商品价值中的剩余价值部分。正如马克思所说的，“这些捐税的取消绝不会改变产业资本家直接从工人身上榨取的剩余价值量。它所改变的，只是产业资本家装进自己腰包的剩余价值的比例或要同第三者分享的剩余价值的比例”③。由于在资本主义市场经济中，资本家从事一切经济活动都是为了追逐抽象价值和财富的增值。因此，税收必然会由资本主义社会之前的实物形式转化为货币形式，亦即“在商品生产达到一定水平和规模时，货币作为支付手段的职能就会越出商品流通领域。货币变成企业契约上的一般商品。地租、赋税等等由实物交纳转化为货币支付”④。

既然税收是对剩余价值的一种分配，而剩余价值来源于剩余劳动，因此，税收必然也是来自劳动。在资本主义社会中，“正是资本家与工人间的这种交易创造出随后以地租、商业利润、资本利息、捐税等等形式在各类亚种资本家及其奴仆之间进行分配的全部剩余价值”⑤。因而，资本主义社会的征税对象必然主要是劳动者及其劳动所得。

---

① 王国清：《马克思政治经济学教研中的“税收误区”和“税收盲区”》，载《财政研究》2008 年第 2 期。

② 《马克思恩格斯文集》第 6 卷，中译本，人民出版社 2009 年版，第 21 页。

③ 《马克思恩格斯全集》第 23 卷，中译本，人民出版社 1972 年版，第 570 页。

④ 《马克思恩格斯文集》第 5 卷，中译本，人民出版社 2009 年版，第 164 页。

⑤ 《马克思恩格斯文集》第 3 卷，中译本，人民出版社 2009 年版，第 481 页。

二、税收的作用与转嫁

税收不仅是国家政权得以运转的经济保障，而且会对经济社会的运行产生一系列影响。具体而言，税收对生产、分配、交换和消费均会产生一系列影响进而影响到经济结构。以资本主义社会而言，资本只有在不断运动和周转中才能实现价值增值，“数量相等的资本，不管它的利润是6%或3%，或根本没有利润都必须向国家缴纳同样的税。这样，就会使闲置资本投入流通，从而增加了生产资本，而已经投入流通的资本则会加速周转，从而生产更多的产品”①。马克思这段简短的话精辟地阐述了税制对经济结构的影响——税收具有引导资本流向生产和消费领域、均衡资本在各个产业领域分布进而促进经济发展的功能。在马克思之前，古典政治经济学的集大成者李嘉图就曾论述在没有税收的情况下，资本流动对不同行业利润率可能会造成的不同影响，“如果按照货币利息，房屋建筑物在任何时候所产生的利润都大于此，很快它就会把大量资本从其他行业吸引过来，直至把利润率降低到它的适当水平为止。如果它所产生的利润无论在什么时候都比这一数额低很多，其他行业就会从该行业中吸收大量资本，直至这种利润再次回升”②。

更进一步地看，税制结构对经济结构往往有着决定性的作用，税制对经济行为，会产生鼓励和压抑两种截然不同的效果，最终甚至会影响到政治和社会结构。例如，一些创造价值的行业税负很高而一些食利行业税负很低且可以获得暴利，必然会导致更多的资本流入食利行业，创造价值的经济行为会受到抑制，而不创造价值的食利行为却受到了鼓励，长此以往必然助长投机之风，扭曲市场经济中的经济行为直至扭曲经济结构。

通常所言税负，往往是指名义税负。但在实际经济生活中却存在税收转嫁的问题。这就是所谓的真实税负即实际税负问题。正如马克思强调指出的，“在估计捐税负担时，应该考虑的主要不是它的名义上的数额，而是捐税的征收方法和使用方法”③。征收方法涉及税收转嫁问题，使用方法就是税收用途问题。正是由于转嫁这一情况的存在，衡量真实税收负担就不能用名义税负而必须要用实际税负。实际税负的提出具有极为重要的意义。实际税负揭示出劳动者（纳税人）

---

① 《马克思恩格斯全集》第7卷，中译本，人民出版社1959年版，第340页。

② 李嘉图：《政治经济学及税赋原理》，中译本，华夏出版社2005年版，第141页。

③ 《马克思恩格斯全集》第12卷，中译本，人民出版社1962年版，第551页。

被不合理剥夺的状况。我们可以将实际税负概括为包括名义税负和类税性支出在内的总支出。所谓类税性支出是指本不应该由纳税人承担但实际上却被纳税人被迫承担的不合理的支出。类税性支出，往往具有隐蔽性，是一种无形的强制性税收支出，是一种隐形的税负。类税性支出大体上等于某件商品的实际支出扣减其合理支出。类税性支出尽管可以为政府部门带来大量收入，但却导致税负的不公，税负不公将会导致资本和其他资源不合理流动。马克思在论述资本家阶级和工人阶级关系的著作中，所指的税负基本上都是实际税负，即广大劳动群众承担的实际负担。如，“至于说所得税不会影响到工人，那显然是无稽之谈，因为在我们目前这种雇主与雇工的社会制度下，中等阶级遇到增税时，总是用降低工资或提高价格的办法来使自己得到补偿的”①，“这是由于商人不仅把间接税的数额，而且把为交纳间接税所预先垫支的资本的利息和利润也加在商品价格上了”②。马克思的这两段话揭示了这样的道理：价格即税。当普通群众购买的日常生活品价格相对名义工资在不断增加，他们事实上就被巧妙地征税了。现代社会中的通货膨胀就是一种变相的税收，通货膨胀意味着普通劳动群众仅有的货币工资在不断贬值。

在阐述地租与税负关系时，马克思指出，“同直接生产者直接相对立的，如果不是私有土地的所有者，而像在亚洲那样，是既作为土地所有者又作为主权者的国家，那末，地租和赋税就会合为一体，或者不如说，在这种情况下就不存在同这个地租形式不同的赋税”③。在中国古代，税赋是以赋为主体，而赋就是田地税，类似地租（通常是实物形式），那是农业社会中政府的主要财政来源。在资本主义社会中，由于土地私有制的产生，地租从税赋中独立出来。地租是土地所有权在经济上的实现形式。地租的出现必然也会对土地上的商品价格产生影响，对企业的生产成本也会造成影响。马克思在研究地租问题时也注意到了这个现象，“问题在于，最坏土地支付的地租，是否像税金加到商品价格中去一样，加到这种土地的产品的价格（按照假定，它调节着一般的市场价格）中去，也就是说，是否作为一个和商品价值无关的要素加到这种土地的产品的价格中去”④。显然，由于高地价即地租的存在，也会产生税负转嫁这一问题。高地价也相当于税收。

马克思运用科学的劳动价值论原理揭示了剩余价值的本质，启示我们：资本

① 《马克思恩格斯全集》第12卷，中译本，人民出版社1962年版，第658页。
② 《马克思恩格斯全集》第21卷，中译本，人民出版社2003年版，第274页。
③ 《马克思恩格斯文集》第7卷，中译本，人民出版社2009年版，第894页。
④ 《马克思恩格斯文集》第7卷，中译本，人民出版社2009年版，第857页。

主义社会主要是通过一系列制度和政策安排，使资本利得远远大于劳动所得，而税收则成为调节劳动所得和资本所得的极为重要的方法。尽管资本主义从产生到现在历经几百年的历史，生产资料私有制的经济基础没有发生根本改变，贫富差距问题没有得到根本解决，但资产阶级的确采取了一系列缓和劳资矛盾的措施，典型的是对资本利得和资产持有征税（如遗产税、赠与税、房产税等），在一定程度上降低了资本贪婪对经济社会造成的负面影响。

三、马克思的再生产模型与课税原理

马克思的再生产理论与模型科学地论证了资本主义经济条件下再生产实现的均衡条件。利用这一再生产模型，有学者加入政府部门，考察当政府对两大部类剩余价值征税后的两大部类增长情况。研究结果显示：在短期内，两大部类增长存在此消彼长的关系，而长期内，政府能够通过对第一部类的倾斜政策提高全社会的经济增长率，从而使得两大部类增长率同时增加；对第二部类的政策倾斜会最终降低两大部类的长期增长率（齐新宇、徐志俊，2010）。另有学者在马克思的再生产模型中加入课税因素，考察了课税对经济平衡、价值流动等方面的影响。研究结果显示：马克思在两大部类之间比例关系基础上建立的经济平衡模型在经济政策上的基本思路是，包括税收政策在内的任何政策给予经济的作用必须是系统的，对经济结构的影响是同比例的（陈少克、陆跃祥，2012）。这些研究均说明，税收是调整经济结构的重要手段。

第三节 西方经济学理论中的经济结构和财税思想

一、西方经济学理论中的经济结构思想

在西方经济学理论研究中，最早关注的是经济的量，后来也逐渐扩展到质的方面。

佩卢（F. Perroux）指出，经济结构是表示时间和空间中具有确定位置的一个经济整体的特性的比例与关系。丁伯根（J. Tingbergan）认为经济结构是对有

关经济对某些变化做出反应的方式的不可直接观察到的特征所做出的考虑（转引自樊士德，2009）。这里可以看出两位学者对经济结构看法存在很大不同，前一位认为经济结构可以量化、可以观察，后一位认为经济结构不可观察。

相比马克思的经济增长和发展理论与模型中蕴含的经济结构思想，实际上西方主流经济学理论中的经济增长与发展部分涉及经济结构方面的东西较少。例如，在哈罗德—多马经济增长模型中，认为经济增长的原动力是投资，投资既可以创造需求，又可以创造生产能力，以 Y 表示收入或产出，S 表示储蓄，I 表示投资，以 $s=S/Y$ 表示储蓄率，$v=I/\Delta Y$ 为投资率，$g=\Delta Y/Y$ 为增长率，假定 v 固定且 $s=1$，则：

$$\frac{\Delta Y}{Y}=\frac{\Delta Y}{I}\cdot\frac{S}{Y}\text{或 } g=s/v$$

可以看出，此模型中并不涉及经济结构对经济增长的作用且并没有考虑技术进步对经济增长的影响。

后来的索洛提出了新古典经济增长模型，从一定程度上修改了哈罗德—多马模型，索洛采取了总量生产函数，即：$Y=F(K,\ L,\ t)$。在公式中，Y 是国民经济总产出，K 和 L 分别是资本总投入和劳动总投入，t 为时间。由于不同时间条件下，技术水平不同，进而促使人们考虑经济增长中的技术因素，即技术因素开始进入西方主流经济理论视野。因此，新古典经济增长模型在揭示经济增长源泉方面比之前的模型大大前进了。

再之后的一些西方经济学家将越来越多的要素加入经济增长模型中，全要素生产率被分解为更多的项目，如生产要素质量、知识水平、资源配置效果，等等。

越来越多的经济学家从结构角度看待总量变化状况且学者们基本都将经济结构置于三部门（农业、制造业和服务业）模型中进行研究，大体分为五个方面：第一，经济增长中量和结构变化的先后顺序，Rostow（1960）认为经济增长是从结构到总量的顺序，而 Kuznets（1966）却持相反观点；第二，经济结构变化规律，从最早的三次产业结构、“配第—克拉克定理”到后来的“Kuznets 事实”，即随着经济增长，农业产值下降，工业产值先升后降，服务业产值不断上升（Kuznets，1957；Chenery，1960），一些学者认为这一规律普遍适用于发达国家（Pandit & Casette，1989；Mokyr，1993；Acemoglu，2009）；第三，在三部门模型中，经济结构变化的主要影响因素：需求（Echevarria，1997；Kongsamut，Rebelo & Xie，2001；Foellmi & Zweimuller，2008）、供给（Baumol，1967；Ngai & Pissarides，2007；Acemoglu & Guerrieri，2008）、需求与供给共同作用（Iscan，2010；Boppart，2014）；

第四，在三部门模型中，在存在国际贸易和要素流动障碍时，经济结构变化特点，如认为国际贸易对制造业增加值和就业份额增加有关，对农业影响不大（Betts，Giri & Verma，2011），就业保护政策会阻碍劳动力由工业向服务业转移（Nickell，Redding & Swaffield，2002）；第五，在三部门模型中，研究经济结构变化与农业发展关系（Gollin，Parente & Rogerson，2002）、与劳动生产率关系（Bah & Brada，2009）、与工资差距关系（Buera & Kaboski，2012）。

针对发展中国家的具体国情和复杂问题，一些西方经济学家从经济结构视角看待经济增长和发展等问题，颇具启发意义。具有代表性的有刘易斯的“二元经济模型”、纳克斯的平衡增长理论、赫希曼的不平衡增长理论。刘易斯（1989）指出后起的发展中国家在经济发展和工业化进程中普遍具有二元经济特征：农业部门在一定时期内的边际生产率为零或负数，劳动者数量较多，供给无限，工资较低；工业部门劳动生产率较高，劳动者的工资水平也较高，假定这一工资水平不变，会导致农业部门的劳动力逐渐从农村转移到城市。长此以往便导致农村劳动力逐渐减少，直至劳动的边际生产率提到和工业部门中的劳动边际生产率一致为止。纳克斯从发展中国家贫穷落后的现实国情出发，认为发展中国家人均收入水平低下、需求不足、市场狭小、资本积累水平低、供给能力水平低，要打破这种恶性循环，必须要突破资本形成的约束，实行平衡增长战略。所谓“平衡增长战略”，就是在包括资本品部门和消费品部门在内的各主要工业部门同时进行投资，保持经济的平衡发展（纳克斯，1966）。赫希曼的所谓“不平衡增长”则认为，由于发展中国家资本稀缺、企业数量也稀少，无法实行平衡发展战略，只能将有限的资源集中起来，投放到具有较大综合关联效应的产业，进而逐渐扩大其他产业部门的投资，带动其他产业部门的发展（赫希曼，1991）。

二、西方经济学理论中的财税思想

简要梳理西方经济理论中的财税思想，主要可以分为以下几大学派，这些学派的财税思想针对的都是经济增长中出现的各种问题而提出的，这些问题有的就是经济结构方面的问题，可以看出，各学派之间的观点存在较大差异。

古典学派：代表人物是亚当·斯密、大卫·李嘉图等。古典学派主张政府对经济社会活动采取自由放任措施，政府税收和征税活动的进行会损害经济效率和私人利益，财政政策对经济社会发展无益，政府应该实行健全的财政政策，尽可能缩小规模，降低支出，在预算方面实行年度平衡预算方针。

新古典学派：主要以马歇尔和庇古为代表，新古典学派反对完全的自由放任措施，主张政府应该在经济运行中发挥一定的作用，如在促进经济增长、解决工人失业等问题上，政府应采取扩大投资、扩大政府财政开支、降低税率等措施；在缓解收入分配差距方面，政府应征收超额累进税。

凯恩斯学派：凯恩斯学派诞生于20世纪30年代的大萧条中，以凯恩斯的《就业、利息和货币通论》出版为标志，凯恩斯提出了一整套的以通过变动政府支出为核心来稳定经济和社会的财政政策。如在经济不景气时，政府减税、扩大支出以促进经济增长和社会就业；在经济过热时，政府增加税收、减少支出以实现经济平稳增长。总之，不拘泥于传统的周期预算平衡，根据具体情况来决定政府所要实行的扩张与收缩政策。

新古典综合派：以萨缪尔森、托宾、索洛等为代表，他们自认为是凯恩斯主义的主流学派，又被称为后凯恩斯主流学派。新古典综合派既强调政府对经济的“宏观需求管理”的调节作用，又保留市场自动调节作用。新古典综合派的财政税收理论见于萨缪尔森的《促进经济增长的财政金融政策》，全书主张政府的公共投资必须根据经济的实际情况进行较长时期的规划，而不是搞权宜之计，如政府扩大耐久性的公共工程项目支出，重视基础理论和应用科学的研究和开发，重视劳动力资本的教育和培训。关于税收方面，新古典综合派认为应逐步地由累进的所得税制向累进的消费税和资产税制度转变；减免对投资收益所得课征的所得税以刺激私人投资的增长；在科技研究开发方面制定税收优惠政策；降低法人税率，刺激投资。

新剑桥学派：也被称为后凯恩斯主义学派，是凯恩斯主义的另一个重要分支，代表人物是罗宾逊夫人、卡尔多和斯拉法。新剑桥学派指出国家必须承担起经济管理的职责，弥补私人经济的不足，可采取的政策主要包括财政支出政策、税收政策、公债政策等。新剑桥学派认为政府支出的主要方面是公共事业，同时应按照公平原则设计合理税制以缩小贫富差距，如实行累进税率的所得税制，对高收入者实行高税率。

货币学派：以芝加哥大学的弗里德曼为代表，主要观点是：货币最重要，货币是产量、就业和物价变化的最主要因素；货币供应量的变动是用来衡量货币推动力的可靠标准；不管是通胀、萧条还是经济增长时期，货币当局都是有办法来调节货币供应量的变动。因此，货币学派的主要思想是通过单一规则的货币政策来调节经济，反对政府使用财政政策对经济活动进行干预，应尽可能减少政府规模，压缩财政支出。

理性预期学派：以卢卡斯、萨金特为代表，他们假设每一经济主体对未来事件的预期都是合理的而且预期都是完全的。理性预期学派宣扬政府调节经济无用论，包括凯恩斯主义的相机抉择的财政政策都是无效的，同时政府的财政政策（如扩大支出、提高税率等）会相应挤出私人投资，减少社会资本存量，导致人们财富减少。理性预期学派主张充分考虑市场预期的情况，主张政府应当以控制通货膨胀为唯一政策目标，实施预算平衡政策。

供给学派：出现于20世纪70年代中期，以拉弗、菲尔德斯坦等为代表，秉承萨伊定律，认为凯恩斯主义将需求作为经济活动的决定性因素，忽视了劳动、储蓄、投资、生产等供给因素，这是错误的做法。因此，应该彻底否定凯恩斯主义，转而实施供给管理政策，通过减税、压缩政府支出等措施增加市场供给、压缩社会福利支出，政府的正确做法是刺激生产而不是消费。

第四节 税制结构与经济结构关系

一、国外学者的研究

国外学者就税制结构与经济增长方面的关系研究较多，但关于税制结构对经济结构的具体方面影响的研究则较少。

Arthur（1980）以发展中国家的墨西哥为样本研究了税制结构变化对经济的影响，指出国民经济中第一产业和第二产业的比重与一国的税制结构相关。在税制结构中，直接税的比重与人均国内生产总值和第二产业（制造业）比重呈现正相关关系，而与第一产业呈负相关关系。显然，这里所研究的经济结构仅仅限于产业之间的关系。

Gentry 和 Hubbard（2000）研究了个人所得税对企业创新活动的影响，研究结果表明，累进的个人所得税制度不利于企业家和企业创新活动的进行，导致企业家和企业长期从事原有的经济活动，不敢冒险创新，间接影响着产业结构和经济结构。

David（2001）按照行业部门的特点将一国的税制划分为农业税制、工业税制、商业税制等复合税制体系，在对比分析美国、新西兰等国家的税制结构和经济结构相关状况后指出，要促进经济更好发展，一国的税制结构必须与该国的经济结构相匹配，在经济增长过程中，应保证各税种与经济发展阶段相一致。

有不少学者（Pandit and Casette，1989；Mokyr，1993；Acemoglu，2009）指

出，发达国家的经济结构转型具有这样的共同特点：随着经济的不断发展，农业部门的产值在经济的总产值中的比重逐渐下降，工业部门的产值在经济的总产值中的比重先上升后下降，而服务业的产值在经济的总产值中的比重会逐渐上升。

法国经济学家托马斯·皮凯蒂在《21世纪资本论》中揭示西方资本主义国家几百年来贫富差距不断扩大尤其是金融危机之后，前1%高收入群体（依靠继承财富手段）占有过多国民财富的事实，这一研究说明所谓市场机制完善、法律体系完备的国家也无法保证财富与收入分配公平和公正。皮凯蒂不仅在书中反思了西方的累进所得税，甚至提出为改变全球财富分配失衡状况而实施全球累进资本税的建议。

二、国内学者的研究

近些年来，税制结构对经济结构的影响开始受到国内许多学者的关注，无论是在理论方面还是实证方面，都有不少文献。盖有关研究，基本都集中在产业结构、分配结构和需求结构等方面，本书以下主要从税制结构与产业结构、分配分配结构和需求结构等三个方面归纳这些研究成果。

（一）税制结构与产业结构

税制结构与产业结构联系密切。学者们主要围绕增值税、营业税、消费税、企业所得税、个人所得税、资源税等几大具体税种与我国产业结构之间关系展开研究。

刘华和黄永明（1994）以1994年为界限，对比研究了1994年前后的产业发展状况，指出无论是1994年之前的产品税还是之后的增值税，流转税在国家的产业政策中的作用极为有限。王陆进（1998）的研究结果基本也支持上述结论，同时还进一步指出流转税易于转嫁的特点决定了流转税对产业结构调整的效果不确定，为了促进产业结构更好地调节，应该强化所得税的功能，弱化流转税的功能。

与上述观点不同的是，有学者认为流转税在调节产业结构上作用较好。赵黎明（2001）认为流转税功能较强，在产业结构的调节方面效果比较直接，而所得税对产业结构的调节具有隐蔽性，故在产业结构调节上应以流转税为主。杨斌（2002）认为比较税制结构对产业结构的影响效果应该结合具体的市场环境。在市场机制不健全的环境下，制度不够健全，个人所得税往往不够完善，个人所得税对产业结构的调节效果远不如流转税对产业结构的调节效果。

还有许多学者探究了我国现存的税制结构对产业结构调整的影响。郭传章、范洪波、文川（1999）指出我国现行税制结构存在不少问题，如税负结构不公平、税级结构不合理、税种结构不科学、税源结构不合理、税率结构不适合，这些问题影响了产业升级的进程、产业的投资结构、产业的成本结构、产业的所有制结构，从而不利于产业结构的优化与升级。曾庆宾和何志静（2005）分析了增值税（生产型增值税）、企业所得税、消费税等几大税种存在的弊端及其对产业结构的影响，指出现行税制在很多方面影响了产业结构的优化甚至阻碍了产业结构的升级，制约了产业结构的调整，未来应该配合国家产业政策优化现行税制体系。黎昌卫（2006）首先比较了我国三次产业结构同世界上其他国家的平均水平，分析指出地区间产业构成差距较大，同时具体分析指出我国税制存在的问题：增值税制约了产业结构优化升级；消费税不利于产业结构调整；营业税扶植第三产业力度不够；企业所得税产业导向不明确；个人所得税不利于创新。张海星和许芬（2010）从资源税这一税种探讨了资源税改革对我国产业结构优化升级的重要意义，指出资源税改革是优化产业结构的内在要求，合理的资源税税负水平和资源价格是使资源产品得以合理配置的重要前提；科学合理的资源税制是促进产业链条节约使用国有资源、更好维护生态环境的制度保障。建议应该通过改革资源税制，引导产业结构朝着低碳和减排的方向发展进而促进产业结构优化。左少君（2012）对比分析三大产业之间的税负结构与产业结构关系，指出我国过于依赖制造业增加值税基，这是由以流转税为主体的税制结构决定的，这容易导致国民经济过度依赖传统科技含量低、能耗高、污染性高的行业，不利于产业转型升级。李俊英和苏建（2013）指出在调整经济结构方面，财政政策要优于货币政策，当前的结构性减税政策对于我国经济结构的调整具有重要作用。我国产业结构的调整，既要大力发展制造业，又要求提升服务业，而我国服务业和制造业长期存在税收待遇不公问题，全面推行“营改增”（营业税改为增值税），降低第三产业的税负，将有利于公共服务业和制造业的税收负担，促进服务业特别是现代服务业发展。沈坤荣和余红艳（2014）指出我国产业结构失衡有很深刻的税收背景：以流转税为主体的税制结构易引起产业结构失衡；各产业的税负率不同导致产业结构失衡；我国分税制下财权和事权分割是产业结构失衡的制度根源；财权和事权分割的扩散效应强化了产业结构失衡。因而我国产业结构失衡是经济总体演化背景下财政体制和经济结构内生的互动结果。

以上对税制结构与产业结构之间关系的研究基本是基于理论层面的阐述，涉及实证层面较少。

一些学者采用实证方法研究了税制结构在产业结构调整中的角色。张斌（2011）运用VAR模型分析了我国流转税和所得税（1994年改革后的两大税种）对产业结构的调整效应，研究结果显示流转税和所得税对产业结构的调整效应在长期和短期内是不一致的：长期内，流转税比所得税对产业结构的影响更为显著，而短期内恰恰相反。武少芩（2011）通过实证考察分析认为我国流转税中的消费税、增值税和营业税在产业提升中发挥了积极的作用，但不同税种对不同产业的影响存在差异：消费税和增值税有利于促进第二产业地位的提高，增值税将会随着第三产业的较快发展而地位逐渐下降；营业税有利于推动我国产业由第二产业主导向第三产业主导转变，营业税必然会随着第三产业在国民经济中地位的提升而提高。曹海娟（2012）研究了税制结构的地区效应，即税制结构对不同地区的产业结构的动态影响，研究结果表明：税制结构对东部地区的产业结构的影响存在滞后性，但累积效应较大，而税制结构对中部和西部地区的产业结构的影响具有立竿见影的效果。

可以看到：无论是理论方面还是实证方面的研究，大部分学者的研究结果基本都表明我国产业结构存在的许多问题与现行税制结构密切相关，税制在未来的产业结构调整上可以发挥重要作用。

（二）税制结构与分配结构

税收与民生息息相关，税收作为政府财政收入最重要组成部分，往往具有调节不同社会阶层之间、不同区域之间收入差距的重要作用。关于这方面的研究成果，无论是理论还是实证层面的都较多。这些研究主要还是从具体税种入手，研究其对收入分配的影响。

贾康和梁季（2010）分析了我国个人所得税的地位、作用、现状及存在的问题，强调个人所得税具有调节社会成员收入分配的重要功能，在比较分析国外个人所得税的经验后指出我国个人所得税改革的基本取向和原则：分类和综合相结合的税制模式；有差别的个人宽免制度；宽税基、低税负、超额累进；源泉扣除和自行申报相结合，同时还提出了一些关于个人所得税具体的改革建议。高培勇（2011）分析指出，我国现行税制体系仍以间接税为主，基本没有直接税，由于间接税在理论上被归结为累退税（所谓累退税是指高收入者所负担的这种税款占其收入的比例反而少于低收入者），因而，调整收入分配差距只能寄希望于直接税。

大量学者的研究结果表明我国现行税制不利于收入分配差距的缩小。刘成龙（2012）研究认为中国2001～2010年间的整体税制是累退的，但累退性在逐步降低。所谓累退性是指税率随着收入的提高而降低，这说明我国整体税制对居民收入分配一直起着逆向调节的作用，但逆向调节的作用在逐年减弱。从不同种类税种看，我国的直接税一直是累进的，间接税一直是累退的，由于间接税比重较大，使得税制总体上表现出对收入分配调节的逆向作用。陈文东（2012）认为在国民收入初次分配中，税制的作用主要是通过影响生产或与生产有关的经济活动而得以体现的，生产税仍然是我国税收收入的主要来源；在国民收入再分配中，税制的影响主要体现在收入税方面（企业所得税和个人所得税）。我国应该通过合理的税制改革提高直接税收入占税收总额的比重，这是调整收入分配差距的正确务实政策。刘虎（2012）分析了我国税制体系中具体税种在调节收入分配上存在的问题：直接税和间接税比重不够协调；财产税严重缺位；个人所得税削弱了调控功能；房产税、车船税等税种调控效果不明显，这些问题均说明我国当前的税制结构不利于缩小贫富差距。周波（2013）分析了我国当前民生领域内存在的突出问题和现状：国民收入向政府和企业倾斜；居民收入差距影响基本民生消费权利平等化。在民生取向下，我国未来税制中缺乏调控高收入群体财富及增强国民社会保障能力的税种，加剧了消费权利的不平等；我国的个人所得税调节收入分配的作用未能得到很好体现。徐建炜、马光荣、李实（2013）研究指出，尽管我国的个人所得税累进性较强，但平均税率偏低，削弱了其在收入分配上的调节力度；从具体的时间段看，1997～2005 年，个人所得税对分配调节的作用在加强；2006～2011 年，个人所得税对分配调节的作用在减弱甚至恶化。周克清和毛锐（2014）通过构造收入分配差距与税制结构之间的计量模型，从实证角度揭示我国税制整体上对收入分配呈现逆向调节作用，其中，货劳税和所得税对收入差距具有明显的逆向调节作用，货劳税尤甚；而财产税和其他税对收入分配差距具有正向调节作用，但统计上并不显著。岳希明、张斌、徐静（2014）对我国税制的收入分配效应进行了研究，在使用全国代表性的住户调查数据和资金流量表，计算每个家庭承担的税负总额后，研究结果表明我国税制整体上是累退的，即一个家庭的收入水平和税率高低成反比，这种税制的累退性不利于收入差距的调节。卢洪友和熊艳（2014）从税收收入规模、结构、征管三个方面剖析了我国税收的居民收入再分配效应，研究结果表明我国税收并没有对居民收入分配差距起到有效调节作用，我国的税收制度设计安排特别是直接税和间接税的结构安排存在问题，未能在缩小收入分配差距上起到应有的作用。黄贵兰（2014）运用 1994～2012 年中国的税收数据对税收制度调节收入分配差距的效果进行了理论分析和协整分析。研究结果显示：流转税中的增值税显著地扩大了收入分配差距；流转税系的调节作用不显著；所得税系显著地缩小了收入分配差距，但是作用税种并非源于个人所得税。刘成龙和王周飞（2014）的实证分析表明我国税收总体上对收入分配显示逆向效应。我国直接税的累进性很强，但总体税制依然是累退的，这使得我国税制总体上表现出对收入分配的负效应；在间接税中，营业税表现累进效果，增值税和消费税均表现累退效果，而由于增值税和消费税在税制结构中的比重较大，因而间接税整体上表现累退效果。

可以看出，围绕我国现存的几大具体税种，绝大部分学者都认为我国现行税制结构不利于收入分配差距的调节，存在各种缺陷。

关于税制与区域差距之间的关系也受到不少学者的关注。郭庆旺和吕冰洋（2004）分析了1994年税制改革以来我国东、中、西部地区的税收负担情况，指出各地税收负担存在较大差异：东部地区内部税收收入不平衡程度在扩大，中西部地区内部税收收入不平衡程度在缩小。闫玮（2005）从税收政策通过影响价格、经济增长因素（投资、劳动供给、技术进步等）、公共产品供给等方面阐述税制对区域经济发展造成的影响。

（三）税制结构与需求结构

需求结构失衡问题早在20世纪90年代末就被提出，并引起社会广泛关注。学术界相当部分学者认为我国经济过去的高速增长过度依赖大量要素的投入，经济增长相当程度上依靠投资拉动，消费长期被抑制。

也有学者对我国的需求结构失衡提出不同看法，他们认为消费不足是个伪命题（王庆，2009；张军，2010）。但更多的学者还是赞成中国需求结构失衡这一观点并试图从现行税制结构方面寻找答案。

杨文芳和方齐云（2010）研究指出，我国的财政收入是以间接税为主的，这种结构不利于居民消费率的提高。李永友（2010）从财政分权体制、财政制度以及财政政策几个方面分析了需求结构失衡的财政原因。他认为，中国的财政分权体制削弱和降低了地方政府提供公共品的能力和意愿，公共品供给的不足，导致了居民的谨慎性消费动机的增强，抑制了当期消费需求；以流转税为主的财政收入制度强化了政府执政偏向，造成资源配置扭曲，这些均造成了居民消费能力被挤压，居民支出预期被恶化。吕冰洋（2011）研究了我国财政扩张和供需失衡之间的关系，指出二者存在循环累积关系：供需失衡刺激了财政扩张，财政扩张（以间接税为支撑）成为供需失衡的诱因；我国以带有累退性质的商品税为主的税制结构强化了居民消费约束，也导致了国民收入分配向政府和企业倾斜。夏杰长（2012）分析了总需求结构失衡的状况，认为在未来要想扩大消费，调整总需求结构必须推进税制改革。储德银和闫伟（2012）研究了我国的税收政策尤其是税制结构对居民消费的不同效应：财产税挤入了居民消费；商品税和所得税挤出了居民消费；以商品税为主体的税制结构与扩大内需方针相背离。王春雷（2012）研究指出我国现行的财税体制不利于国民收入分配，影响了居民消费率的提高，如当前税制结构以商品税为主体，个人所得税比重较低（仅占税收总收入的6%）；财产税极少、遗产税缺失等，均不利于税收对收入分配的调节。吕冰洋和谢耀智（2012）研究指出我国征收的生产型增值税同时抑制了消费和投资，整体上对供需失衡的影响不显著；我国的营业税由于税收容易转嫁，存在双重征税问题，强化了供需失衡的局面；我国以消费为税基的税种全部是间接税，消费平均税率的提高也强化了供需失衡的局面。席卫群（2013）通过调查问卷形式获得微观数据，经研究发现：税收是人们所购买商品的价格的组成部分，税收通过影响价格进而影响人们的消费需求。唐祥来、倪琳、孔娇娇（2013）指出我国以商品税为主的现行税制具有明显的投资激励特征，加上过量的公共投资导致了投资结构失衡、抑制了消费。童锦治和黄克珑（2014）分析认为我国税制结构的失衡加剧了消费需求结构的不协调：间接税为主体的税制结构和不合理的直接税税种结构加剧了投资、消费结构的扭曲；企业所得税税负不合理和地方税系体系建设滞后，加剧了投资结构扭曲。张熠和卞世博（2015）通过运用拓展的迭代模型分析了征收遗产税后用于社会保险、教育等民生领域对产业结构、社会福利等的影响，研究表明：遗产税收入用于补贴教育时更有利于实现“稳增长、调结构、促消费”等宏观经济目标，并大大减少社会福利损失。

第五节　关于中国经济结构调整和转型方向

在税制结构与经济结构关系的研究中，不少学者已经就未来的经济结构调整和经济转型方向给出了自己的建议。概括起来，关于中国经济结构调整和转型方向，主要有以下几种观点。一种观点认为制造业经济增加值低和利润率低，是“硬苦力”活，靠“硬苦力”的制造业无法在国际竞争中获取更大份额，而服务业的增加值和利润率相对要高（陈志武，2010）。另一种类似观点认为，在现代社会中，服务业的迅猛发展极大地降低了交易成本，促进了经济效率的提高，发展服务业尤其是生产性服务业对提高国民经济整体效率意义重大（吴敬琏，2013）。另有不同的观点指出，中国应采取三轮驱动的现代化战略，聚精会神搞产业升级，进而在全球化的国际分工体系中跻身价值链顶端，由边缘国家走向世界体系的中心，步入发达国家行列（贺雪峰，2014）。还有一种观点认为，中国应由远见的政府制定长远的战略规划，加之市场的整合，大力调整国内不合理的生态布局和产业布局，以国内的国土改造而非出口导向为基点维持和促进制造业持续高速增长，在国土改造的基础上，全面推进资本和设备的输出，最终稳居世界制高点（陈平，2015）。陈平（2012）指出中国发展的核心问题是人口和资源的不平衡，不是投资与消费的失衡，这只能靠发展科学技术来解决。贾根良（2011）指出中国实施的国际大循环经济发展战略使国家在国际分工中被锁定于产业链低端的依附地位，导致整个国家的资金、资源和劳动力被吸虹到沿海的出口导向部门，造成畸形的“二元经济”。未来，应向“国内大循环”转型，亦即走内需主导的经济发展模式。

针对当前资本全球化导致发展中国家和发达国家形成的“二元经济”现实，尤其是中国被深深卷入由西方发达国家主导的经济全球化的现实，不少学者提出了摆脱依附，增强发展自主性的政策建议。程恩富、尹栾玉（2009）、曹雷、程恩富（2010，2013）等倡导自主发展、建立自力主导型开放制度、自主型经济发展方式等，主要观点有：切实做到“五个适当控制和提升”（适当控制外资、外贸、外产、外源、外技的依存度和外汇的储备度，提升消费、中外资、自主创新、能源配置、外汇使用在经济增长中的作用）；坚持公有制为主体、国有制为主导；形成科学的劳动力和资源、环境价格机制。刘志彪（2012，2013，2015）提出从全球价值链转向全球创新链，发展基于内需的全球化经济的思路，即利用本国的市场用足国外的高级生产要素，尤其是利用国外的创新要素发展本国的创新经济；依托传统的制造业的转型升级和高技术产业的发展，推进以现代服务业开放化发展为核心的经济全球化；在全球价值链基础上，实施扩大内需战略，逐步转向嵌入全球创新链，实现要素驱动和投资驱动向创新驱动轨道发展。

第六节　本章小结

以上从经济结构、税制结构与经济结构关系、未来经济结构调整方向等几个方面对现有文献的梳理，简单总结如下。

第一，当前学者们研究的税制结构中的税负基本都是局限于狭义上的税负，也即名义税负，很少涉及类税性支出，也即实际税负。如果将通货膨胀、高房价、高地价等导致企业和家庭的大幅支出视作税收支出，那么从广义角度探究税负对经济结构的影响应该是未来的一个研究趋势。

第二，我国并没有对资本利得和资产持有征税，绝大部分学者在研究中认为现行税制有不合理之处，但几乎没有探究资本利得和资产持有税存在情况下经济结构的变化，即我国经济结构失衡可能并非是现有的几大税种（增值税、消费税、企业所得税等）所导致的（至少影响可能没有像现有研究的那么大），而是资本利得和资产持有税的缺失。换句话说，我国的税制改革方向可能并非“营改增”、提高个税起征点等这样简单。因此，对资产持有和资本利得税进行研究也是一大趋势。

第三，相当部分学者对于经济结构的研究始终局限于投资、需求、分配、产业等狭隘范围中，未能以工业化为主线、从更广阔的全球和历史视野探究中国工业化进程中存在的主要问题，没有看到中国自身的人口资源比例失衡状况，也没有看到中国目前所处的国际分工地位，进而提出的建议和对策可能缺乏整体性和战略性。本书力图以工业化为主线，从四大方面（以制造业为主体的实体经济与虚拟经济之间的结构、财富和收入分配结构、人口和产业布局结构状况即工业化水平、所有制结构状况）观察和研究世界主要发达国家和发展中国家经济结构调整和变迁历程，以力求更加完整全面地认识我国国民经济中存在的问题，提出有针对性的政策建议。

第四，一些学者根据我国税制和经济结构问题的研究提出我国应该实施大规模的减税计划，刺激消费，拉动内需，建立更加完善和高层次的社会保障福利体系，实行金融自由化，大力发展现代服务业等政策建议，但欧美发达国家金融自由化导致的金融危机教训、高福利带来的种种弊病让我们怀疑这种建议的可行性。当前，我国整体负债问题不仅客观存在（政府、家庭、企业和个人等），甚至数量较大，如果再加上养老金亏空，资源环境保护上的欠账，那么国民经济的负债问题将更加严重。同时，我国依然处于全球产业链的低端，中国制造还有待向中国创造升级，中低端制造业应该扶持和保护而不应该一概丢弃。因此，未来税制改革的重点可能不是减税而是增税（对资产持有和资本利得征税），将宝贵的资源导入以制造业为主体的实体经济中以提高资源配置效率，避免貌似公平、实则特权的社会福利保障制度带来的种种弊端。未来经济发展的重点也不是简单地扩大内需、大力发展现代服务业，而是在保持世界第一大制造业大国地位的同时，利用全球市场和资源，坚定地推动产业转型升级，在国际分工中上升到比较优越的产业位置，掌握科技与金融制高点。为此，应该在财税体制安排上抑制食利产业和暴利产业过度膨胀，节制在我国的跨国金融资本，避免金融自由化带来的负面影响，避免经济过度金融化，避免陷入依附陷阱，推动工业化和社会主义现代化顺利完成，始终以制造业为立国之本。

第五，西方资本主义几百年来的发展历程启示我们：成功实现工业化的国家基本都是成功利用了全球市场和全球资源，国内市场和国际市场实现了很好的互动，真正实行内需主导走向现代化的国家基本不存在。另外，“去工业化”被一些学者用来形容过去几十年西方一些发达国家经济结构变化的一大特征，在高科技高速发展的今天，似乎服务业（如金融、咨询、信息服务等）已经取代制造业成为推动经济增长的引擎，似乎后起的发展中国家可以跳过工业化阶段直接进入所谓后工业化时代。但这些学者似乎没有注意到，制造业的生产率增长速度比服务业生产率增长速度要快，因而制造业产品的价格相对服务业产品的价格就会降低得很快，第二产业产值在国内生产总值中的比重下降并不代表其重要性下降。“去工业化”的结果只会导致国家衰落，没有制造业支撑的服务业必然是昙花一现。

第六，中国经济结构调整的方向要求客观评价中国经济成长的成就和原因（唐毅南，2014）。我国过去三十多年的高速增长被一些经济学家描述成了“高投资、低效率、高污染”，改革开放前三十年的经济增长更是被称之为“绩效平平”。但最近有学者经过比较研究后指出：中国过去的经济增长是“高投资、高效率、高技术进步”和“低能耗”的高质量增长（唐毅南，2014）。这一重要的研究结果更是让我们觉得有必要重新审视一些学者提出的向欧美模式靠拢的转型和调整方向，以更好地面向国情，提出务实的政策建议。

没有比较就没有借鉴。中国未来结构调整的方向究竟是否刺激消费、拉动内需，解决消费与投资失衡问题，或者大力发展现代服务业，推动经济金融化和金融自由化，放弃中低端制造业，亦或者是走内需主导的道路。对此，我们不仅应该对经济结构有全面认识，从理论上深入探讨这些方案，更应具有全球和历史视野，深刻认识中国的国情、所处的发展阶段和国际分工地位，特别是要深入了解具有代表性的一些发达国家和发展中国家在经济结构调整中的成功经验与失败教训。基于此，本书以下部分安排如下：第三章，基于经济全球化和工业化进程的背景，论述经济结构基本内涵、财税体制基本内容及其在经济结构调整中的角色，深入分析目前关于结构调整的各种方案。第四章，从全球和历史视野探析处于世界体系中心的当代西方发达国家经济结构变迁史，以拉美国家和日本为案例，探寻这些国家经济发展和工业化建设中的成败得失，以及上述国家的财税体制建设状况，可以吸取的经验与教训。第五章，简要回顾我国过去几十年的经济和财税体制发展史，研究当前经济结构和财税体制方面存在的问题，从更深层次的角度阐述经济结构与财税体制方面的关系。第六章，回答我国未来经济结构调整方向以及相应的财税体制安排措施。

第三章

经济结构与财税体制的相关理论解析

自西方工业革命以来，人类社会生产力水平获得前所未有的提升，工业社会迅速取代农业社会成为人类社会主导形态，工业化不仅快速推动社会发展，也完全打破了单一的农业经济结构形态，新的产品、产业、行业、部门和技术不断涌现，人类社会经济结构呈现多样、复杂的局面，推动这一切变化的客观力量是资本。“资本一出现，就标志着社会生产过程的一个新时代”[①]。自资本出现和西方资本主义市场经济建立之后，价值与货币成为市场经济中一切竞争的根本目的，这样的市场经济实质是货币经济或资本经济。资本追逐利润和财富增值的本性一方面确实促进了生产力的提高和技术进步，另一方面扩大了竞争范围，推动经济结构不断发生变化。

第一节　经济结构基本内涵

本书认为，关于经济结构，尽管学术界迄今没有统一公认的定义，但基于生产力和生产关系层面，以全球化为背景，以工业化为主线，对经济结构的全面和完整认识，马克思的《资本论》已经给予了相当多的启示。马克思在三卷本

① 马克思：《资本论》第1卷，中译本，人民出版社2004年版，第198页。

《资本论》中展示了近代欧洲资本主义经济发展与经济结构变迁的总体历程：首先是封建农业社会解体（约15世纪），西方进入原始资本积累阶段，接着商业资本主导国民经济发展（表现为重商主义盛行，商业资本是当时最重要的资本形态），然后是资本大规模进入制造业和实体经济中，产业资本开始主导国民经济发展，最后是资本进入以土地为代表的不动产和金融业等虚拟经济领域中，金融资本完全主导国民经济直至今天西方金融霸权（以美元为中心）在全球范围内的完全形成。资本主义体系并非仅仅局限于西方的独立体系，而是向全球扩张的世界体系，在扩张中对世界各国的经济社会产生了深刻影响，将世界各国纳入西方资本主导的体系中。目前，几乎所有国家均受西方发达国家（主要是美国）主导的金融霸权体系的影响，一些国家因在全球化中不加保护地完全开放本国市场致使本国国民经济陷入依附境地。因此，在经济全球化下，对一国国民经济结构的分析必然包括国际和国内两个方面。

具体来看。马克思在《资本论》第一卷中首先提出商品的二重性（使用价值和价值）和劳动二因素（具体劳动和抽象劳动），明确指出商品的使用价值由具体劳动所创造，价值则由抽象劳动所创造，获取价值才是真正的市场经济中一切经济活动的原动力。接着马克思转向了交换价值并过渡到对货币的讨论，说明了当交换价值用货币表示和劳动力商品化后，资本家通过货币交易购买劳动者后就能得到一个货币增值（剩余价值）。在资本主义市场经济中，资本家雇佣劳动力进行生产的目的是为了利润和价值增值，而不是使用价值，而剩余价值转化为资本即资本积累也完全是为了获得更多的利润。不仅如此，资本家竞相采用新技术提高劳动生产率是为了获取超额剩余价值。马克思在《资本论》第二卷中讨论了资本的循环和周转，研究了社会再生产或资本主义有效需求问题，指出有效需求根源于资本逐利与积累所导致的收入分配严重失衡，即真正的市场经济中的生产是为了利润和资本积累而进行（利润与工资是相互对立的），市场经济运行的一大后果就是收入分配差距的出现和扩大。马克思在《资本论》第三卷中讨论了利润率下降问题，即随着资本积累的不断进行，不变资本价值会不断提高而剩余价值量不变时将导致利润率下降，这种下降也是根源于资本积累和为了利润进行生产的矛盾。简括起来，资本主义市场经济或真正的市场经济是为了追逐货币与价值增值的货币经济体系，商品作为市场经济的细胞，其使用价值在商品消费后消失，但价值不仅没有消失反而增大，抽象价值具有无限增值的可能，抽象价值在不断运行中推动着社会生产力进步和市场规模不断扩大，但此过程对社会物质资源的消耗却是巨大的，而对人力的需求却是不断减少的。由于价值增值和剩余价值的创造来源于生产，因此，产业资本必然在市场经济中占据重要位置。但随着资本积累的不断进行，资本流动日益频繁，相当部分产业资本流入土地和金融领域等虚拟经济中，金融资本日益膨胀并开始侵蚀实体经济利润，整个经济虚拟化程度不断提高。在经济全球化下，西方资本得以在全球范围内进行套利，大量新兴的市场经济体成为西方资本逐利的新场所，以金融控制和产业控制为主要形态的新型殖民模式已经形成。目前的经济全球化从很大程度上说就是西方金融资本主导的全球化。

马克思所论述的价值增值和资本运动的理论体系揭示了资本主义市场经济条件下的周期性经济危机的根源，即资本主义生产的目的不是为了消费而是为了利润。经济危机通常表现为商品过剩危机（商品价值实现困难）、固定资本投资过度危机和金融危机（金融资本过多或过少），解决危机的重要方法是扩大市场和消费，将过剩资本引导出去，实现商品价值，促进抽象价值的不间断运行。经济全球化的存在确实为西方资本的运行提供了最广阔的市场和生存空间，全球市场的存在对西方资本主义国家而言是至关重要的，这是西方国家自工业革命至今就开辟并一直主导全球市场的根源，这一全球性的国际分工模式演变到今天一直都是有利于西方发达国家的。

马克思所论述的价值增值和资本运动的理论体系更是成为后来西方新古典经济学中以 GDP 为核心的国民收入核算体系的重要来源（尽管这一国民收入核算体系具有较大的局限性）。GDP 是一个货币增加值概念，凡不是货币交易的产出将不会被计入 GDP，GDP 被分解为消费、投资和出口，消费、投资和出口全部按照货币量值计算大小。在 GDP 的三大组成部分中，我们可以发现：消费并没有合理与不合理、有害与无害之分，投资并没有有效和无效之分，出口并没有产品的质和量之分。

以 GDP 为核心的国民收入核算体系的建立和使用给人造成了 GDP 是衡量经济发展绩效的唯一标准的假象，似乎发展经济的目的就是为了增加 GDP。但现实中的许多所谓的增长和发展都是在透支的条件下发生的（透支资源、环境、劳动力乃至透支国力），与透支相伴随的便是经济结构的扭曲。最为典型的是第二次世界大战后获得独立的一些发展中国家和第三世界国家为了片面追求所谓的 GDP 高速增长而放弃制造业和实体经济，实行“去工业化”而导致国民经济过度虚拟化、经济金融化与金融自由化，工业化进程半途而废，或者是不加限制地盲目引入外资，融入全球市场而导致本国国民经济发展主导权丧失，沦为国际分工中的“打工仔”，贸易条件长期恶化，亦或者是负债推动经济增长，畸形发展，沦为债务“奴隶”和新的金融“殖民地”。

综上所述，西方资本主义市场经济或真正的市场经济在毫无干预和调节的情况下，基本都会产生如下的负面问题：经济增长过程会消耗大量资源，排斥劳动力；经济增长会造成发展的不平衡性（无论是国内还是国际层面）；经济增长过程中会产生收入分配失衡问题；经济的虚拟化程度会随着经济增长而具有不断提高的倾向。同时，在全球化下，西方资本的无国界运行具有削弱各国国家经济主权、将各国市场纳入其控制范围的倾向。这些问题无疑既有涉及生产力方面的问题，也有涉及生产关系方面的问题。正是这些问题的存在，无论是西方发达国家还是后起的发展中国家的政府都必须要在经济增长和发展中发挥积极作用，以弥补市场缺陷。

因此，尽管关于经济结构没有统一公认的定义和标准，但我们从生产力和生产关系方面的基本原理出发，基于工业化和全球化的背景，认为应该从国民经济最重要的组成部分的比例关系方面全面把握和界定经济结构的基本内涵。具体而言，本书主要从四个方面关注一国工业化进程下的经济结构内涵：以制造业为主体的实体经济与虚拟经济之间的结构状况；财富和收入分配结构状况；所有制结构状况；工业化水平或工业化深度和广度状况（从人口和产业布局进行衡量）。以制造业为主体的实体经济是创造价值的主要领域，是生产力水平不断提高的主要场所，而市场经济中资本逐利本性和抽象价值在运行中极易导致经济虚拟化，即实体经济与虚拟经济结构失衡；在一切以获取利润和价值增值为目的的市场经济中，工资和利润是相互对立的，财富和收入分配结构必然会随着经济的增长而出现失衡倾向；在经济全球化下，资本早已越过一国国界，在全球范围内运动。由于各国发展程度不同，发展中国家尤其缺乏引导和驾驭西方资本的能力，所有制结构极易发生失衡，其结果便是西方金融资本和跨国公司控制发展中国家的经济命脉，主导其市场和产业；市场经济的发展具有天然不平衡的特点，在国际层面表现为国与国之间的发展失衡上，在国内层面表现为一国国内的区域发展失衡，通常可以从人口和产业布局结构衡量区域发展差距问题。

第一，以制造业为主体的实体经济是维持国民经济持续发展的基础和核心。制造业是国民经济的主体，是强国之基。工业革命以来的历史反复证明，没有强大的制造业就没有国家和民族的强盛，打造并拥有具有国际竞争力的制造业和自主知识产权的高端产业，是提升国家综合实力、保障国家安全的根本之道。制造业是创造价值和一切创造创新的主要领域，是技术进步的载体。

制造业并非简单地表现为制造商品和商品交易，制造业也并非是低附加值活动的行业。关于制造业对一国国民经济的重要性和不可替代性，有学者提出产业公地理论给予生动说明。所谓“产业公地”是指根植于企业、大学和其他经济或非经济组织之中的与研究开发和制造有关的基础设施、专业知识、工艺开发能力、工程制造能力等，这些能力共同为产业的成长与发展以及技术的创新提供生存土壤和基础（加里·皮萨诺、威力·史，2014）。产业公地类似于经济学中的公共产品，是整个经济体系良性循环和运行的重要根基，制造业衰落通常是因为产业公地被侵蚀。产业公地被侵蚀必然导致产业创新、研发能力不足，而制造、创新、研发是在同一块产业公地上共同成长的。

导致产业公地被侵蚀和制造业衰落的根源显然是资本逐利的本性。从一国国内来看，一国市场经济建立和完善的过程从某种程度上说是一种货币化和资本化[①]的过程，而没有节奏、规则和边际的过度资本化过程必然会对经济发展造成各种负面影响。如，不动产的过度资本化往往会吞噬巨量资本[②]，终结一国的工业化进程。从国际范围内看，全球化下信息技术的高速发展极快地促进了资本的运行，也促使资本运行空间被极大地扩展。最近几十年发生的国际分工呈现出这样一种情况，发达国家的跨国公司处于微笑曲线的两端，大量制造和生产环节被外包到发展中国家中去，尽管发展中国家获得的利润极少，但制造和生产的外迁也导致发达国家的就业岗位大量减少，影响其就业。如风行世界的苹果公司的产品尽管给股东带来巨大利润，但所创造的就业只有5%在美国，大部分产品的制造在亚洲（陈平，2012）。再以美国的光伏电池制造业为例，虽然美国发明了世界上第一台光伏设备和大量的基础技术，但却在产品制造上止步不前，重要原因是美国缺乏供应商和基础设施，亚洲国家却在此方面拥有强大竞争力（加里·皮萨诺、威力·史，2014）。这些均说明，不管是技术、管理水平先进的发达国家还是发展水平较为落后的发展中国家，都应该高度重视以制造业为主体的实体经济发展状况。

产业公地被侵蚀导致制造业衰落所带来的就业岗位减少问题可能让人觉得可以通过大力发展现代服务业来促进并解决就业问题[③]，这种看法似是而非。以制造业为主体的实体经济是服务业的根本基础，服务业依赖于科技进步下农业和工

---

① 资本化是指任何把资产凭其收益转换成资产的现期市场交换价值的过程。在经济学说史上，马克思最早提出收益资本化的思想。参见葛扬：《马克思土地资本化理论的现代分析》，载《江苏社会科学》2007年第3期。

② 不动产是指依自然性质或法律规定不可移动的财产，如土地、房屋、探矿权、采矿权等土地定着物、与土地尚未脱离的土地生成物、因自然性质或者人力添附于土地并且不能分离的其他物体。不动产不一定是实物形态，如探矿权和采矿权。不动产总的说来包括物质实体和依托于物质实体上的权益。

③ 就业实际上存在质量这个问题，人为地大力推动服务业发展，也许可以一时解决就业问题，但导致的是低劳动生产率的就业岗位取代了劳动生产率相对较高的就业岗位，长此以往是经济质量得不到提高、产业结构升级缓慢。因此，服务业比重的提高可能会降低劳动生产率，影响经济增长的水平。

业创造的剩余，没有强大的制造业，就不可能有第三产业的兴旺。仍以美国为例，1980 年，制造业的全部就业人数达到 1870 万人，1990 年、2000 年和 2010 年，这个数字分别是 1740 万人、1720 万人、1150 万人，尽管在此过程中，第三产业比重在增加，但美国的总体就业量却在减少：2001 年 1 月，美国非农就业人数为 13250 万人，而在 2010 年 11 月，这个数字却是 12980 万人，在人口数实现 9.7% 净增长的时间内，就业人数却出现 2% 的下降（瓦科拉夫·斯米尔，2014）。

当然，制造业在发展过程中，必然需要消耗资源能源①，如何在有限的资源能源限制下，最大限度地推动本国制造业发展，使其创造出足够多的就业岗位是世界各国尤其是资源能源短缺的发展中国家所面临的普遍性难题，要解决这个问题，只有依靠科技的进步，而科技的进步依然需要大量的基础制造业。

第二，财富和收入分配是影响经济运行效率的重要因素。在资本主义市场经济中，导致经济波动或爆发经济危机的重要原因是分配结构的失衡，由财富和收入分配失衡所导致的有效需求不足问题进而引发周期性的经济危机和经济波动会对生产力造成严重破坏。之所以会产生分配结构失衡，根源是市场经济中的生产不是为了消费而是为了获取利润，即利润与工资是相互对立的。

通常，居民的收入包括四部分：工资性收入、财产性收入、经营性收入和转移性收入，其中，居民的工资性收入通常占据总收入的主要部分。就工资收入而言，劳动力商品具有特殊的使用价值——创造出大于自身价值的价值，即剩余价值。因此，当资本家或企业主雇佣劳动力后，一旦劳动者劳动时间被延长至超过维持自身价值所需的时间后，就会创造出剩余价值，货币就会转化为资本。在激烈的竞争压力下，资本家或企业主获得剩余价值后将其大部分甚至全部再次转化为资本，随着这种资本积累模式的不断进行，如此不断反复，资本利得将远远超过劳动所得，资本有机构成不断提高，资本在积累过程中消耗的物质资源将不断增加，工人的工资必然小于消费品部门的产出价值而引发经济危机，伴随经济危机的是大量工人的失业。因而，毫无政府干预的完全自由市场经济体，经济发展的一个必然结果是工资收入占国民收入比重下降、经济危机不断。

---

① 表面上看，发展所谓的现代服务业不需要消耗大量资源能源，但脱离了制造业的现代服务业是不可持续的。“西方发达国家过去 30 年实行的去工业化，发展金融和医疗为主的市场服务业，不仅无法提供充分就业，而且造成空前的债务危机和财政危机，动摇了福利制度的基础。”（陈平：《中国结构调整的方向与市场整合的规划》，载《经济导刊》2015 年第 1 期）可见，即便是已经实现了工业化和现代化的西方发达国家，盲目发展服务业都无法促进充分就业，更何况像中国这样的依然没有实现工业化和现代化的发展中人口大国。

除工资性收入外，财产性收入是居民收入的另一重要组成部分。由于资本形态的多样性（产业资本、商业资本、金融资本等），特别是随着金融领域内的金融创新行为的出现和盛行，一个家庭或居民的收入来源开始多样化，典型的就是财产性收入。财产性收入主要是由动产（有价证券、存款等）和不动产（土地、房屋等）所带来的收入。但受能力、地位等原因所限，普通群众能够拥有的财产性收入必然少于企业主和金融家。不仅如此，随着经济金融化和金融自由化的不断进行，表面上看，普通家庭可以选择的优质金融资产会越来越多，财产性收入也会相应增加，但财产性收入的变动反映虚拟资产和实体经济之间的关系、财产性收入过快增长容易导致经济泡沫化、财产性收入本身存在很大的金融风险（范从来，2011）。更重要的是，以金融家为代表的阶层其收入上涨速度本就很快，一旦虚拟经济过度发展，则整个社会的收入差距只会拉大，不利于经济发展的食利阶层会增多。从很大程度上说，财产性收入是一种食利收入，不应该盲目鼓励，而应该在承认其合法性的基础上采取一定措施（如税收手段）进行限制。因而，对资本毫无节制措施（如对资本利得和资产持有征税）的过度金融化的市场经济体，经济发展的一大结果是投机盛行，收入差距持续扩大。

分配结构问题受到较大关注的另一个原因是其与就业问题是直接相关联的。就业问题并非是简单的发展经济、提高经济增长率而已，就业问题在相当程度上是与分配问题相联系的。前面反复提及市场经济中竞争和生产的目的是为了利润和资本积累，利润和工资是相互对立的，不加干预的市场经济运行的必然结果是分配结构失衡，也就是有效需求不足，进而商品价值实现出现困难，影响企业再生产和就业，也即分配结构、有效需求、就业三者是相互联系的。

第三，所有制结构状况往往反映一国政府对本国产业发展主导权掌握状况甚至反映一国国家经济主权的保有状况。所有制也就是生产资料所有制，通常指人们对生产资料的占有形式，是人们之间的经济关系的反映。用来表示不同的所有制形式（如私营经济、个体经济、公有经济、混合经济等）在一定社会形态中的地位、作用和相互关系的指标就是生产资料所有制结构。生产资料所有制是生产关系的基础，是社会制度的指示器。如在社会主义社会中，体现基本经济制度性质的是生产资料公有制，在资本主义社会中，体现基本经济制度性质的是生产资料私有制。

资本主义市场经济运行数百年来，西方资本主义国家在生产资料所有制方面早已不是完全的私有制经济，而是混合经济，政府对市场经济干预大大增强。对于中国这样的社会主义国家，经过几十年的改革，曾经的“一大二公”所有制结构也早已被打破。可以说，当前世界上绝大多数开放国家在所有制结构方面基本都呈现出混合态势，本国资本和外国资本共同并存于一国市场中，而本国资本基本又有国有资本和私有资本之分。正是因为所有制结构方面发生如此重大变化，关于主权国家如何在所有制领域内合理处理好本国资本和外国资本之间的关系是涉及包括维护本国产业发展主导权在内的国家经济主权的大事。

通常而言，国家经济主权主要包括主权国家对国内的各种自然资源和能源拥有的终极支配权；主权国家在国内拥有的征税权；主权国家在国内拥有发行货币的权力；主权国家对国内经济活动拥有监督管理的权力；主权国家对本国产业发展拥有的主导权；主权国家对国民境外资产拥有提供保护的权力。有效维护国家领土主权和经济主权是一国政府最根本的职责，国家领土主权的维护往往可以通过一系列有形行为看出，但国家经济主权的有效维护却相对较难。当一个国家的经济主权受到侵犯，政府的合法性就会逐渐丧失。国家经济主权被悄然侵占，国民福利势必会受到影响，长此以往，国力孱弱，社会矛盾激化，国家也将衰落。

在和平与发展成为时代主题的背景下，特别是面对一些拥有强大军事实力的国家时，西方大国使用船坚炮利的赤裸裸军事手段侵略、占领他国领土进而支配其国民财富基本是不太可能发生的事。但借助跨国公司和国际金融资本等形式，通过本土代理人，暗中突破主权壁垒，构筑利益输送带却是不争的事实。这种颇具时代特色的新型金融殖民主义构成了经济全球化时代下的新的国际斗争形式。正是这种隐形斗争形式导致大量发展中国家的经济主权在不知不觉中遭到侵蚀。毫不夸张地说，部分发展中国家已经失去了对国民经济的实际控制，沦为西方世界控制下的新型殖民地。

在一国国民经济中，当外国资本尤其是西方金融资本以各种形式（如对外直接投资、经济援助、热钱等）进入发展中国家并主导其市场、控制其国民经济命脉时，发展中国家的国民财富必然大量流失海外，整个国家只能处于全球产业分工的低端，产业升级只能是空中楼阁，以征税权、货币发行权、对境内自然资源支配权和经济活动监管权等为主要内容的国家经济主权必然会旁落。

第四，工业化水平或工业化广度与深度决定一国区域发展均衡状况，甚至也可以从一定程度上反映一国经济自主状况。一般可以从一国的人口和产业布局方面考察其工业化水平。当一国工业化水平较高，可以让全国绝大多数人口享受工业化成果，区域发展差距较小，人口和产业布局较为合理，则本国国内市场潜力可以得到较好的发挥，本国经济发展受外部市场波动的影响就会较小。反之，当本国工业化深度和广度有限，能够辐射的区域较小，人口和产业布局不够合理，本国市场将无法有效支撑国民经济发展，则本国经济对外依存度必然较高，经济发展自主性不高，发展较好的少数地区必然会对其他地区的资源产生吸引效应，大量人才、资金被吸引到较好区域，区域发展失衡问题将会更加严重。

之所以将工业化广度和深度纳入经济结构认识范畴之内并从人口和产业布局方面进行考察，一方面是因为区域均衡发展问题在一国经济持续发展和社会稳定方面极为重要，反映工业化的质量；另一方面是经济全球化下一国国内市场往往受外部环境影响较大，如果本国市场不够完善和强大，完全根据外部市场发展本国少数地区（典型的是由出口部门甚至外来资本来决定本国工业企业布局和工业化发展方向），则本国经济自主程度必然不高，本国经济的系统协同效应也无法得到有效发挥。

造成区域发展失衡或人口与产业布局失衡的根源在于市场经济下发展的不平衡性，实际也是资本的逐利本性。一般而言，在一国经济发展刚起步时，少数区域由于政策扶持、地理位置、文化传统等方面的优势可以获得较快较好的发展，当国家经济实力达到一定程度，全国一盘棋战略才能得到贯彻和实施。但由于“路径依赖”和利益集团阻挠等原因，实现区域均衡发展、合理布局人口与产业往往面临诸多难题，特别是产业集群和集聚效应短期无法改变。

以上我们从四个方面概括经济结构基本内涵，这四个方面是相互联系、相互影响的。制造业是一国立国之本，制造业发展基础受到削弱，实体经济与虚拟经济之间结构必然失衡，虚拟经济过度膨胀，创造价值成为笑柄，投机行为大行其道，则收入分配结构必然失衡；外国资本掌握本国经济命脉，所有制结构失衡，则本国产业发展主导权必然丧失，制造业发展基础必然受削弱，虚拟经济必然过度膨胀；本国制造业发展基础受削弱，外国资本主导本国市场，发展主导权旁落，则区域发展失衡问题更加不可能得到真正有效解决。

第二节 评析几种经济结构调整方案

当我们确定了经济结构基本内涵和研究范畴，接下来便可以对关于中国未来经济结构调整的几种方案进行剖析。

关于“刺激消费、拉动内需”或“内需主导”。首先，这种说法颠倒了经济发展的结果和原因，消费的提高是经济持续发展、科技进步以及发展成果得到共享的结果而非原因。市场经济的本质是生产为了利润而非消费，消费不振根源于市场经济下的利润动机与分配机制，消费的提高依赖于分配问题的解决。其次，“刺激消费、拉动内需”与“内需主导”是实物经济的观念，忽视了市场经济下生产为了利润这一资本经济学观念，正是市场经济中为利润而进行的生产推动抽象价值不断运行，进而推动技术进步、产业升级和经济增长，同时资本在此过程中不断开拓新的市场空间。单纯的“刺激消费”只会使得经济在低级的产业水平上徘徊，甚至产生大量垃圾 GDP，而“内需主导”则限制了资本运行空间，失去利用海外市场和海外资源的机会。最后，最为重要的是，在市场经济中，经济发展过程中会消耗大量的物质资源，如何在有限的资源限制下促进经济又好又快发展已经成为当前摆在整个人类社会面前的重要难题。工业革命以来的数百年间，尽管人类社会生产力获得空前发展，但所造成的环境污染与资源破坏等问题也是空前的，因而未来应该将挥霍性增长与真正的进步区别开来。对于中国这样自然资源稀缺、人口众多的国家，更应该在人民群众基本生活得到保障的前提下，重新思考西方所走过的这种传统的“刺激消费”、消耗资源和节省劳力的经典发展方式①和分工模式。必须要看到，经典的发展方式中必然隐含着这样的负面问题：经济发展对物质资源的需求大大超过对物质的合理需求，这导致了经济增长中的一种浪费，也即经济增长中的挥霍性因素，这种浪费所带来的“益处”远远小于其造成的损失（邓英淘，2013）。

纵观工业革命以来数百年的经济发展史，我们可以注意到这样两种现象：第一，发展中国家在发展到温饱有余阶段会强烈地受到发达国家在生活方式方面对其的“示范效应”影响，这种影响极容易促使发展中国家选择不符合自身实际的生产和生活方式；第二，发展中国家的经济增长和发展会随着本国国民收入的提高而越来越明显地受到物质资源的限制，这种限制在低收入情况下几乎感受不到（邓英淘，2013）。西方国家由于掌握广阔的海外市场和大量来自海外的资源能源，因此，可以较为轻松地克服资源能源方面的限制，但西方发达国家的高消费、高福利和高消耗的经济增长方式已经产生了大量问题，如营养过剩、医疗悖论、资源战争②，等等。可以想象，作为资源短缺的后起发展中国家，一旦采取发达国家的生产方式和生活方式，必然会造成更加严重的资源争夺冲突，世界的

① 所谓经典的发展方式，简言之就是以大量耗用不可更新的资源为基础，以大批量生产的存量型技术为手段，千方百计地增加 GNP，以实现国家的富裕和繁荣。这曾被视为普遍适用的法则。参见邓英淘：《新发展方式和中国的未来》，上海人民出版社 2013 年版，第 7 页。

② 与“资源战争”相对应的便是“资源帝国主义”一词，“资源帝国主义”也是西方的高消费、高福利和高消耗生产方式和分工模式所带来的。

环境和生态也是无法支撑的。

因而，对于中国的未来发展，应该强调节约资源，摒弃把浪费当作经济增长和进步的错误思维，将宝贵的资源用于发展高端产业、推动产业升级和提高整体经济的国际竞争力水平。

关于大力发展现代服务业，放任制造业衰落或出走。误认为制造业是苦力活和低附加值行业的学者基本持这样的观点。我们前面已经对制造业的重要性予以说明，这里应该再次强调无论是生活性服务业还是生产性服务业，它们都需依赖技术进步下工业和农业创造的剩余，人为地大力推动现代服务业发展只会导致资源流动改向，削弱实体经济的根基，同时，放任制造业衰落或出走还会造成严重的失业问题。现代服务业中的主导行业或最重要的行业无疑是金融业，而金融资本是资本的最高形态，逐利性和投机性极强，如果没有政府有效管制，放任“金融创新”，其结果必然是金融妨碍实体经济发展，经济金融化挤占实体经济的资金，市场波动不断。20 世纪 80 年代以来西方发达国家的金融自由化所带来的一连串金融危机清晰地说明了金融业脱离为实体经济服务的恶果。

当前，作为发展中国家的中国也存在金融业过度发展、金融投资收益率严重超过实体经济投资收益率、实体经济发展空间遭严重挤压等负面问题，这些已经存在的问题更是说明大力发展现代服务业，放任制造业衰落或出走这一结构调整措施的不可行性。

关于开放资本账户和金融市场，让外资自由进出，实施金融深化[①]。持有此

① 美国两位学者——罗纳德·I. 麦金农和爱德华·肖分别在著作《经济发展中的货币与资本》《经济发展中的金融深化》中关于发展中国家的金融发展问题提出了“金融抑制”和“金融深化”的理论，从不同角度考察了发展中国家存在的金融发展不足和抑制问题，得出了几乎相同的政策建议和结论：发展中国家要实现经济的不断增长，必须要实施金融自由化政策，大力发展金融中介，放松金融管制，动员国内储蓄，促进资源优化配置。参见罗纳德·I. 麦金农：《经济发展中的货币与资本》，中译本，生活·读书·新知三联书店 1988 年版；爱德华·肖：《经济发展中的金融深化》，中译本，上海人民出版社 2014 年版。拉美国家和苏东国家金融自由化所带来的一系列恶果是对这种理论的无情嘲讽。2007 年由美国次贷危机所引发的全球金融危机（迄今依然没有结束迹象）更是让我们怀疑金融自由化理论的正确性。其实，早在 20 世纪 60 年代，为当时的南朝鲜（现今的韩国）主持编制第一个投入产出表的朴圣相先生就注意到类似的问题，他指出，“与发达国家相比，发展中国家储蓄的货币并不是资本，除非它能‘换回’实物资本设备……发展中国家需要考虑的一个基本问题就是如何使货币资产转化成实物资产……资本的缺乏不是源于储蓄水平的低下，而是因为生产资本品的能力不足。这也许就是发展中国家和发达国家货币储蓄涵义的基本差别。”（朴圣相：《增长和发展》，中译本，生活·读书·新知三联书店 1991 年版，前言，第 7 页）发展中国家和发达国家储蓄货币的不同是因为西方大国控制着世界金融货币体系最高端，正因为如此，发展中国家走向强大的根本之道是在掌握本国货币金融主权的前提下扎实实现工业化，而不是采取金融自由化这种本末倒置的做法。

观点的学者认为资本账户和金融市场的完全开放有利于资源优化配置、人民币国际化，有利于企业“走出去”，但历史经验尤其是拉美、苏东国家转型的惨痛教训早已证明这些说法的错误性。在开放经济体中，由于存在不同的主权国家和不同的货币金融体系，各国金融体系的国际竞争力水平相差极大，在商品、货币和其他生产要素流动性较大的条件下，各国采取利于本国的货币金融政策的同时极易损害他国利益。对于大部分发展中国家而言，本国金融货币体系基本不够健全，竞争力也不够高，资本账户和金融市场的完全开放对处于转型时期、跨国资本已经在国内占据相当比重的情况下必然会给国家带来一系列难以预料的恶果，诸如引来大量投机资本攻击、国内汇率和资产价格大幅波动、产业发展受阻、国民财富流失等。当前，中国市场中的跨国金融资本已经对本国的国民经济造成巨大压力，热钱大量流入对楼市和股市泡沫造成不可低估影响。如果再开放资本账户，则跨国资本可以轻松猎取中国巨额的居民储蓄、外汇储备和企业股权，给经济社会带来灾难性后果。

关于积极推进新型城镇化，甚至实施农村土地私有化政策，扩大需求。持有此论的学者认为中国相当数量人口依然是农村人口，城市化和城镇化的发展空间还很大，大力推进新型城镇化和农村土地私有化必然会创造巨大需求，拉动内需和促进经济发展。但城镇化是工业化的结果，城镇化或城市化不仅表现在城市人口和农村人口的数量上，更表现在生产生活和经济发展水平上。人为强行推动的城镇化尽管可以在短期内提高城镇化比率，但由于城市就业岗位和政府财力有限，一旦就业问题和社会保障解决不了，必然会危及社会稳定。在此过程中还会造成大量资源浪费，典型的如我国不少地方已经出现的房地产热所造成的“鬼城”现象，特大城市与大城市交通拥堵、环境污染等问题。农村土地私有化的实施，一方面不可能确保农民的利益得到切实保障，卖地收入也无法保证农民在城市中购买到城市的住房；另一方面会造成富人的圈地运动，危及可耕种土地数量和粮食安全。因而，作为世界上人口最多的发展中国家，未来不应该单纯追求数字上的城镇化比率高低，就地城镇化、分区发展、城乡对流可能更符合国情。另外我们也应该看到，我国在城镇化进程、土地自由流转、农民入城等问题上已经产生了大量不利于经济社会进一步发展的负面问题：沿海大城市出现的房地产泡沫和房地产高利润挤压了对制造业的投资，导致了企业生产成本和劳动者生活成本急剧攀升；小产权房的合法化将部分城市居民和城郊农民变成了寄生性的食利者；不可逆的土地流转导致入城农民返回农村时无地耕种；强制拆迁导致社会矛盾激增，不利于社会稳定；等等。这些已经发生与存在的问题更应该促使我们重新思考因地制宜和符合国情的城镇化模式。

第三节　财税体制基本内容及其在经济结构调整中的角色

通常认为，政府干预和调节经济可以使用的手段包括财政政策、货币政策、产业政策等。从长远性、全局性和根本性角度而言，只有财税体制才是政府调节经济的最有效手段，经济结构的扭曲说到底是财税体制未能有效发挥节制资本作用的结果，调节经济结构必然需要积极发挥财税体制的重要作用。财税体制的功能和作用主要是通过处理政府与企业和居民之间的分配关系，以及处理不同级次政府之间的分配关系体现出来的（高培勇，2014）。

财税体制首先就是财政管理体制，也就是对政府的收入和支出所形成的制度规范。对于政府的收入部分，最重要的收入是税收收入，征税权自古以来就是一国政府最大的权力，这是政府得以正常运转的经济保障。自税收诞生以来，税收收入结构伴随着经济形态或结构的变化而发生变化。如，在农业社会时期以实物形态呈现的农业税，工业社会时期以货币形态呈现的工商税（如企业所得税、消费税、增值税等）、资产持有和资本利得税（如遗产税、赠与税、房产税等）。人类社会迄今数千年的税收收入主要经过从直接税到间接税，再到直接税的历程。诸如增值税、消费税、营业税等划归间接税范畴，诸如企业所得税、个人所得税、财产税等划归直接税范畴。从间接税和直接税占总税收收入的比重可以看出政府征税重点，从而反映税收负担在社会成员之间的分配状况，进而对经济结构造成影响。例如，如果间接税占据税收收入主要部分，由于间接税转嫁的特点，间接税必然会嵌入到商品和服务价格之中，增加了居民日常开支；如果企业所得税占据税收收入主要部分，一方面加大了企业的税收负担，不利于其竞争力的提高，另一方面税收转嫁的存在也会对消费者造成一定影响；如果在一个市场经济获得相当程度发展、货币经济相当发达、居民收入来源多样化的社会中，对资产持有和资本利得没有征税，则不仅不利于收入分配的调节，更可能会导致资本过早地从制造业流入到虚拟经济中，从而导致实体经济与虚拟经济之间比例失衡。因而，在现代社会，税收收入的来源无非是资本利得与劳动所得，税收收入结构在一定程度上反映一个国家或社会的文明与公平、公正程度。

对于政府的支出部分，相当程度上反映一国的宏观税负水平。如果政府支出规模不断增长且支出部分主要用于政府自身规模扩张，则该国宏观税负水平必然较高，经济持续健康发展必然受影响。在现代社会，政府支出当然首先应当保障经济社会运转，如为全体国民提供无差别的基本社会保障，完善教育、医疗和住房等公共品供给，实现区域基本公共服务均等化，缩小区域发展差距等。当然，政府支出中的向民生倾斜部分也应与本国经济发展水平相适应。

除了财政收入体制和支出体制是财税体制重要组成部分外，预算管理体制也是财税体制中的重要组成部分。所谓预算管理体制就是财政收入与支出均要纳入以预算为主体的制度体系加以管理，围绕政府预算的编制、审批、执行和决算而形成的制度规范（高培勇，2014）。预算管理体制是为了实现政府收入和支出的规范和透明，消除“小金库”现象，使得政府财政行为受到严格的财政法规制约。预算管理体制的完善程度从相当程度上反映一国政府的治理水平。如果一国政府的财政行为完全受预算法和税法等财政法规刚性约束，预算实现了全覆盖，则行政权力无序扩张就会受到有效遏制，官员腐败问题也会得到有效解决，经济社会必然会得到较好发展。反之，如果预算管理体制不完善甚至存在诸多漏洞，政府行政权力必然依赖财政基础进行肆无忌惮的扩张，腐败官员必然犹如脱缰的野马。长此以往，国家财政权必然会被解构，经济社会良好发展环境必然遭破坏。

财税体制处理的主要是两大方面的分配关系：政府、企业和居民；不同级次政府。本书从国民经济中的最重要的四个方面认识经济结构基本内涵，可以看出，这四个方面均与财税体制存在紧密关联。以制造业为主体的实体经济与虚拟经济之间的结构、财富和收入分配结构说到底反映的是政府的财税收入从哪个经济体上征收，亦即政府、企业和居民之间的分配关系，若税负结构长期偏向劳动者和实体企业，对资本利得毫无税收上的举措，极容易导致虚拟经济和食利资本过度发展，财富和收入分配出现失衡；在所有制结构方面，开放条件下资本跨国流动极为频繁，若对外国资本尤其是国际金融资本没有税收上的节制，极容易导致本国资本和产业被控制，若本国财政不够强大，需要依赖外国金融资本的流入维护经济体运转，国民经济命脉很容易被国外资本操控，同时，若本国政府财税收入来源过于依赖企业尤其是国有企业，则也容易导致本国资本（包括国有资本）力量受削弱，最终是所有制结构失衡；在人口和产业布局结构方面，由于不同级次政府之间财权和事权不一致性，极容易产生地区和部门之间的矛盾，利益集团固守旧的技术牟利害民，为获取财税收入而造成严重的重复建设、产能过剩，最终是区域发展失衡，人口集中到极少数发展好的地区，全国一盘棋战略无法实现，工业化广度和深度无法提高。

在从财政收入体制、支出体制和预算管理体制等方面认识财税体制在经济结构扭曲和调整方面作用的同时，我们还应认识到经济转型期间一国财政权利被让渡和转移的情况（实质是国家资源被掠取）。所谓财政权利被转移和让渡是一国的内外资本利用国民经济转型期间经济政策和制度建设滞后的缺陷，使用各种手段参与国民收入的分配和再分配从而导致国民福利损失的情况。如，一国金融机构和金融业者利用手中的金融特权获得超额的利息差，这等同于向居民征收储蓄税；政府长期实行实质负利率（名义利率小于通货膨胀率）政策等同于向居民征税，等同于借款者（债务人，往往是金融特权者）获得资金补贴，这一补贴在使用金融杠杆的情况下获利将会倍增，由此短期内便催生了一批暴富群体，这相当于政府的征税权被让渡于某一群体和机构（如房地产商和金融机构）；政府通过大规模举债以支持庞大的投资行为，制造了庞大的债务黑洞，表面上促进了经济发展，但这却是寅吃卯粮的行为；政府将养老、医疗以市场化名义完全推向了市场，让社会资本和金融机构介入社会保障事务，表面上减轻了自身的负担，但由于社会资本逐利性质和本国金融机构发展滞后无法对社会保障基金实行充分的保值和增值，一旦社保资金无法应付未来的通货膨胀，则未来政府的财政支出负担必然加重，将来获取财税收入的途径很可能只有出售国有资产和国有资源。

我们还应该看到，诸如环境污染、资源破坏、区域发展失衡等问题，表面是经济政策失误所致，但深层次的原因依然在财税体制上。一些地方政府为追求财政收入和 GDP 政绩，对环境污染和资源破坏等经济行为视而不见，甚至像企业一样参与到市场经济活动中；各地区由于地理位置、历史文化等因素不同，区域发展差距本就存在，但追求 GDP 和财政收入的经济活动则进一步加剧了区域发展失衡问题，致使中央政府全国一盘棋政策无法得到有效实施。

关于财税体制与经济结构基本内容以及财税体制对经济结构影响的作用机制等，可以用图 3－1 进行简要说明。

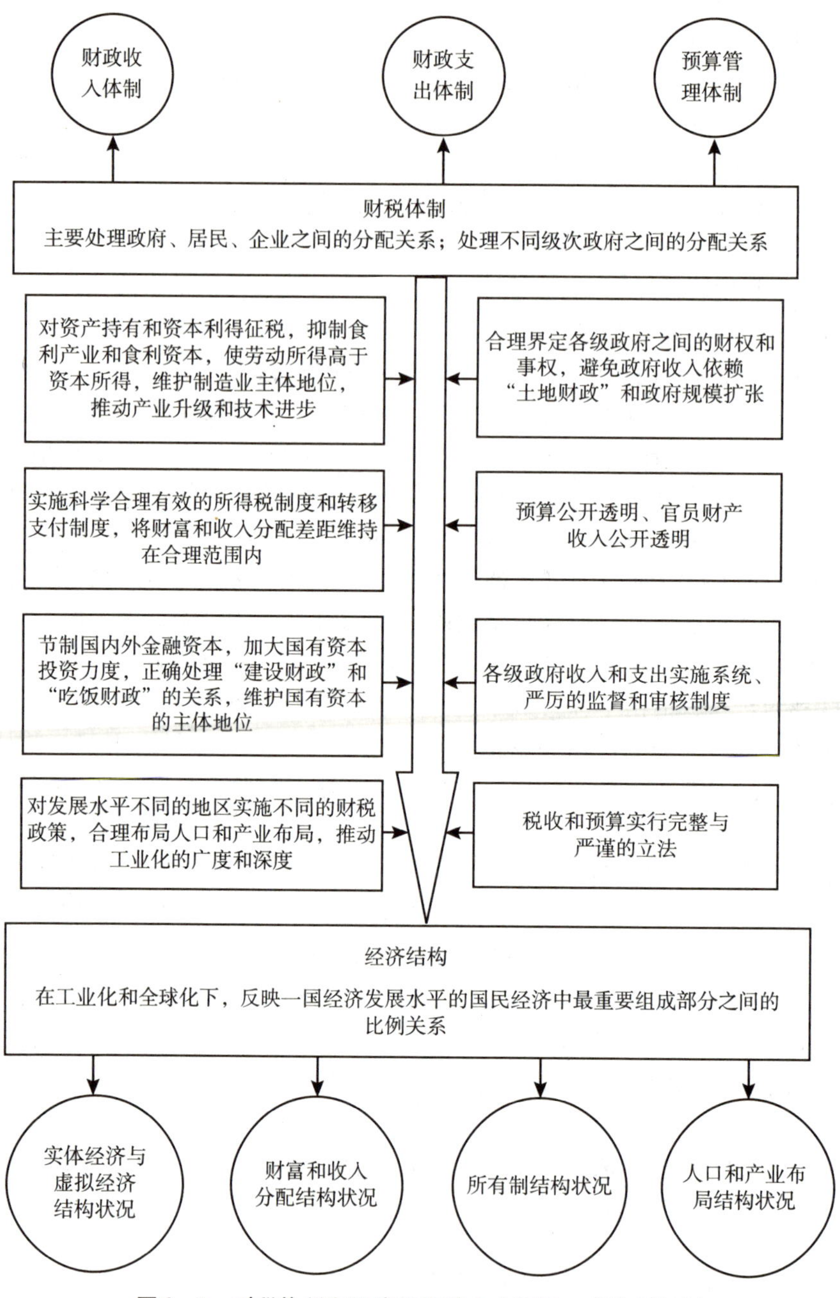

图 3－1　财税体制和经济结构基本内涵及二者作用机制

第四节　本 章 小 结

本章阐述了所要研究的经济结构的基本内涵，解析了关于中国未来经济结构调整的几种方案，说明了财税体制基本内容及其在经济结构扭曲和调整中所扮演的角色。为了进一步深入理解经济结构基本内涵特别是关于中国未来经济结构调整的方向和财税体制方面的相应安排，本书下一章试图从全球和历史视野全面探寻世界上代表性国家经济结构和财税体制变迁历史，吸取经验和教训，清晰认识当前中国所处的国际分工地位和结构调整困境、方向和目标。

第四章

全球和历史视野下发达与欠发达国家财税体制和经济结构变迁考察

经济全球化已经成为当今世界各国所面临的重要议题，但凡开放的国家在发展经济中都面临经济全球化所带来的机遇和挑战。因此，就经济结构这一问题而言，一国的经济结构问题必然会涉及国内和国际两个层面，从全球和历史视野回顾一些发达国家和欠发达国家的财税体制和经济结构变迁史具有十分重要的借鉴意义。

当前的经济全球化是由西方发达资本主义国家所主导，西方发达国家处于世界体系的中心，位居当前国际分工体系中的产业链高端，掌握国际规则制定权，能够吸纳世界各国的人、财、物，对广大发展中国家和第三世界国家造成较大影响。在过去相当长的时间里，关于造成东西方“大分流”，西方资本主义国家为何能够后来居上、占据世界体系中心，一些国家为什么能够成功而另一些国家却失败了，等等，学者们作了大量研究，对这些问题的回答可谓众说纷纭。本书认为，西方的兴起确实是制度建设的结果，西方发达国家最重要的制度建设是财税体制建设，金融是财政的延伸，税政是最根本的政治，所有法律体系、制度框架安排基本都是税政的结果，这些也是确保经济持续增长的根本前提。当然，这些制度都是有利于资本积累和扩张的制度，这些制度安排也产生了大量的问题。本章首先简要探析了西方资本主义国家起源、发展历程，从金融和财政角度分析其制度建设。其次，从工业化促使农业社会向工业社会转变、资本主义经济基本矛盾推动国民经济走向混合经济等方面探究西方国家经济结构变迁历程，选取三个代表性国家——英国、美国和德国，对三国的制造业变迁、分配结构失衡、“去工业化”进行评析。再其次，选取拉美国家和日本这两个一反一正的典型案例，对它们的经济结构变迁历史进行研究，探究财税体制与经济结构之间关系的变迁规律。最后，对本章进行简要总结。

第一节　西方资本主义的起源与发展：金融与财政的视角

一、西方资本主义兴起：金融与财政变革

学术界关于资本主义的起源可谓众说纷纭，莫衷一是，对于资本主义发展阶段的划分也并没有完全形成共识。一般倾向于将西方资本主义看成是生产力发展到一定阶段的必然产物，资本主义几百年来的发展历程可划分为重商主义（商品出口获取贵金属）时期资本主义、自由竞争时期资本主义（工业生产，对外输出商品）、垄断资本主义（国家垄断和国际垄断）等几个阶段，当代的资本主义又被称之为金融垄断资本主义。对于这种传统认识，意大利学者阿锐基指出，“自从资本主义在中世纪晚期的欧洲萌芽以后，金融扩张是屡见不鲜的现象”[①]。即是说，资本主义的诞生和发展与金融密切相关。法国历史学家布罗代尔就认为资本主义起源于金融业，“当资本主义与国家趋同，当它即是国家之时，便是它得胜之日。在资本主义第一个大发展阶段，在意大利的城邦中，威尼斯、热那亚、佛罗伦萨，掌握政权的正是财主中的佼佼者。在 17 世纪的荷兰，摄政贵族为了生意人、批发商和出资者的利益，甚至根据这些人的指示来统治国家。在英国，1688 年的革命标志着工商界的登基，如同荷兰一样”[②]。美国学者查尔斯·蒂利的“战争借贷建国理论”则是对西方资本主义国家政权与战争、国债关系的经典概括：“一个借钱很快的国家能够比它的敌国调动得更快，从而增加了它赢得战争的机会。毫无疑问，信贷的可利用性取决于一个国家以前对它债务的偿还，但是它甚至更多地取决于资本家的出现。资本家（当他们愿意这样做的时候），作

① 杰奥瓦尼·阿锐基：《漫长的 20 世纪——金钱、权利与我们社会的根源》，中译本，江苏人民出版社 2001 年版，第 1 页。

② 费尔南·布罗代尔：《资本主义的动力》，中译本，生活·读书·新知三联书店 1997 年版，第 43 ~ 44 页。

为领导人、贷款的筹集者和偿还贷款的财政收入的管理者或者甚至是财政收入的筹集者，来为国家服务”①。德裔学者弗兰克在《白银资本》中也曾指出，“欧洲人可以参与亚洲内部贸易而从这些最富饶的亚洲经济体中获得利润；而他们之所以能够最终达到这一目的，完全归功于他们掌握的美洲白银”②。我国也有不少学者对此问题提出自己的研究成果。张宇燕、高程（2004）建立“外生货币→财富重组→阶级兴衰→制度变迁→经济增长”的模型，认为源于地理大发现而涌入西欧的巨量美洲白银以及随后的“价格革命”，导致了整个社会财富的重新分配；旧的贵族衰落和消失了，与此同时，从事海外贸易和掠夺的商人阶级开始兴起；新的商人阶级通过向统治者提供财力支持逐渐掌握国家政权，提高自身社会地位；新兴阶级在掌握国家实际政权后，便建立了一系列有利于自身利益的制度安排，包括财税体制、产权制度、有效的资本市场、国债制度等，其中，最重要的制度创新是建立现代金融市场，现代金融市场促进了银行业的兴起与发展，有效的资本市场使得资金的借贷相当便利，带动了企业的大规模工业投资和创新，最终工业革命得以发生，西方国家引领整个世界发展。韩毓海（2011）指出，近代资本主义是自1500年以来从地中海地区发展并不断对外扩张的体系，支持这种扩张的手段是金融和军事技术。资本主义之所以会出现在西方与当年的银行家们投资于国家间的战争直至最后攫取“世界货币”发钞权密切相关，伴随这一过程的便是民族国家这一组织形式的奠定，军事—金融—国家相互结合的组织形式是理解近代西方崛起的关键。这些学者的研究结论启示我们：发源于西方的资本主义可能并非我们一直所简单认为的生产力发展到一定阶段的产物，而是金融家势力推动下的金融货币财政产物，资本主义经济、社会制度的建立过程伴随着金融与财政领域的一场深刻变革。

实际上，关于资本主义国家政权与金融、战争、国债之间的关系，马克思在《资本论》中给予的论述最为深刻，“公共信用制度，即国债制度，在中世纪的热那亚和威尼斯就已产生，到工场手工业时期流行于整个欧洲……用国家的名义装饰起来的大银行，从一开始就只不过是私人投机家的公司，它们支持政府，依靠取得的特权能够把货币贷给政府”③。这也就是说，发源于西方的现代资本主义国家的组织结构特点是：金融家和银行家投资于战争放贷给政府，政府再以税

① 查尔斯·蒂利：《强制、资本和欧洲国家：公元990～1992年》，上海人民出版社2007年版，第95页。

② 贡德·弗兰克：《白银资本：重视经济全球化中的东方》，中译本，中央编译出版社2008年版，第266页。

③ 马克思：《资本论》第1卷，中译本，人民出版社2004年版，第864～865页。

收和国债为抵押进行战争融资，金融家和银行家处于整个国家政治体系的最顶端，金融资本和金融体系处于整个国家经济体系的最顶端①。历史的发展轨迹确实如此：占领美洲获取白银，打通通往亚洲贸易的通道②，瓦解原有的世界体系，进行原始资本积累，资助大批学者发起文艺复兴运动，宣扬民主自由法制理念，解放处于愚昧状态的民众；建立第一家正式的资产阶级银行——英格兰银行，完善金融体系和金融制度，建立正规的财政税收制度，投资工业体系，推动工业革命和经济发展；组建美联储，将西方霸权势力伸向世界各地，垄断全球范围内的资源能源和高科技，制定国际规则，超发美元，用债务驱动经济发展③。从白银、黄金、英镑到美元、特别提款权、外汇储备，从银本位制、金本位制、金汇兑本位制到世界银行、世界贸易组织、国际货币基金组织等，这些构成了西方金融家和金融家族在全世界范围内进行金融统治的有效工具。西方国家的发达和先进是建立在掌握全球货币与金融体系基础上的，对产业链高端、资源能源、语言、高科技、知识产权、国际规则制定权等的控制则是这一先进的附属物，西方最重要的对外优势是发达的金融体系④。

第一，在资本主义生产方式产生以前，生息资本或高利贷资本早已存在，这些生息资本或高利贷资本一旦摆脱对生产与贸易的依赖并上升为金融资本形态（即具有发行货币的能力），必然会反客为主，成为控制国家的终极力量，西方早期以放贷获取利息的商人就是沿着这条路径成为控制国家的真正主人以至后来成为世界货币金融体系主导者。早期的商人通过高利贷经济控制了欧洲的商业和各国王室的财政，成为金融家，直至控制欧洲地区的货币发行，最终这些金融家在

① 反观同一时代的中国，商人阶层自诞生之日起，始终从事的是商品运输的活动，无法获取铸币权，无法控制货币流通，无法实现大量的金融资本积累。因此，资本主义是货币金融经济而非商业市场经济的产物。此方面的研究，可参见何新：《奋斗与思考》，万卷出版公司 2011 年版，第 23 页。

② “严格地说，欧洲人先是买了亚洲列车上的一个座位，然后买了一节车厢”，“如果没有亚洲的经济或经济运动，欧洲哪儿都去不了。”（贡德·弗兰克：《白银资本：重视经济全球化中的东方》，中译本，中央编译出版社 2008 年版，第 261、334 页）日本学者滨下武志也认为，“可以将欧洲人到达亚洲理解为欧洲人利用了亚洲的贸易者在印度洋和南中国海开辟的伟大航线。”（滨下武志：《中国、东亚与全球经济：区域与历史的视角》，中译本，社会科学文献出版社 2009 年版，第 52 页）

③ 日本学者滨下武志曾指出，中国近代经济崩溃的重要原因是明代中期以来采用白银货币体制，而同时却将白银来源寄托于进口美洲白银，这最终导致中国在 19 世纪世界货币体系由银本位向金本位过渡后，丧失长期经济领先地位，并彻底沦为西方货币金融霸权支配下的债务奴隶。参见滨下武志：《近代中国的国际契机：朝贡贸易体系与近代亚洲经济圈》，中译本，中国社会科学出版社 1998 年版。

④ 因而，应该是先有美洲白银的发现和海外殖民地无数财富的获取，然后才有西方资本主义制度的建立（全球金融与货币体系也得以被掌握在西方金融家手中），接着有工业革命和技术进步的发生，最后是对全球产业链高端、资源能源的垄断和国际规则制定权的控制。

意大利沿岸城市建立世界上最早的商业性银行，进而限制旧式的高利贷以促进资本主义生产方式发展。

第二，在金融资本和金融家控制国家政权的同时，在银行家和商人支持下进行地理大发现的殖民活动，将分散于世界各地的经济活动更加紧密地联系起来，同时使用各种手段建立了控制全球的贸易网络，在此过程中对殖民地尤其是黄金白银的掠夺积累了超级财富，这些财富极大地推动了资本主义在欧洲的崛起与壮大。另外，更重要的是建立了国际货币制度和控制全球的金融网络，推动对外经济联系和国际贸易的进行，占有资源能源和广阔的海外市场，开启了利用全球市场发展国民经济的序幕，最终建立金融垄断资本主义主导下的世界体系，资本主义生产方式开始向世界各地扩张，中心—外围体系逐渐建立，全世界财富源源不断地从外围地区流向中心地区。

第三，在获取巨额资本和财富，建立较为完善的金融体系基础上，西方国家对工业领域的投资大大增加，工业革命不仅使生产力和科学技术水平得以不断提高，西方国家由此不断垄断着高科技和产业链高端，而且劳动生产率的提高带来生产过剩问题反过来导致西方资本对海外市场的依赖程度不断加深，“驱使资产阶级奔走于世界各地”，无论是对外输出商品，对外直接投资还是组建大型的跨国公司，实行新帝国主义政策，均是为了垄断广阔的海外市场，掌握财富和利润的流向。

第四，西方资本主义制度和其主导的世界体系的建立过程实际也是农业社会向工业社会过渡，自然经济向市场经济、商品经济过渡的过程。在这个过程中，商品的使用价值和价值发生分离，资本对价值和利润的疯狂追逐，不仅消耗大量的资源能源，而且也推动着科学技术不断进步、新的市场不断被开拓，进而资本对劳动力（甚至排挤劳动力使其失业）和广大外围地区的剥削更趋强烈，对国际金融、高科技和资源能源垄断水平更高。科学技术的不断进步、剥削与垄断程度的不断加深，反过来又提高了资本的竞争力，使得资本可以在更大范围内开拓市场，进而推动经济迅速发展，生产方式更新速度加快。

第五，金融资本在西方资本主义社会中的特殊地位决定了一些资本主义国家的经济必然走向信用化、虚拟化。当今一些西方资本主义发达国家（以美国为典型代表）的金融服务业，其实质是国际范围内的集资经济，即利用大量金融衍生工具在发达的国际金融市场进行旁氏骗局式的集资，金融部门也成为发达资本主义国家经济中的核心枢纽部门，金融服务业是一些西方发达国家现代服务业中最具竞争力的行业。也正因为这样，控制一国货币发行权和财政金融主权成为西方金融资本数百年来控制他国的基本方法，而以资本账户开放、货币自由兑换、各国央行独立等为目标的全球金融一体化则成为最近几十年西方金融资本试图控制世界各国的新途径。

因此，西方资本主义制度是货币金融体系的产物而非简单的商业性市场经济的产物，资本主义经济是一种特殊的生产方式，即以货币价值为基础的竞争方式。我们可以将源于西方国家、与资本主义社会制度产生密切相关的一系列金融货币体系方面的变化称之为金融革命。在当今世界各国，金融相当于一国国民经济中的大动脉和发动机，其重要性不言而喻。

既然金融体系在西方资本主义兴起和发展中起到如此重大作用，甚至发生过一场金融革命，那么，我们又该如何认识金融体系与现代财税体制或财政制度之间的关系呢？到底是财政从属于金融还是金融从属于财政？无疑，资本主义市场经济的建立是现代财政金融体系建立的开始，财政或财税体制必然与金融体系密切相关。本书认为，金融始终从属于财政，没有脱离财政问题的单纯的金融问题，金融问题是表象，财政问题才是实质。

第一，财政是随着阶级、国家出现就已经出现的一个经济范畴，是一个以国家为主体的经济行为。一国经济出现问题必然会首先在财政上显露出来（最常见的是政府赤字问题），这一点对于当年的西方国家也不例外。正是由于统治者的苛捐杂税、为应对战争需要筹集大量资金，新兴的阶级得以通过为战争筹集资金来掌握政权，或者与统治者就征税权展开各种斗争，在不断的斗争、妥协与谈判中最终建立合理的财政制度。最早走上资本主义道路的英国所建立的议会制度就是脱胎于预算会议制度，随之又建立了有利于资本主义发展的宪政制度。英国的经验传播到欧洲其他国家，各国纷纷效仿建立了相应的财税制度，进行了税政革命，走上了现代化道路。正如有学者总结的那样，发生在人类国家历史上的每一次重大变革，几乎都带有深刻的财政烙印（高培勇，2014）。建立和拥有现代化的财税体制是一个社会和国家走向文明的基本标志。

第二，财税体制建设过程实际是一场再分配过程，是一场不流血的“革命”，牵涉社会的方方面面。对于利用资本发展市场经济，推动经济发展的现代国家而言，财税体制决定资本、劳动力的流向进而决定经济社会的繁荣与萧条，因而财税体制在现代社会中的作用在增强，地位更加重要。例如，合理有效的税制促使资本流向实体经济领域，将收入差距保持在合理范围内，则国家实体经济将发展较好，社会稳定，经济向好，国家财政也将走向强大，应对经济危机的能力将增强。反之，如果税制无法抑制暴利产业和食利行业的过度膨胀，致使资源无法高效使用，劳动创造价值成为笑柄，则必然会导致经济社会投机盛行，长此以往，国家财政也将受到损害，应对危机能力必然下降。我们看到，西方发达国家中的英国、美国的制造业先后走向衰落乃至国家实力衰弱就是财政制度未能有效节制食利资本主义的必然结果，金融自由化的结果必然是实体经济衰落，制造业出走，而德国历经种种危机与战争，依然可以凤凰涅槃，根本实力来自强大的制造业，制造业强大的背后是有效的财税体制支撑的结果。

第三，一国经济管理的核心问题是征税权，“征税权是最大的权力，是整个国家建筑之基石”。国家的强大依赖于本国财政的强大。中世纪的欧洲各国基本受到教会控制，国家形象较差，之后经过资产阶级革命和战争，国家议会基本脱离教会控制，独立和统一的国家政权建立后，财政机构基本被国有化，关税、消费税等基本收归国有，国家的信用和融资能力得到大幅提高，正规的国债管理制度也逐渐建立起来。因而，正规而完整的财税体制是国家良好信誉的担保，是国家推行正确的经济发展战略的基本前提。例如，英国在崛起成为强国之前，为了保护本国幼稚工业，曾经通过高关税对几乎所有的制造品的进口实行限制。美国为了本国制造业发展，曾实行高达49%的关税长达60年，最终建立了最强大、最完整的经济体系（参见黄树东，2012）。

第四，金融与财政都属于一国国民经济的顶层和核心，但金融问题是财政问题的延伸，没有脱离财政问题的单纯的金融问题。在近现代市场经济的历史发展进程中，由于银行业和发达的金融市场的存在，金融成为国民经济的核心，给人造成金融与财政相脱离可以独立存在的错觉。实际上，一国的强大与繁荣依靠的是制造业和实体经济，金融仅仅是为实体经济服务，如便利融资等，绝大多数金融活动并不创造价值。恰恰相反，一旦金融体系不支持制造业和工业化特别是“金融创新”行为蚕食制造业微薄利润，推动资产价格暴涨，则整个国家的工业化进程势必受阻，此时，真正可以支持实体经济发展的依然还是财税体制。只有相应的财税体制安排才能将宝贵的资金、资源重新导入到实体经济中，希冀金融业带动国家发展与繁荣是不可取的。因而，不管是通过滥发货币、货币贬值，还是发债融资等途径解决税收收入不足问题，本质上都是用金融手段去掩盖、解决财政问题，最终结果必然是国家财政问题更加恶化。

第五，自西方资本主义生产方式产生之后，现代国家治理问题和国家走向现代化问题便产生了，历史反复验证这样一个道理：一个国家走向繁荣与强大的基本路径是“始于金融、成于财政”。即首先是从金融体系入手，建立独立的货币金融体系，统一货币，促进国家税收征收，牢牢控制本国货币发行权和金融主权，推动经济体制改革，支持本国国民经济发展。然后是通过财税体制建设，掌握财政主权，建立现代化的财税体制和强大国家财政，对资本进行适当节制和引导，以财税体制建设推动其他领域的建设，从而将制度建设延伸至政治制度和上层建筑领域，推动国家治理体系现代化。

第六，在资本主义市场经济建立后，市场经济竞争的基础是货币价值，随着西方主流经济学理论所建立的以 GDP 为核心的国民收入核算体系运行以来，衡量一国生产力发展水平的指标就变成了以名义 GDP 为代表的统计变量。经济增长从很大程度上看是一种货币现象，货币政策的作用在很大程度上就是加快一国货币化与资本化的进程，是推动以 GDP 为指标的数字增长而不一定是一国真实财富的增长。在这样的货币经济体系中，标志生产力提高的显然不是 GDP 这样的指标，衡量一国经济结构优劣的标准也不是三大产业之间的比例关系尤其是服务业的发展水平（尽管大力发展服务业可以在短期内推动 GDP 的快速增长和经济的表面繁荣）。真正能够提高生产力水平、优化经济结构的经济政策和工具还是财政政策和财税体制，只有财税体制和相应的财政政策才能改变原有的分配格局，影响整个国民经济社会活动的运行，维护一国制造业的主体地位，避免经济过度虚拟化，节制食利资本以缩小收入差距和促进社会公平，提高工业化水平（广度和深度）。

因此，财政相当于一国国民经济的制动系统，财税体制的合理安排自然暗含着推动金融体系的有效运行之义，金融领域内存在的问题根源在财政。西方资本主义国家正是基于金融货币体系上的财政变革才为后来的工业革命奠定了扎实基础，也奠定了西方国家霸权建立的基础，所谓“始于金融、成于财政”。财税体制是一国政权存在和运行的根本，从中世纪西欧的中小城市获得自治，到近代民族国家的崛起，再到现代欧盟的成立，应对财税危机是体制改革的主要动力（陈平，2011）。

二、西方资本主义发展：财政制度框架安排

在完成建立相对完善、统一的货币体系、金融市场体系以及在此基础上的财政制度，西方资本主义经济获得了较快发展。资本主义经济之所以获得迅速发展，根本原因在于资本的逐利本性。由于当时实体经济（基本是制造业）是可以为资本带来大量增值的重要场所（将制造业转移到广大发展中国家在当时几乎是不可能之事）。因此，当时的技术进步和创新必然是发生在制造业领域，资本对利润的追逐要求不断提高产量，因而机器代替人工以求产量倍增的需求也相应产生，工艺技术发生巨大变革便自然而然发生。一般认为，在资本主义社会发展的历史进程中发生了三次重大的科技革命：18 世纪中叶到 19 世纪中叶，首先发生于英国的以蒸汽机的出现为标志的第一次科技革命；19 世纪末到 20 世纪初发生

的以发电机和电动机的发明为标志的第二次科技革命；20 世纪 40 年代末 50 年代初以原子能和高分子合成材料出现为主要标志的第三次科技革命。

马克思主义认为，西方资本主义制度下的经济增长和发展受制于资本积累、资本扩张这一目标，而资本在积累与扩张过程中尽管极大地促进了科学技术的进步，但却具有消耗大量资源能源和排斥劳动力等弊端，而西方国家之所以可以不断克服一系列危机和弊端与西方占有大量廉价的世界资源、垄断广阔的海外市场密不可分。西方世界的崛起、繁荣和走向强大与利用世界市场、资源是密不可分的。因而，在资本主义兴起过程中，新兴阶级掌握政权，获取巨额财富后必然伴随着一系列建章立制的活动，即在国际和国内建立一系列有利于资本主义发展的制度框架体系，如在国内建立议会、政党和选举制度、宪政制度、产权保护制度（所谓私有产权神圣不可侵犯）、财税体制、金融货币体系，在国际上建立大量的国际组织和国际规则使其行动合法化等。其中，国际上的一系列制度框架安排最终形成了我们今天所称之的不公平不公正的国际政治经济秩序。正是国内和国际制度体系安排，推动着西方国家和社会的快速发展，确保了国际规则制定权永远掌握在西方发达国家手中。

纵观西方国家数百年的治国理政史，建立正规的财政制度（财税体制）是基础，其他的制度框架安排是附带物。正规的财政制度是国家繁荣和社会稳定的根本保障，反之，财政制度被肢解，其结果必然是贫富分化严重、制造业衰落、社会不稳。以下具体来看英、美、德三个国家的财政制度。

（一）英国的财政制度

英国是中央集权型单一制的国家，中央政府集中较大财责，英国用基本法的形式来具体规定中央和地方政府的财政职能。中央政府的职能有：资源配置（地方税收收入中的比例税全部交给中央，中央根据全国不同情况和需要，经综合平衡后再全部返回地方）、稳定经济（制定和监督执行经济发展计划；实施相应经济政策，如财政政策、货币和金融政策、收入分配政策、科技与社会福利政策、外贸和汇率制度；实施管理体系，如中央政府直接监督和管理国有化企业和私有化企业）、提供公共劳务职能（国防、外交、教育、对外援助）。地方政府的职能有：凡不涉及全国性的事业、需要发挥地方主动性、能提高地方政府财政效率的职能，基本都属于地方政府的职能，如公共建设事业、公共安全、社会福利、社会设施等。

英国财政管理的“核心”是预算。英国的预算实行复式预算，将预算分为国库基金预算和国家借贷基金预算。国库基金预算相当于经常预算，收入主要是税收；国家借贷预算相当于资本预算，收入主要来自国企及地方长期贷款的利息、国债利息收入。在英国，绝大部分财源都需经过全国统一的国库基金预算分配，若收入超过支出，则纳入国家借贷基金预算的收入部分，反之，则由国家借贷基金的贷款弥补。英国国家预算的程序包括预算的编制（各部门编制的概算评估书要提交财政部，财政部审核汇编政府支出和收入概算后提交给国会议决），预算审查和批准（政府内阁对国家预算进行审查，内阁提出的议案由下议院讨论审查通过，上议院对下议院以表示认可的方式进行），预算的执行和追加（支出预算由财政部指导、监督各政府主管机关执行；收入预算主要由关税和货物税局以及国内税务局负责执行；国库出纳义务由英格兰银行代理；追加的预算首先报财政部审核，再报议会审批）。英国国家预算管理体制主要包括：中央政府与郡政府之间的预算管理体制（明确划分财权和事权；中央财政对郡预算进行补助，形式主要有定额补助和专项补助）；郡政府与区政府之间的预算管理体制（郡级预算收入主要由中央预算补助拨款、地方税和规费收入组成；区级预算收入包括中央预算拨款、征收地方税的返还、区级地方规费收入）。

英国财政支出的结构主要有国防支出、社会保障支出、经济项目支出、科技支出、行政管理支出。英国对财政支出的控制实行较早，无论是政策制定还是财政部门执行预算，均重视财政支出控制，财政控制的方法有明确资金用途、控制人员预算支出、控制公共工程的预算支出、精简机构和节省开支。

英国财政收入的主要来源是税收，约占财政收入的90%。英国的税制经过多次修改和发展，目前是以直接税为主、间接税为辅的复合税制。直接税主要有个人所得税、公司税、资本利得税、印花税、石油收入税、遗产税。间接税主要有增值税、消费税、关税、机动车辆牌照税、赌博税等。除此之外，英国还有市政税和营业房产税，二者均是地方税，但营业房产税征收后要全额上交中央，再由中央根据各地方发展状况予以返还。对于税收，英国存在严格的立法程序，主要是提出法案、讨论法律草案、通过法律和公布法律三大阶段。税收的立法权主要由国家有关法律赋予，完全属于中央。

（二）美国的财政制度

美国是联邦制国家，政府结构主要由联邦、州和地方政府等级次构成，各州拥有较大的自主权包括立法权；实行三权分立；任何人不得凌驾于宪法之上。宪法中有多处规定限制政府的征税权利，如各州实行统一的无歧视性税率、不许对各州的出口商品征税。

美国的财政联邦制主要涉及联邦、州和地方政府间的纵向关系，联邦政府制的核心问题是税收职能和财政支出功能在各级政府间的分配。按照美国宪法规定，州和地方政府有责任提供政府服务：提供国内公共服务，如公共教育、法律实施、公路、供水等；联邦政府主要职责是保持宏观经济健康，向州和地方政府提供拨款、贷款和税收补贴。最近一个世纪的数据显示，美国各级政府财政支出的比例中，联邦政府所占比重逐渐增加，州政府次之，也是逐渐增加，地方政府逐渐下降，占比最低。

美国联邦政府预算编制和审批是行政部门（总统）和立法部门（国会），可以说，美国的联邦预算历史是一部国家财政收入、支出和赤字不断增长的历史。最近几年的“财政悬崖”就是该历史的延续。美国联邦预算的范围和主要内容主要是联邦预算总支出（预算内和预算外）：联邦基金和信托基金支出、运营与资本支出、政府所有企业交易支出、直接与担保贷款支出。预算程序通常是首先由隶属于总统的管理与预算办公室（OMB）负责起草工作，然后由总统向国会提交联邦预算草案，国会可以批准、修改甚至不批准总统提交的预算案。众议院和参议院的常务委员会要分别向各自的预算委员会提出推荐意见。

美国的税收制度十分复杂。对于联邦政府，它的收入来源主要是个人所得税、公司所得税、社会保险工薪税、遗产和赠与税、特种销售税，其中，所得税一般占联邦政府税收收入的绝大部分。对于州政府，其税收收入主要依赖的是消费税或销售税，地方政府依赖的是财产税。其中，财产税属于州和地方税，遗产和赠与税属于联邦税和州税，关税属于联邦税，一般销售税属于州和地方税，所得税中联邦税占80%左右。

（三）德国的财政制度

德国联邦政府由联邦总理和联邦各部组成，联邦总理是唯一由议会选举产生的政府成员，代表整个联邦政府对议会负责。德国的地方政府由州政府、市镇地方政府构成。德国的财政体系主要由联邦、州、市镇三个层次组成的，三级政府都必须负责本级政府的财政收支平衡，三级政府间的财政独立性和自主性是德国财政制度的一大特点，通常联邦政府的财政支出和收入的比重都是最大的。联邦政府的财政职能主要有：外交、国防、社会安全、货币政策、交通通信、社会保障、科学研究、社会和地区的平衡发展。州政府的主要财政职能有文化卫生教育健康事业、法律事务、司法管理、社会救济、环境保护。地方政府的财政职能主要有辖区内的公共事务、基础设施维护、健康卫生事业、社会救济等。

德国财政收入中有3/4来自税收，目前的税种有50余种，主要是10多种消费税和各州自行开征的地方税。具体而言，德国的税种是直接税和间接税两大种，直接税包括所得税、财产税、营业税和遗产税；间接税包括流通税、消费税。

德国税收立法权归属于联邦，由联邦议会作为立法机构来行使立法权，涉及税收的重要法律大多数由联邦政府提出提案，再由联邦两议院通过。德国具体税法和税收条例由联邦财政部负责具体制定。由于德国是联邦制和地方自治国家，州和市镇在本行政管理区域内享有一定的税收立法权，可以决定一些地方性税种的开征、税率和减免优惠政策。德国实行分税制，在《基本法》《财政预算法》等几部主要法律中对三级政府承担的责任和义务、财权和事权、财政支出与收入范围进行了非常明确的划分。德国的联邦税主要有关税、资本转移税（资本转让税、股票交易营业税）、保险税、票据印花税、消费税、团结互助附加税；州税主要有遗产与赠与税、不动产购买税、地产购买税、土地收益税、财产购买税、土地购买附加税、消防税、机动车辆税、赛马税等；地方税主要有土地税、企业资本利得税、工商营业税、地区贸易税等；共享税主要有工资税、固定所得税、公司所得税、增值税（基本上税额较大的税种都实行共享，且共享税的比例不是一成不变的）。德国还实行了比较完善的纵向平衡和横向平衡两大层次的财政转移支付体系，以尽可能缩小地区之间的发展差距。纵向财政平衡主要是联邦、州和地方三级政府之间进行的财政转移支付，主要形式包括增值税共享、联邦补充拨款、共同任务拨款、一般性分配金、特别需要拨款等；横向财政平衡主要是各州之间和各州内所属地方之间的财政平衡，亦即财力雄厚的地方向贫困的地方进行转移支付。

从以上西方资本主义主要的三个国家的财政制度建设情况，不难看出：西方主要资本主义国家的课税重点已经不仅仅是劳动者及其劳动所得，资本税构成了其财税收入的重要部分；对于不同级次之间的政府，西方国家基本普遍采取法律的形式明确规定财权和事权的范围，尽可能采取抽肥补瘦的措施缩小地区间的发展差距。

以下我们从所有制结构、制造业中心变迁和分配结构等方面分析西方主要资本主义国家经济结构变迁历程，在经济结构的变迁历程中，财税体制起着不同的作用。从所有制方面看，西方资本主义经济形态是混合经济，但以私人资本和寡头资本为主导；从制造业方面看，一些国家先后成为世界制造业中心，但由于国内食利产业和金融资本的过度膨胀，一些国家的金融资本和金融寡头操控财政制度，致使财富和收入分配差距不断拉大、制造业出走①。在当前经济全球化下，

① 这个衰落从某种程度上说是相对的，是相对于国内以金融业为主体的虚拟经济而言的，如果和其他发展中国家的制造业相比，一些西方发达国家的制造业依然具有绝对优势。

发达国家主要通过跨国公司、对外直接投资、知识产权等形式掌控产业链高端和高科技，同时利用发达的金融衍生工具和国际金融体系在全球范围内攫取巨额财富。

第二节　西方国家经济结构变迁

根据前面的论述，我们将资本主义经济结构变迁的主要过程概括为：金融变革和财政变革带来工业革命，工业革命推动经济社会发展，经历工业化的西方大国由此从农业社会进入工业社会，这个工业社会由资本主导，资本逐利本性产生的种种问题使得西方国家的所有制结构发生变化，最终出现了混合经济。资本逐利的本性也易导致一国以金融为代表的虚拟经济和食利产业膨胀，财富和收入分配差距拉大，制造业相对衰落。同时全球化的迅速推进使得西方资本利用跨国公司和对外直接投资等形式对外转移过剩资本和低端产业，掌握国际分工体系中的产业链高端和高科技，形成了发展中国家和发达国家之间较大的发展差距，即全球发展失衡问题。

一、工业化：农业社会向工业社会转变

近代工业革命的历史早已说明：凡是成功进行工业化的国家均能成为真正的强国，要成为真正的强国就必须要经历完整的工业化。“工业化带来的收入潮水可以浮起港湾内所有的船”，是否成功完整地经历工业化，是国与国之间实力差距、国民收入产生差距的根本原因。发生于西方的工业革命和工业化不仅改变了西方世界的命运，从很大程度上也改变了人类社会发展轨迹。

第一，工业化使工业从农业中完全分离出来成为独立的部门，工业内部分工进一步发展，原有的一切经济形态都在发生变化，产业升级成为经济增长的核心。

第二，工业化和工业革命创造了制造业，制造业成为一国国民经济强大的根基，制造业兴衰成为决定一国兴衰的关键。自工业革命以来，任何国家的富裕都是和制造业联系在一起的（张帆，2014）。表 4 –1 显示了不同年份主要国家制造业在世界上所占的比例，可以看出，制造业占世界的比例高低反映国家的实力和国际地位。

表 4－1　　主要国家制造业占世界的比例　　单位：%

国家	1750 年	1860 年	1880 年	1913 年	1938 年	1953 年	1963 年	1980 年	2008 年
德国	2.9	4.9	8.5	14.8	12.7	5.9	6.4	5.3	7.8
俄罗斯	5.0	7.0	7.6	8.2	9.0	10.7	14.2	14.8	2.6
英国	1.9	19.9	22.9	13.6	10.7	8.4	6.4	4.0	3.3
美国	0.1	7.2	14.7	32.0	31.4	44.7	35.1	31.5	18.7
日本	3.8	2.6	2.4	2.7	5.2	2.9	5.1	9.1	10.7
中国	32.8	19.7	12.5	3.6	3.1	2.3	3.5	5.0	14.3
印度	24.5	8.6	2.8	1.4	2.4	1.7	1.8	2.3	1.9

资料来源：张帆：《产业漂移：世界制造业和中心市场的地理大迁移》，北京大学出版社 2014 年版，第 260 页。

第三，工业化和工业革命极大地提高了社会生产力水平和人们的生活水平（见表 4－2～表 4－4），包括运输业在内的各个行业获得飞速发展，世界各地紧密地联系在一起。世界市场的形成一方面解决了西方国家巨大生产力下的生产过剩、资源能源供应问题，另一方面为资本生存、扩张提供了广阔空间，资本的全球化运动对世界政治与经济的格局产生了深远影响，当今的不公正的国际政治经济秩序就是西方资本在全球开疆拓土的结果。因此，资本主义经济体系本质上是一种世界体系，依赖国际市场是一种必然，没有广阔的海外市场，资本主义体系不可能持续到今天。表 4－2～表 4－4 显示一些国家人均 GDP、经济增长率和工业革命以来的全球经济增长情况，可以看出，1700 年以来，这些经济指标的增长速度明显加快。

表 4－2　　人均 GDP 水平（1990 年国际美元）

年份	英国	法国	意大利	荷兰	葡萄牙	西班牙	美国
1500	762	727	1100	754	632	698	400
1700	1405	986	1100	2110	854	900	527
1820	2121	1230	1117	1821	963	1063	1257
1913	5150	3485	2564	4049	1244	2255	5301

资料来源：张帆：《产业漂移：世界制造业和中心市场的地理大迁移》，北京大学出版社 2014 年版，第 34 页。

表4-3　主要国家的增长率　单位：%

年份	英国	法国	意大利	荷兰	葡萄牙	西班牙	美国
1500~1700	0.31	0.15	0.00	0.52	0.15	0.13	0.14
1700~1820	0.34	0.18	0.01	-0.12	0.10	0.14	0.73
1820~1913	0.96	1.13	0.90	0.86	0.27	0.81	1.56
1913~1950	0.80	1.12	0.85	1.07	1.38	0.17	1.61

资料来源：张帆：《产业漂移：世界制造业和中心市场的地理大迁移》，北京大学出版社2014年版，第34页。

表4-4　工业革命以来的全球增长年均增长率　单位：%

年份	全球总产值	全球人口	人均产值
0~1700	0.1	0.1	0.0
1700~2012	1.6	0.8	0.8
1700~1820	0.5	0.4	0.1
1820~1913	1.5	0.6	0.9
1913~2012	3.0	1.4	1.6

资料来源：托马斯·皮凯蒂：《21世纪资本论》，中译本，中信出版社2014年版，第74页。

第四，自英国开启工业革命后，工业化成为改变一个国家和民族命运的根本途径，衡量一国实力的根本标准是工业化水平，后起的国家如美国、德国、俄罗斯（苏联）、日本、韩国、中国纷纷走上工业化道路，依靠国家机器的力量建立独立完整的工业体系和国民经济体系，国家获得了真正的独立并走向强大和自主。而另有一些国家，如拉美地区，由于未能很好地将工业化进行下去，产业资本过早地从工业领域中流出，产业升级失败，制造业衰落，国家陷入所谓“中等收入陷阱”，成为西方大国的附庸。

在西方资本主义国家通过工业革命和工业化路径成为工业强国和发达国家之后，其经济结构又发生了什么样的变化？我们从两个方面研究该问题：一是西方资本主义国家在所有制方面出现了混合经济这一主要的经济形态；二是在资本主义国家出现所谓“产业漂移”现象（张帆，2014），世界制造业中心陆续从英国向美国、德国等国迁移，一些发达国家经济过度虚拟化、金融化，贫富差距不断扩大，这些既是国家兴衰的反映，又是财政制度未能很好地发挥调节分配差距作用的真实写照。

混合经济是资本主义基本矛盾的产物，它的出现说明单纯通过私有化或完全的公有制形式发展国民经济可能并非最优选择。西方“产业漂移”和“去工业化”并非说明人类社会进入了不需要消耗资源能源的所谓现代服务业时代，有的以制造业立国的国家依然维持强大的国力，而有的国家由于金融业过度膨胀，金融寡头绑架国家政治，收入差距持续扩大，危及着社会稳定和经济发展[①]。

二、混合经济：西方资本主义经济主要形态

（一）混合经济是资本主义基本矛盾的产物

西方资本主义经过几百年的发展，其经济体制早已经不是早期资本原始积累阶段的完全自由经济了，而是私有制占主体的资本主义混合经济。关于混合经济或混合所有制经济，迄今没有一个统一公认的定义。国内外学者对西方混合经济的定义有多种，混合经济的出现和发展则是西方资本主义过去几百来在所有制领域中发生的最大变化之一。

混合经济产生于资本主义自由竞争之后的历史阶段，是伴随着垄断的出现而出现的。混合经济的产生并非偶然，它是资本主义基本矛盾——生产资料的私人占有与社会化大生产之间矛盾的产物。由于资本主义生产是为了获得利润和财富的增值，资本之间的竞争异常激烈，资本必须不断开拓市场以实现积累和获取更多财富。资本在自由竞争中不断开拓市场和生存空间的过程中，必然具有追求垄断的趋势。这是因为，资本主义“生产集中于愈来愈大的企业的过程进行得非常迅速”[②]，“正是企业的规模巨大造成了竞争的困难，产生了垄断的趋势”[③]。

竞争和垄断是推动资本主义经济关系和经济制度演变的重要力量。“资本主义生产的发展，使投入工业企业的资本有不断增长的必要，而竞争使资本主义生产方式的内在规律作为外在的强制规律支配着每一个资本家。竞争迫使他不断扩大自己的资本来维持自己的资本”[④]。正是这种激烈的竞争促使资本不仅要垄断市场，将剩余价值中的很大部分转化为生产资料，更要不断开拓市场空间，而劳

---

① 典型的是一些西方发达国家的贫民窟和种族骚乱问题。有的西方发达国家拥有的核武器足以毁灭地球数次，但却解决不了本国贫民窟问题。这说明，实行了数百年市场化模式的西方发达国家也并没有解决多数人口的发展问题，包括贫困问题。

② 《列宁专题文集——论资本主义》，中译本，人民出版社 2009 年版，第 107 页。

③ 《列宁专题文集——论资本主义》，中译本，人民出版社 2009 年版，第 108 页。

④ 《马克思恩格斯文集》第 5 卷，中译本，人民出版社 2009 年版，第 683 页。

动生产力在这个过程中不断得到提高，又进一步促使剩余价值更多地被生产出来和资本更多地实现积累。然而，“即使资本主义生产是迄今为止一切生产方式中最有生产效力的，但它由于自身的对立性质而包含着生产的界限，它总是力求超过这些界限，由此就产生危机，生产过剩等等”①。无论是简单的私人垄断，还是资本不断开拓市场空间，都不能从根本上消除资本主义的基本矛盾，因为它没有触及生产资料私有制这一根本问题，因此，经济危机是资本主义市场经济的必然产物。经济危机最严重时可能致使资本主义经济大规模倒退，最典型的是20世纪30年代的大萧条。为了克服危机，维护资本主义统治秩序，资产阶级国家不得不对经济进行调节和干预，于是，混合经济逐渐形成了。诚然，社会主义苏联和东欧国家当时实行国有制和计划经济所取得的巨大成就，也对资本主义混合经济的形成产生了一定的影响。

因此，“混合经济在统计学上的定义之所以有效，在于它不是事先构想的制度，而是工业社会发展和资本主义制度变化的历史产物……”② 在马克思主义看来，混合经济是资本主义国家对资本主义条件下的生产无政府状态、生产资料私人占有与社会化大生产之间矛盾造成的一系列问题进行不断干预和调节的产物。进一步地看，混合经济必然产生于垄断之中，它将资本主义条件下的垄断经济推进到一个新的发展高度。混合经济促进了资本主义经济的发展，不仅促使垄断资本的统治势力更加强大，而且使得垄断资本开拓市场空间的力量变得更加强大。大型跨国垄断企业便是混合经济下资本开拓海外市场空间的重要载体。

（二）混合经济没有从根本上改变资本主义的性质

当代西方资本主义国家的经济模式主要可以分为两种不同的类型。一种被称为莱茵模式（主要以西欧、北欧资本主义国家为代表），另一种被称为盎格鲁·撒克逊模式（主要以英国、美国等资本主义国家为代表）。无论是哪一种资本主义经济模式，它们都已经不是那种单一的私有制市场经济模式了，而均是混合经济模式。有许多学者从不同方面论述了资本主义的这种变化。如西方著名学者霍布斯鲍姆所说的，“支撑20世纪世界经济的结构，即使当它们还是资本主义形式的时候，也不再是商人在19世纪70年代所接受的‘私人企业’式经济结构”③。美国经济学家汉森也指出，19世纪末期以后大多数资本主义国家已不再是单一

---

① 《马克思恩格斯文集》第8卷，中译本，人民出版社2009年版，第387页。

② 让-多米尼克·拉费、雅克·勒卡荣：《混合经济》，中译本，商务印书馆1995年版，第3~5页。

③ 艾瑞克·霍布斯鲍姆：《帝国的年代：1875~1914》，中译本，江苏人民出版社1999年版，第15页。

的纯粹的私人资本主义经济，而是同时存在着“社会化”的公共经济，因而成为公私“混合经济”（或称“双重经济”，Dual Economy）①。

然而，混合经济的出现，不仅没有从根本上改变资本主义经济基础的性质，反而使得资本主义的经济根基更加牢固，以至于出现工业企业的高度集中与融合，特别是金融资本与工商业企业紧密融合，在主要经济部门中形成了一大批大型企业。这些大型企业往往都有国家的支持，最终形成大型的跨国垄断公司。也就是说，在混合经济时代，资本主义中的私人垄断发展到了国家垄断，国内垄断发展到国际垄断的地步了。“国家所有制的发展也是现代资本主义的特点。这种所有制的形式，尽管在某种程度上与占统治地位的资本主义公司所有制相比，只是从属的，但却起着重要的作用，这尤其表现在由国家对那些盈利低的企业和经济部门进行接收，以及由国家资本主义企业对非国家所有制的资本主义企业按低价提供生产资料”②。

混合经济在资本主义国家中的突出表现就是大量的国有企业的存在，但这种国有企业与中国的国有企业性质是完全不同的，因为资本主义的国有企业代表总的大资产阶级与金融寡头们的利益而非人民的利益，而政府和总统也是为其根本利益服务的。

表4－5是经济合作与发展组织（OECD）各国的国有企业基本情况（截至2009年末），从一个方面揭示了当今资本主义国家混合经济的发展情况。

表4－5　　中央政府一级拥有的国有企业

国家	拥有多数股权的上市公司			拥有多数股权的非上市公司			法定企业			总计		
	企业数量（个）	雇员数量（人）	企业市值（十亿美元）	企业数量（个）	雇员数量（人）	企业权益账面价值（十亿美元）	企业数量（个）	雇员数量（人）	企业权益账面价值（十亿美元）	企业数量（个）	雇员数量（人）	企业价值（十亿美元）
澳大利亚	0	0	0	7	8283	4.2	10	40562	13.4	17	48845	17.6
奥地利	2	28741	8.2	6	50459	7.8	1	5	0.4	9	79205	16.4
比利时	1	17371	13.2	7	74990	44.6	0	0	0	8	92361	57.8

① 参见郭飞：《发展混合所有制经济与国有企业改革》，载《光明日报》2014年4月2日。

② 米歇尔·阿尔贝尔：《资本主义反对资本主义》，中译本，社会科学文献出版社1999年版，第40～41页。

续表

国家	拥有多数股权的上市公司			拥有多数股权的非上市公司			法定企业			总计		
	企业数量（个）	雇员数量（人）	企业市值（十亿美元）	企业数量（个）	雇员数量（人）	企业权益账面价值（十亿美元）	企业数量（个）	雇员数量（人）	企业权益账面价值（十亿美元）	企业数量（个）	雇员数量（人）	企业价值（十亿美元）
加拿大	0	0	0	33	105296	21.6	0	0	0	33	105296	21.6
智利	1	156	0.2	9	5559	2.7	24	46013	10.2	34	51728	13.1
捷克	1	33000	25.3	82	38200	9.9	41	95400	8.7	124	166600	43.9
丹麦	0	0	0	11	8680	8.3	2	9828	2.5	13	18508	10.7
爱沙尼亚	0	0	0	32	16261	2.9	22	9574	0.5	54	25835	3.4
芬兰	3	24844	29.4	28	61187	16.3	5	5758	10.9	36	91789	56.6
法国	2	176347	116.1	30	120386	41.6	19	541841	—	51	838574	—
德国	0	0	0	57	66419	22.9	2	4650	18.8	59	71069	41.7
希腊	7	39421	15.8	72	—	—	—			79	—	—
匈牙利	0	0	0	346	150528	6.7	12	2447	0.8	358	152975	7.5
以色列	0	0	0	29	50264	43.2	—	—	—	29	50264	43.2
意大利	0	0	0	25	289329	105	0	0	0	25	289329	105.4
日本	1	49665	35.8	—	—	—	—	—	—	—	—	—
韩国	8	39599	38.3	48	81056	139	0	0	0	56	120655	177.6
墨西哥	0	0	0	45	—	2.2	23	—	—	68	—	—
荷兰	0	0	0	28	60355	74.1	0	0	0	28	60355	74.1
新西兰	1	10726	0.5	17	17107	9.1	1	4019	9.1	19	31852	18.8
挪威	3	74723	104.7	33	50479	18.3	10	104993	8	46	230195	131
波兰	13	184079	59.5	573	542082	34	—	—	—	—	—	—
葡萄牙	0	0	0	42	81465	16.6	51	99112	1.7	93	180577	18.3
斯诺文尼亚	3	3048	0.9	33	22276	3.1	—	—	—	—	—	—
西班牙	0	0	0	115	106963	36.3	36	53566	44.3	151	160529	80.7

续表

国家	拥有多数股权的上市公司			拥有多数股权的非上市公司			法定企业			总计		
	企业数量（个）	雇员数量（人）	企业市值（十亿美元）	企业数量（个）	雇员数量（人）	企业权益账面价值（十亿美元）	企业数量（个）	雇员数量（人）	企业权益账面价值（十亿美元）	企业数量（个）	雇员数量（人）	企业价值（十亿美元）
瑞典	0	0	0	43	143253	66.1	4	4879	1.6	47	148132	67.7
瑞士	1	19813	19.8	1	7534	0.7	2	72781	12.8	4	100128	33.3
英国	1	160900	50.7	12	202668	5.5	8	14730	11.2	21	378298	67.4
OECD汇总	48	862433	518.4	1764	2361079	744	273	1110158	154.8	2085	4333670	1416.8

资料来源：OECD，2011，“The size and composition of the SOE sector in OECD countries”，*OECD Corporation Governance Working books*，No. 5，www. oecd. org/daf/corpora teaffairs/wp.

从具体的国家来看，美国、英国、法国等国基本都是通过财政投资措施走上混合经济之路的。美国在20世纪30年代的大危机中，通过罗斯福新政应对危机的种种措施中，一个重要举措是政府使用财政政策手段投资于新兴行业、公共设施、基础设施以及生产周期较长、利润率较低的部门，在此过程中建立了一批国有企业。随着经济好转特别是20世纪70年代末新自由主义思潮的兴起，过去的国有企业或政府部门主导的企业逐渐与私人资本融合，形成混合经济。老牌资本主义国家——英国，在第二次世界大战后对国内煤矿、电力、钢铁、燃气以及其他一些经济部门实行国有化和财政拨款，由于主要经济部门仍然由私人资本掌握，所以英国当时是典型的混合经济体，一定时间内经济获得较快发展。作为资本主义国家中政府角色最为明显的法国更是混合经济发展较好的典型国家，法国曾经出现达到国家参股比重超过30%的企业一度高达600~700家企业，而公共企业数量更是高达数千家。

显然，混合经济在很大程度上缓解了资本主义的基本矛盾，改变了过去所谓私有和公有不可能共存的观念，具有一定的历史进步意义。

简而言之，20世纪和21世纪初的实践表明，混合经济源于资本主义基本矛盾，资本主义基本矛盾在混合经济中依然存在和发展；资本主义混合经济的发展具有客观必然性和合理性，但仍然具有垄断性（程恩富、谢长安，2015）。混合经济的出现也表明，建设市场经济迈向现代化的后起发展中国家（无论是社会主义国家还是资本主义国家），在设计本国顶层所有制方面，混合经济是提高国家经济绩效的可尝试的重要手段之一，只是在这个过程中要正确处理好国家资本、私有资本、外国资本之间的关系。反之，无论是盲目私有化特别是贱卖本国国有资产、国有资源，还是在所有制领域推行纯而又纯的公有制（所谓“一大二公”），亦或者是依靠外国资本流入以支撑本国国民经济运转都并非是最好的选择和做法。事实上，我们在本章后面提及一些发达和欠发达国家经济结构调整、转型成败得失中还将看到，有的国家正是由于未能在混合经济的发展中处理好本国资本和外国资本之间的关系特别是未能有效节制和引导金融资本，致使本国工业化进程受阻以致国民经济陷入依附西方的境地。

三、制造业中心变迁、分配结构失衡和“去工业化”

从混合经济这一所有制方面显然不能完全洞悉西方发达资本主义国家经济结构变迁规律和历史发展轨迹，至多也仅仅停留在问题的表面。我们前面提及，当代西方资本主义发达国家处于国际分工的产业链高端，垄断着国际金融、高科技、资源能源和广阔的海外市场，甚至垄断着国际规则的制定权。就经济结构而言，我们最为关心的显然是制造业的规模和水平，因为这是决定一国国家实力和地位的最重要行业。在过去数百年中，西方资本主义发达国家经济结构发生的变化除了在所有制方面出现混合经济外，另一个最大变化就是制造业出现兴衰更替，英国和美国先后成为世界最强的制造业大国，但由于金融食利产业的逐渐兴起和过度膨胀，国内贫富差距不断拉大，制造业先后走向衰落，而德国历经两次世界大战教训，特殊的地缘位置等原因使其始终坚持以制造业立国的理念，扎实运用包括财政制度在内的一系列制度安排，确保本国金融体系为实体经济服务，整个国家国民经济始终充满活力。最近数年，美国提出的制造业回流、再工业化，德国提出的“工业4.0”[①] 理念更是说明制造业和实体经济在一国国民经济中的重要性。

---

① 德国近些年提出“工业4.0”的理念，该理念意在通过充分利用嵌入式控制系统，实现创新交互式生产技术的联网，相互通信，即信息物理融合系统，将制造业向智能化转型。在“工业4.0”时代，机器、存储系统和生产手段构成了一个相互交织的网络，在这个网络中，可以进行信息的实时交互、调整。同时，信息物理融合系统还能给出各种可行性方案，再根据预先设定的优化准则，将它们进行比对、评估，最终选出最佳方案。这就使生产更具效率，更环保，更加人性化。同时，因为调动了“元信息”，所以提高了过程透明度。参见乌尔里希·森德勒主编：《工业4.0：即将来袭的第四次工业革命》，中译本，机械工业出版社2014年版，第42～43页。

（一）制造业中心变迁和分配结构失衡

1. 英国制造业变迁和分配结构状况

英国的工业革命是从棉纺织业开始，逐步扩大到重工业部门，工业革命使英国一度成为世界工厂。英国产生工业革命与当时拥有庞大的海外市场、数量巨大的资本市场以及国内煤炭资源丰富等因素有很大关系。

首先是庞大的海外殖民地产生的市场需求和原材料供给。英国当时占领的印度拥有世界一半的棉纺织业，美洲地区的原材料——棉花等为其提供了不计其数的原材料来源。广阔的海外殖民地也为英国生产出来的产品提供巨大的市场需求。

其次是数额巨大的资本为工业革命的发生与发展提供了有力的资金支持。在1816年，英国积累的战争国债数额高达7.92亿镑，为国民收入的2.5倍，英国之所以没有破产反而经济获得快速发展，一个重要原因是当时全欧洲的资本都经伦敦资本市场（韩毓海，2011），也即英国创造了当时最先进的全球金融体系为国内发展提供巨大资金支持（见图4－1）。加上18～19世纪巨额的殖民掠夺和庞大的商业贸易积累所获得的大量资本使得当时的英国成为全世界资本最雄厚的国家。

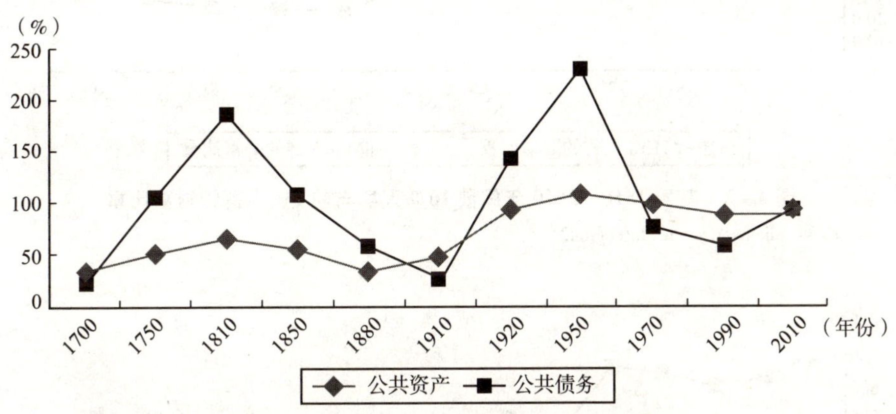

图4－1 1700～2010年英国的公共资本状况

资料来源：piketty. pse. ens. fr/capital21c.

最后是当时的英国森林覆盖率不足5%、燃料短缺等问题，推动整个国家积极寻求煤这个天然的燃料，最终促使大量地表煤的挖掘，接着又促进蒸汽机使用、铁路大规模建设等。

在一国经济发展过程中，经济增长和收入分配几乎是国民经济同一枚硬币的正反面，一些处于高速发展状态的国家往往就是由于未能处理好收入分配问题，导致种种问题出现和累积。英国在经济高速发展的同时，产生了相当规模的食利者阶层，国家财富和收入分配差距在不断扩大，整个国民经济开始从制造业向贸易与金融转变（张帆，2014）。如图 4－2、图 4－3、图 4－4 所示，在 1810～1910 年间，前 10% 人群占有整个国家财富总量的 80% ～90%，21 世纪则是 70%；1910 年英国私人财富占国民收入比重高达 6 倍多，21 世纪依然位居 5 倍左右；而资本/收入比除了经济大萧条和第二次世界大战期间一段时间内稍微缩小外，大部分时间处于较高水平，21 世纪是 5 倍左右（皮凯蒂，2014）。表 4－6 显示世界制造业生产的百分比分布，可以看出，到 1913 年，英国的制造业地位已经明显落后于美国和德国两个国家。

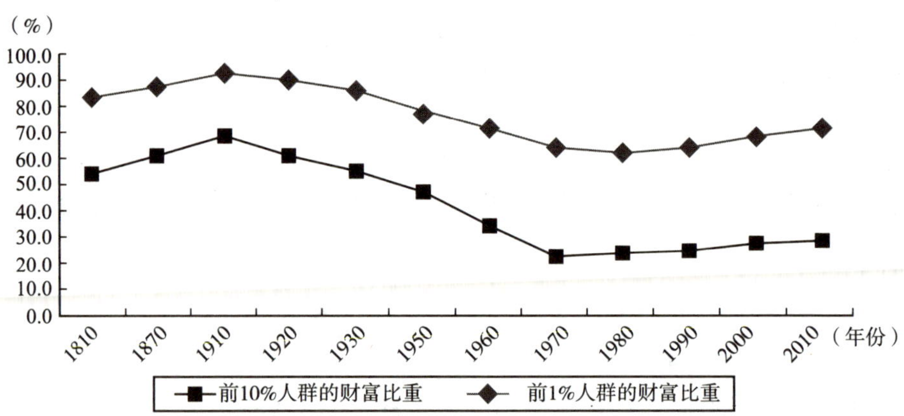

图 4－2　英国 1810～2010 年间前 10% 人群与前 1% 人群的财富比重

资料来源：piketty. pse. ens. fr/capital21c.

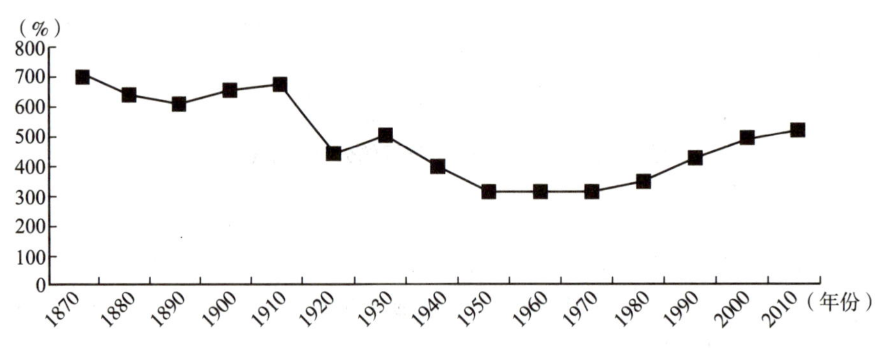

图 4－3　英国 1870～2010 年私人总财富与国民收入比重

资料来源：piketty. pse. ens. fr/capital21c.

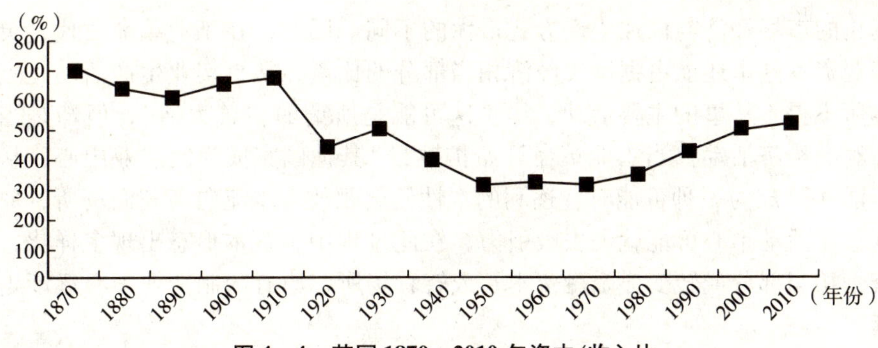

图 4-4 英国 1870～2010 年资本/收入比

资料来源：piketty. pse. ens. fr/capital21c.

表 4-6 世界制造业生产的百分比分布

单位：%

国家	1870 年	1913 年	1936～1938 年
美国	23.3	35.8	32.2
德国	13.2	15.7	10.7
英国	31.8	14.0	9.2
法国	10.3	6.4	4.5
俄罗斯（苏联）	3.7	5.5	18.5
意大利	2.4	2.7	2.7
加拿大	1.0	2.3	2.0
比利时	2.9	2.1	1.3
瑞典	0.4	1.0	1.3
日本	11.0	1.2	3.5
印度	11.0	1.1	1.4
其他国家	11.0	12.2	12.7

资料来源：波斯坦等主编：《欧洲剑桥经济史——工业革命及其以后的经济发展：收入、人口及技术变迁》第 6 卷，中译本，经济科学出版社 2002 年版，第 24 页。

英国制造业的相对衰落并非偶然，而是具有一系列必然因素。

第一，资本主义生产的目的不是为了消费，而是为了获取利润，一切资本主义生产方式都患上企图不通过生产就能获取利润的“狂想症”。无论是资本竞争还是积累、扩张，其目的都是为了获得更多利润，这是资本主义生产方式或真正的市场经济与以往生产方式最大的不同。因此，在工业革命时代，英国的工业资本基本还能占据国民经济相当部分的比重，从事实业生产活动是当时资本所不得不从事的主要活动，尽管这可能是所谓的“苦力活”，但却是当时的高利润经济活动。当工业革命开始扩散，“其他国家成为制造业中心，从事生产活动”成为一种可能时，逐利的本性便会驱使资本流向高利润场所，原先的制造业活动中心可能就失去吸引力，在此过程中，资本形态出现多样化，工业资本相当部分或转变成金融资本，或转移场所，原有的制造业中心逐渐走向衰落。

第二，资本主义生产方式的特点决定了资本主义社会中的有效需求不足和经济危机频繁发生的不可避免性。有效需求不足和经济危机实际均是与资本主义生产方式下的分配不均问题相联系的，资本强势地位决定了资本利得远大于劳动所得，随着资本积累不断进行，不变资本价值不断提高，资本有机构成不断提高而剩余价值率不变时，必然导致利润率下降。为了解决利润率下降带来的种种问题，处于世界体系中心位置的一些发达国家不得不缓和阶级矛盾，实行高福利政策，甚至“刺激消费、拉动内需”，高消费和借贷消费成为经济发展中的一大奇观，以金融业为核心的现代服务业开始兴盛起来。

第三，资本逐利本性特别是易于从工业领域中流出、导致贫富差距过大的问题要求一国政府采取有效措施抑制资本利得，特别是暴利产业和食利行业过度膨胀，否则必然是劳资矛盾严重、贫富差距不断扩大、制造业衰落。英国尽管开工业革命之先河，最早成为世界制造业中心，但财政制度却在经济发展中未能有效节制金融资本，致使制造业的瓦解、食利资本主义大行其道，最终丧失制造业中心地位，经过两次世界大战，其国际地位和国力早已不可同日而语。

2. 美国制造业变迁和分配结构状况

美国在 1776 年独立到 1808 年的 30 多年间，一直走的都是出口自然资源和农业资源的道路，当时的美国统治者希望将美国建设成为一个没有现代工业的农业国，因此独立后的三十多年间整个国家几乎没有自己的制造业。之后英国霸权势力与美国之间发生的斗争使得美国精英们认识到建立在贸易上的商业繁荣不可持久，国家也不可能真正强大。美国的政治精英们开始下定决心发展本国的制造业：建立工厂和企业，建立属于自己的高端产业和民族工业。

美国的工业化进程总体上可以分成这样的几个阶段。第一阶段：19 世纪初到 1840 年左右，工业化初始阶段，此阶段制造业开始初步繁荣，农业在国民收入中的比重开始下降；第二阶段：1840 年到南北战争时期，此时期制造业产出继续增长，农业就业量和产出继续下降；第三阶段：南北战争到 1873 年的危机，此阶段经济发展中的突出亮点就是铁路在全国范围内的历程数激增，扩大了国内市场；第四阶段：1873 年到 20 世纪初，这一阶段是金融业获得高速发展的阶段，美国逐渐在全球范围内成为世界金融帝国和强国；第五阶段：20 世纪初到 21 世纪初，美国成为世界强国，制造业特别是低端制造业在 20 世纪 70 年代末开始向海外大规模转移（参见张帆，2014）。表 4 -7 显示美国 19 世纪 GDP 和人均 GDP 水平，可以看出，自 1800 年工业化开始后，美国经济总量和国民收入是在不断增长的，有的年份 GDP 增幅高达 5% 的水平。表 4 -8 显示主要工业国的市场规模水平，在 1910 年时，美国的市场规模远远超过英国和德国，这为国内经济迅速发展提供了巨大的市场支撑。表 4 -9 显示美国国内三大产业吸纳就业的情况，可以看出，1800 年工业化刚开始时，美国大部分人口依然从事的是农业，制造业和服务业发展可谓刚刚起步；到 1900 年，制造业和服务业获得较大发展，而到了 2012 年，农业就业人数占总就业人数比重降低到了 2% 的历史最低水平，与此同时，服务业中的就业人数占全部就业人数比重高达 80%，制造业中的就业人数占总就业人数也降低到了和 1800 年一样的水平。

表 4 -7　　美国 19 世纪的 GDP 水平和人均 GDP

年份	GDP（百万 1990 年国际美元）	年均增长（%）	人均 GDP（1900 年国际美元）	年均增长（%）
1700	527		527	
1820	12548		1257	
1830	18219	3.80	1376	0.9
1840	27694	4.30	1588	1.4
1850	42583	4.40	1806	1.3
1860	69346	5.00	2178	1.9
1870	98374	3.60	2445	1.2
1880	145335	4.00	2880	1.7
1890	214714	4.00	3392	1.6
1900	312499	3.80	4091	1.9

资料来源：张帆：《产业漂移：世界制造业和中心市场的地理大迁移》，北京大学出版社 2014 年版，第 48 页。

表 4－8　　主要工业国的市场规模比较

国家	1820 年	1870 年	1910 年
英国	36253	100188	207110
美国	12552	98406	460263
德国	—	86067	217189

资料来源：张帆：《产业漂移：世界制造业和中心市场的地理大迁移》，北京大学出版社 2014 年版，第 87 页。

表 4－9　　1800～2012 年美国的分行业就业占全部就业的比例状况　　单位：%

年份	农业	制造业	服务业
1800	68	18	13
1900	41	28	31
1950	15	34	50
2012	2	18	80

资料来源：托马斯·皮凯蒂：《21 世纪资本论》，中译本，中信出版社 2014 年版，第 91 页。

同英国在 19 世纪末滑向食利资本主义一样，今天的美国似乎是在重走当年英国的老路。尽管美国迅速成为世界最大制造业大国，但在 20 世纪 70 年代末，金融资本不断膨胀，财政制度被金融资本几乎拆解，华尔街的金融寡头几乎绑架了整个国家。美国前 10% 人群在 1810～1910 年约占有财富总量的 80%，2014 年则是 75%（皮凯蒂，2014）。图 4－5 和图 4－6 显示美国国内的收入分配情况，可以

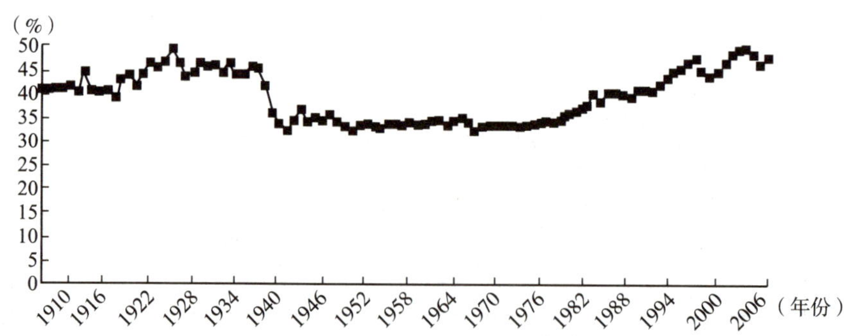

图 4－5　美国 1910～2010 年收入前 10% 人群的收入占国民收入的比重

资料来源：piketty. pse. ens. fr/capital21c.

看出，在 1910 ~ 2010 年的一百年时间内，前 10% 人群收入占国民收入比重除了在经济大萧条和第二次世界大战及其后的一段时间内位于 35% 左右外，其他时间基本都在 40% 甚至接近 50% 左右。而在 1810 ~ 2010 年的两百年时间内，前 10% 人群的财富比重一直在 60% 以上，前 1% 人群的财富比重一直在 30% 以上。图 4 - 7 显示美国 1970 ~ 2010 年间私人资本和公共资本与国民收入比重情况，可看出私人资本占国民收入比重一直远高于公共资本占国民收入比重。

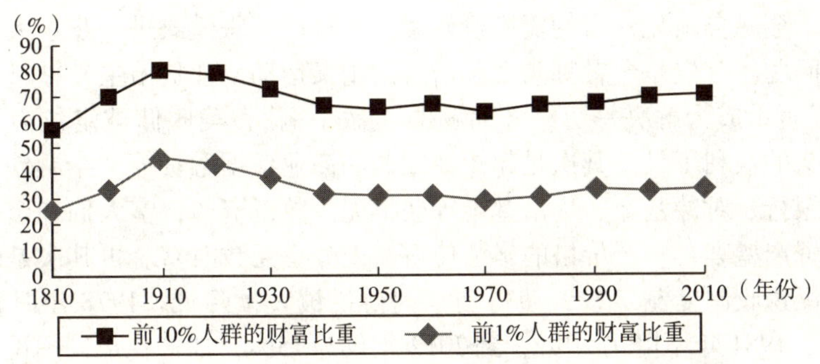

图 4 - 6　美国 1810 ~ 2010 年间前 10% 和前 1% 人群占有财富比重

资料来源：piketty. pse. ens. fr/capital21c.

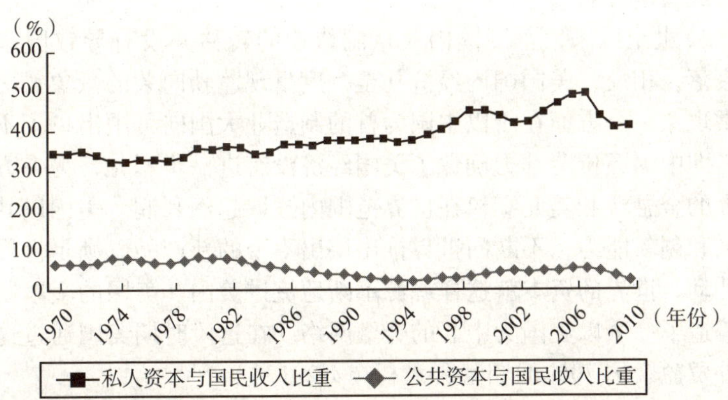

图 4 - 7　美国 1970 ~ 2010 年私人资本和公共资本与国民收入比重

资料来源：piketty. pse. ens. fr/capital21c.

美国制造业出现相对衰落也有一定的必然性。

第一，2011 年 9 月美国爆发震惊世界的“占领华尔街”运动，美国民众明确提出“99% 穷人反对 1% 富人”的口号，这是美国国内贫富差距和阶级对立严重到极点的表现。实际上，早在 1927 年左右，美国的财富分配不公就第一次达到历史顶点，10% 富人集团占有国民收入近 50% 左右，政府债务数额达到历史顶点，紧接着发生的大萧条实际是对存在的较为严重的经济问题的一次纠偏。第二次世界大战期间以及之后，由于战争影响和第二次世界大战后苏东社会主义阵营的存在，美国在这段时间内财富分配问题解决得较好，但在 1970 年特别是冷战结束以来，金融自由化迅速发展，占美国总人口 90% 的中下阶级的实际收入不仅没有提高，甚至下降了 1%①。

第二，金融自由化开启的资产价格暴涨和资产膨胀模式进一步扩大了美国的贫富分化问题。首先是金融寡头发起新自由主义运动，使货币主义思想“深入人心”，超发货币成为解决一切经济问题的“撒手锏”，美联储被定位为发钞银行和金融寡头的获利工具。其次是超短期回购和商业票据融资等“金融创新”活动使得投资银行、对冲基金、货币基金等获得庞大数量资产，富人们和金融寡头们纷纷参与资产盛宴，资产价格的暴涨使得富人分享无数财富。再其次是破坏国家税制，操纵税收制度制定权，使得资本利得税被大幅降低。1978 年时资本利得税是 35%，1981 年下降为 20%，到 2012 年仅为 15%。遗产税形同虚设，房地产有各种税收优惠，按揭贷款也在抵税行列。最后是使用信托基金与基金会等避税工具进行避税，诸如遗产税、赠与税、资本利得税等几乎被富人们使用五花八门的避税工具成功避开②。

第三，21 世纪以来，美国国内大量制造业的转移并没有导致国家的完全或大幅度的衰落，相反，美国国内经济甚至一度呈现蓬勃向荣的景象。之所以会产生这种反常现象，一方面在于以中国为首的制造业大国向美国出口了不计其数的廉价商品，即中国廉价劳动力确保了美国经济没有进一步恶化，另一方面在于美国依靠强大的金融业和美元霸权在世界范围内攫取超额利润。美国以其独步世界的金融体系和创新能力，不断向世界推出层出不穷的新产品以满足世界各地的这种逐利的冲动，世界的资本就这样源源不断地流进美国。美国的金融制造业就这样为世界编造了一个以美国为中心的金融网络。在这段时期美国通过这种体系吸引了世界外贸盈余国 70% 的储蓄（黄树东，2012）。

---

① 美国前国会议员、里根时期白宫预算和管理办公室主任斯托克曼，在名著《资本主义大变形》中认为美国和其他发达的资本主义国家的经济制度已经蜕变为权贵资本主义、金融资本主义、赌博资本主义、贫富分化极为严重的“拼爹资本主义”。参见戴维·斯托克曼：《资本主义大变形》，中译本，中信出版社 2014 年版。

② 富豪们的基金会通常有传承财富和推动慈善的双重目的，而且即便家族资产是放在以慈善为主的基金会里，家族也往往会精心设计以确保其对资产的控制权。参见托马斯·皮凯蒂：《21 世纪资本论》，中译本，中信出版社 2014 年版，第 466～467 页。

因此，英、美两国制造业中心迁移和分配结构失衡的根源在于金融资本过度发展和扩张（英美“金融病”），财政制度未能有效节制金融资本。

3. 德国制造业变迁和分配结构状况

德国在1871年实现统一，在短短30年时间内工业迅速发展，基本完成了工业革命。20世纪初的德国几乎成为欧洲第二次科技革命的引领者，产生了一大批新兴产业、新企业、新产品，如电气工业、化学工业等，可以说，德国在相当长的时间内都是将自身产业发展定位成重化工业。

由于地缘政治、自身位置等种种原因，德国历经两次世界大战的历史悲剧。第二次世界大战后，德国人痛定思痛，走上了一条独立的和平发展道路。在1990年德国实现统一后，德国依靠强大的制造业成为经济强国和欧盟的“领头羊”，现在德国工业仍然以重化工业为重心，德国就是依靠强大的制造业傲视整个世界，在最近几年的全球金融海啸中，整个国民经济坚如磐石。“20世纪90年代以来，德国毛附加值中工业部分占25%以上，这一比例在奥地利略低于25%，而在所有国家则明显向20%之下下滑，有的跌到了10%”①。表4－10是德国1500～2000年的人口、GDP和人均GDP情况，可以看出，自1870年以来，除了两次世界大战期间，德国的GDP和人均GDP增幅都是较大的。表4－11是德国2010年和2011年的制造业状况，可以看出其制造业中的相当部分都是高技术产业。

表4－10　　德国的人口、GDP和人均GDP

年份	人口（年中千人）	GDP水平（百万1990年国际美元）	人均GDP（1990年国际美元）
1500	12000	1414	688
1600	16000	2093	791
1700	15000	2483	910
1820	24905	4104	1077
1830	28045	4948	1328
1840	31126	5628	—
1850	33746	6519	1428
1860	36049	7528	1639
1870	39231	8419	1839

① 乌尔里希·森德勒主编：《工业4.0：即将来袭的第四次工业革命》，中译本，机械工业出版社2014年版，第4页。

续表

年份	人口（年中千人）	GDP 水平（百万 1990 年国际美元）	人均 GDP（1990 年国际美元）
1880	43500	10272	1991
1890	47607	13179	2428
1900	54388	17213	2985
1910	62884	21763	3348
1920	60894	15571	2796
1930	65084	23967	3973
1940	69835	26547	5403
1950	68375	25702	3881
1960	72481	45939	7705
1970	77783	72785	10839
1980	78298	103874	14114
1990	79380	130476	15929
2000	82188	163412	18596

资料来源：张帆：《产业漂移：世界制造业和中心市场的地理大迁移》，北京大学出版社 2014 年版，第 37 页。

表 4-11　　德国制造业 2010 年和 2011 年状况

工业分组	2010 年企业数量（家）	2010 年年平均雇员数（千人）	2011 年企业数量（家）	和前一年相比的变化百分比（%）	2010 年营业额（十亿欧元）①	2011 年企业数量（家）	和前一年相比的变化百分比（%）
机械制造	6165	908	931	2.5	173	201	15.7
电子技术	4291	803	842	4.8	159	178	11.9
汽车和汽车配件	1041	675	694	2.8	248	270	9
化工	1165	278	285	2.3	103	113	9.5
食品工业	5230	419	426	1.7	120	131	9
加工工业	36485	4819	4956	2.9	1223	1360	10.3

资料来源：乌尔里希·森德勒主编：《工业 4.0：即将来袭的第四次工业革命》，中译本，机械工业出版社 2014 年版，第 5 页。

① 1 欧元 = 8.4981 元人民币。

德国的制造业之所以能在全球保持强大竞争力，主要有以下几个因素。首先是历史传统和地缘政治上的原因。早在德国尚未统一之前的1841年，被称为德国工业化之父、历史学派创始人的李斯特在《政治经济学的国民体系》中就反复强调制造业在提高一国经济竞争力中的极端重要性，“制造业对国内贸易、对国家的文明和实力、对国家独立自主地位的维护以及对由此取得的物质财富的能力等方面都有影响”①。德国历史学派和后来的弗莱堡学派为国家走向强大和繁荣提供了重要的智力支撑和理论源泉。德国统一之后，走上了颇具本民族色彩的社会市场经济体制道路，整个国家更是将制造业视为国民经济的中流砥柱。第二次科技革命就是由德国和美国两大国家引领，第一次世界大战之前，德国已经成为欧洲制造业和军事强国。两次世界大战的深刻教训，加上自身处于大国环绕的位置之中，让德国人认识到制造业在捍卫国家安全和强大方面的重要性。其次是德国坚持的一系列有利于制造业和实体经济发展的制度体系安排，如金融必须为实体经济服务理念、以制造业为导向的职业教育和培训模式、企业主体和全员参与的技术创新模式，建立现代保障体系，维护职工利益等。最后是德国有一脉相承的制造业文化，德国拥有百年历史的制造业公司超过万家，这是几代人精益求精、无止境追求高质量的结果。德国经济体制建设上最值得称道的无疑就是在财税体制上始终坚持一系列有利于经济发展的制度安排，如建立利于统一市场和区域分工相结合的经济布局的以共享税为主体的税收体系；企业所得税和个人所得税跨洲跨地区分配；纵向和横向相结合的完整的转移支付体系；对资产持有和资本利得征收重税，抑制食利产业过度膨胀，限制金融寡头利益；在消除区域发展差距上成功征收并利用团结税，等等。

历史事实表明，无论是欧美发达国家还是后来的广大发展中国家，一旦无法在财政制度上对食利资本采取切实措施，放任资本流入不动产领域或者任由金融资本过度发展，制造业必然走向衰落，只不过由于欧美发达国家较早实现工业化，可以凭借对产业链高端、知识产权和国际金融的垄断和控制保持一定的优势。

（二）“去工业化”

最近几十年，由于科学技术的快速发展，世界各国物质生产部门结构开始朝着技术尖端化、集约化方向发展，出现了所谓产业结构软化现象。产业结构软化是指在社会再生产过程中，生产要素投入中属于劳动和资源类的要素投入比重逐

① 弗里德里希·李斯特：《政治经济学的国民体系》，中译本，华夏出版社2009年版，第165页。

渐下降，人力资本、知识和技术类的要素投入比重迅速增加，从而促使社会经济和产业结构的重组和调整，劳动和资源密集型产业在经济发展中不再占据主导地位，知识和技术密集型产业成为发达国家产业结构重点领域（庄起善，2008）。产业结构软化和后来在美国兴起的“新经济”① 现象，让人觉得人类社会似乎进入到所谓后工业化时代或者说现代服务业时代，“去工业化”似乎是人类社会未来发展的一大趋势，后起的发展中国家似乎可以不需要经过工业化阶段而只需要大力发展现代服务业就可以实现国家强大与复兴。这种看法似是而非。

第一，依据现行的西方主流经济学统计体系，制造业产值在国内生产总值中的比重确实是在下降，而服务业产值在上升。造成这种现象的主要原因是制造业的生产率提高速度比服务业快，因而制造业产品的价格相对于服务业产品的价格就会下降，而一些服务活动，生产率的表面提高实际伴随着的是产品质量的下降，诸如金融服务业，其生产率的提高（金融创新）往往意味着经济风险的加大，有的服务业产品价格不仅没有随着经济发展而下降甚至在上升②。因此，发达国家制造业在总产出中份额的下降，并非因为对制造业产品的需求下降，也并非制造业重要性下降，更加不意味着工业化程度的降低。从这个方面来说，一些发达国家的制造业并非我们所想象的处于严重衰落状态。以美国为例，制造业的就业岗位从 1998 年的 1760 万个下降到 2010 年底的 1160 万个，但美国的劳动生产率一直处于领先地位：1973 ~ 1996 年，如果以 1973 年美国制造业的劳动生产率为 100% 来计算，日本相当于它的 55%，德国为 73%，法国为 66%，英国为 52%，荷兰为 77%，瑞典为 66%。到 1996 年，仍以美国的劳动生产率为 100% 来计算，则日本是美国的 74%，德国是 82%，法国是 84%，英国是 67%，荷兰是 97%，瑞典是 90%。与劳动生产率高相对应的是美国的技术先进，对制造业研发投入巨大，以 2008 年金融海啸最严重的一年为例，当年美国企业投入的研发经费依然高达 3330 亿美元，制造业研发经费高达 2330 亿美元，占全部研发经费的 71%（参见时寒冰，2014）。因此，准确地说，以美国为首的发达国家制造业的衰落是相对于本国过度发展的虚拟经济和金融业而言的，相对于其他发展中国家，发达国家的制造业的基础依然是极为雄厚的。从表 4 - 12 可以清晰看出，

① 当时的美国经济以高增长率、低通货膨胀率、低失业率同步并进作为显著标志，这个时期（1991 年 3 月到 2000 年底）的经济被称为新经济。所谓“新经济”，实际上是指在技术创新和制度创新的共同作用下，以数字形式存在，通过信息网络技术进行的知识性生产的经济，并以此带动整个国民经济的持续增长。参见庄起善主编：《世界经济新论》，复旦大学出版社 2008 年版，第 41 ~ 43 页。

② 参见张夏准：《资本主义的真相——自由市场经济学家的 23 个秘密》，中译本，新华出版社 2011 年版，第 88 ~ 92 页。

美国劳动生产率在发达国家中一直处于遥遥领先的位置。

表 4-12 制造业大国劳动生产率比较

国家	1990~2000 年	2000~2007 年	2007~2010 年
美国小时产出	4.3	6.0	3.3
英国小时产出	2.9	4.2	0.2
德国小时产出	3.3	3.7	-2.5
法国小时产出	3.9	3.3	0.7
意大利小时产出	2.6	0.3	-0.9
日本小时产出	3.4	3.8	2.2

资料来源：Bureau of Labor Statistics.

第二，美国本就是世界第一金融强国，美国的“新经济”并非完全是高科技进步的结果，“新经济”从某种程度上说是美国利用美元的霸权地位和美国发达的金融体系在全球集资、吸纳全球资本的一种全新的经济运行模式。以美元为基础的发达、强大的金融体系是美国实现国家核心利益的关键，美元霸权的存在使得美国可以肆无忌惮发行美元，以债务形式驱动全球经济发展，加上中国等制造业大国不计其数的商品供应，其国内经济出现低物价、高工资、高消费的经济现象不足为奇。同时，美元霸权的存在对广大发展中国家的经济主权造成了不可忽视的影响，如一些国家采取货币与美元挂钩的汇率制度，美元的升值与贬值必然影响他国货币估值进而对其进出口产生影响，我们看到最近美元转强、美联储加息等导致全球美元回流致使一些发展中国家金融市场动荡、货币贬值等是美国在全球范围内“剪羊毛”的表现，这也是美国金融体系强大的重要表现。

第三，“去工业化”并不是表明人类社会就此走上一条不需要消耗资源能源的新生产方式，为获取资源能源而发生战争与冲突的行为就此消失。恰恰相反，在信息技术高度发达的21世纪，世界各国为获取更多的资源能源而发生的冲突甚至战争是在增加而非减少，西方发达国家自工业革命以来消耗并占有世界绝大多数资源能源的历史格局并没有改变。例如，美国是典型的能源消费大国，是全球最大的能源消费国和石油进口国，一直以来早已经采取了各种措施保证能源品种多元化、能源来源多元化，世界资源能源丰富地区出现的冲突与战争均有美国或其他西方国家政府的影子。因此，发展中国家为实现工业化和现代化所需付出的代价和难度都是在增加而非减少。

第四，发达国家呈现的“去工业化”表象绝不表明发展中国家可以直接跳过工业化阶段直接进入所谓后工业时代，服务业更加没有取代制造业成为推动经济增长的引擎。在信息技术高度发达的今天，制造业依然是国民经济的强大动力，不管是生产性服务业还是生活性服务业，它们都必须要依赖于制造业的支撑。一方面，处于世界体系中心位置的西方发达国家不可能容忍后起的发展中国家轻易上升到世界体系中心，设置重重障碍、阻挠发展中国家的发展是一种必然，落后的发展中国家缺少足够的产业，只有制造业可以创造出具有高度相关性的产业链，充分吸纳就业，促进经济增长，实现国强民富；另一方面，“去工业化”必然会对发展中国家的进出口产生影响进而影响到国际收支平衡，因为许多服务业产品是不能出口的。因此，后起的发展中国家面对西方发达国家在高科技、金融和产业链高端等方面的垄断，只有通过扎实的工业化发展强大的制造业才能成为真正强国，而所谓的服务业只能依赖于科技进步下的农业和工业创造的剩余。

第五，自工业革命以来，工业化极大地推动了人类社会的进步和社会生产力水平的迅猛发展，但工业化并没有改变人类社会发展中的不平衡问题，即发展中国家和发达国家之间的差距并没有随着工业化的传播而缩小、趋同，反而在不断扩大，南北问题成为困扰国际社会的大问题。仅就全球财富分配问题来看，“自2010年以来，全球财富不公平程度似乎与欧洲在1900—1910年的财富差距相似。最富的0.1%人群大约拥有全球财富总额的20%，最富的1%拥有约50%，而最富的10%则拥有总额的80%～90%”①。

以上从混合经济、制造业变迁、分配结构等方面回顾了西方发达国家经济结构变迁历程。就区域发展问题②（工业化水平）而言，总的来说，西方发达国家工业化进行得较为彻底，人口和产业布局较为合理。当然，这与西方发达国家人口总量较少、自身地理环境较好、控制世界多数资源数量也有很大关系。

首先，西方国家生态环境利于其实现区域均衡发展。如，欧洲和美国的平原面积占国土面积一半以上，中国的平原面积只有1/10，欧洲宜开垦土地面积是中国的7倍，而且西欧雨量充沛且终年不断，农业区基本不存在土壤沙化、盐碱化的威胁（陈平，2011）。这些良好的自然环境利于交通发展（一些国家多面靠海，天然适宜对外贸易和航运），加上后来的工业革命和大量资源能源的掌握，铁路的大规模铺设、汽车的大批量制造、机械化生产的推行、造船业的出现、工业企业规模的扩大等，更是极大地促进了商品流通、人员交流和文明传播。

---

① 托马斯·皮凯蒂：《21世纪资本论》，中译本，中信出版社2014年版，第451页。

② 关于人口和产业布局问题（工业化水平），本书没有详细展开研究，因为区域发展问题与一国的资源生态环境等天然的条件有很大关系，各国国情差异较大，很难进行具体的比较。

其次，历史传统带来的有利因素。如，很多西方国家的大学和研究结构均在生态优良的小城市，一些西欧国家的城市规模普遍较小，基本不存在交通拥挤现象，城市生态良好，城乡差别较小。

最后，西方一些政府采取的包括财税手段在内的多种措施积极推动区域均衡发展。如，欧洲设立区域发展基金和聚合基金，德国建立横向和纵向的财政平衡制度以消除地区差别等（冯兴元，1999；鲍晓，2004）。

尽管西方发达国家在工业化进程上总体较为成功，产业和人口布局较为合理，但依然存在其他问题。如，欧美日益严重的种族冲突和非法移民问题，包括最近几十年金融自由化盛行，大量制造业开始向以中国为首的发展中国家转移导致的产业空心化、就业岗位减少等问题。这说明，西方的高收入也存在种种困境。

第三节　拉美和东亚相关国家经济结构和财税体制变迁

前面两节分析西方发达国家经济结构变迁历史，指出资本主义之所以能在西欧获得较好发展与当时的西方国家在金融体制和财政制度方面的卓有成效的制度性建设密切相关，金融体制和财税体制建设是一国走向现代化和繁荣富强的基本前提，是促进工业化进程和经济发展的制度保障。我们沿着上述分析范式，分析拉美和东亚地区相关国家经济结构变迁和财政金融体系建设历史，以吸取相应的经验与教训。

一、拉美国家经济结构变迁

研究拉美国家经济结构变迁历史，首先不得不提到该地区优越的地理位置、良好的气候条件和丰富的自然资源，或许正是由于异常丰富的资源，使得拉美地区很早就成为西方殖民者掠夺和征服的目标。因此，从某种程度上说，拉美今天的落后与一系列发展困境和西方主导的世界体系有很大关系。

拉美地区的绝大多数国家气候较为温和、雨量比较充沛、季节分布相对均匀，地处热带和亚热带区域。优越的地理位置和气候条件，为拉美地区提供了异常丰富的自然资源：丰富的水力资源、林业资源、动植物资源、渔业资源和矿业资源；肥沃和广阔的农田，盛产大量的粮食作物和经济作物；拥有大量的石油储量（世界第三大石油产区）。除此之外，拉美地区的人口结构也较为年轻。应该说，拉美国家完全具备发展成为发达国家的基本条件。但历史让人唏嘘，脱离西方殖民时间较长的拉美地区多次与现代化失之交臂[①]，甚至在 20 世纪 80 年代爆发了严重的债务危机，之后又多次发生社会危机和政治危机，经济社会倒退几十年，工业化进程严重受挫，陷入所谓“中等收入陷阱”。拉美地区可以说是发展中国家在经济转型过程中，经济结构调整失败、国家走向衰落的典型案例。我们以下首先回顾拉美国家工业化阶段、特点与问题，经济结构变迁过程，然后探讨其经济结构调整失败和国家衰弱的原因。

（一）拉美国家工业化阶段、特点与问题

拉美国家的工业化历程可以简要概括为这样的两个阶段：第一阶段，早期的工业化阶段，约从 19 世纪末期到 20 世纪 30 年代。第二阶段，进口替代工业化阶段，约从第二次世界大战后到 20 世纪 80 年代。早期的工业化完全是由于伴随着出口部门出口的初级产品带来的繁荣而发生的，这一时期发生的工业化集中范围很小，并没有从根本上改变农业经济占整个国民经济主导地位的格局。第二次世界大战后，包括拉美国家在内的绝大多数发展中国家基本都高度重视工业化，拉美各国为保护本国民族工业更是采取了被称之为进口替代的工业化战略，这种工业化战略强调以国内投资、消费和本国制造业为经济发展根本动力，限制外国工业品的进口，建立和发展本国工业，也被称之为内向工业化战略。纵观拉美国家百年工业化历程，可以从这样几个方面概括其发展中存在的问题，这些问题有的是经济结构扭曲的表现形式，有的就是经济结构扭曲的原因。

第一，关于发展战略问题。尽管拉美国家工业化起步较早，但关于工业化始终未能制定出正确、务实和符合本国国情的发展战略。在早期的工业化阶段，工业部门的出现完全是由于初级产品的出口，所以制造业基本集中在与出口密切相关的少数行业和部门、少数原料产地、沿海重点港口，国家没有将工业化作为经济发展战略在全国范围内展开，这种由出口而带来的工业化显然不可持续，甚至是一种偶然和非自觉行为，极易受到国际经济形势的影响，陷入依附性的发展困境，这一点为后来的 20 世纪 30 年代西方资本主义世界经济危机所验证。在后来的进口替代工业化阶段，表面上拉美国家试图走一条独立自主发展道路，各国民族工业也确实获得了较快发展，拉美国家甚至一度成为当时世界上发展最快的经济体之一，极个别国家甚至建立了比较完整的工业化体系。但此阶段工业进程进行较快的主要原因是依靠大量的且不可持续的投资，而投资所需资金相当部分是

① 部分拉美国家的工业化与现代化进程早在 1870 年左右就开始了。

依靠外国资本（后文还将提到外资流入问题），外资流入成为维持国民经济运转的重要因素。也即无论是第一阶段的早期工业化还是第二阶段的进口替代工业化，拉美国家始终未能建立独立的财政货币金融体系将本国储蓄有效地转化为投资以支撑本国工业化进程和国民经济发展，为了增长而增长在当时成了一种教条，而怎么样在更好地利用国际市场的同时避免其负面影响，如何维护好国家经济主权等重要战略问题始终未能得到足够重视和较好的解决，反而出现发展战略多次更迭，由一个极端转到另一个极端的情况（从自由贸易到进口替代再到自由贸易）。正如有学者总结指出的那样，拉丁美洲国家的最大的失败是一直克服不了由它们自己的自然资源财富所带来的宏观经济的不稳定性，……实际汇率的变化，以及贸易、财政和金融政策的变化（这些变化都与初级产品价格的上下波动密切相关），使拉丁美洲国家不能够像日本、韩国和中国台湾地区那样，在大胆推行出口激励的同时，成功与实现其进口替代的发展[①]。表 4－13～表 4－15 显示了拉美国家的制造业产值增长、国内生产总值增长和工业化程度等情况，从制造业产值和国内生产总值增长情况来看，拉美国家在 20 世纪 50～70 年代表现明显好于 70 年代后期表现，而拉美国家工业化水平总体上是在不断增加的，仅仅从这些指标上看，拉美国家的发展基本是可圈可点的，若有正确的务实发展战略并始终贯彻，则该地区可能早已实现现代化。

表 4－13　　1950～1981 年间拉美主要国家制造业产值年平均复合增长率　　单位：%

国家	1950～1960 年	1960～1973 年	1973～1981 年	1950～1981 年
阿根廷	4.1	5.4	－1.8	3.1
巴西	9.1	8.5	4.5	7.6
智利	4.7	4.6	0.9	3.7
哥伦比亚	6.5	6.7	3.7	5.9
墨西哥	6.2	8.8	6.6	7.4
秘鲁	8.0	5.5	2.4	5.5
委内瑞拉	10.0	5.8	1.0	5.9
拉丁美洲	6.6	7.3	3.7	6.1

资料来源：莱斯利·贝瑟尔主编：《剑桥拉丁美洲史》第六卷，中译本，当代世界出版社 2000 年版，第 199 页。

① 纳谷城二等：《发展的难题——亚洲与拉丁美洲的比较》，中译本，上海三联书店 1992 年版，第 97 页。

表 4-14　　1950 ~ 1990 年间[a] 拉美地区国内生产总值增长率　　单位：%

国别	1950 ~ 1960 年	1960 ~ 1973 年	1973 ~ 1981 年	1950 ~ 1981 年	1981 ~ 1990 年	1950 ~ 1990 年
阿根廷	2.8	4.0	1.2	2.9	-0.6	2.1
巴西	6.8	7.5	5.5	6.8	2.3	5.8
智利	4.0	3.4	3.6	3.6	2.5	3.4
哥伦比亚	4.6	5.6	4.5	5.0	3.9	4.8
墨西哥	6.1	7.0	6.6	6.6	0.8	5.3
秘鲁	5.5	4.8	3.8	4.8	-1.7	3.3
委内瑞拉	7.6	4.7	-0.1	4.4	0.6	3.5
小国[b]	3.6	5.4	4.3	4.5	1.2	3.8
拉丁美洲	5.1	5.9	4.5	5.3	1.3	4.4

注：a 为 20 世纪 50 年代和 60 年代的数字按 1970 年美元价格计算，1970 ~ 1990 年的数字按 1980 年美元价格计算。b 包含 12 个国家。

资料来源：莱斯利·贝瑟尔主编：《剑桥拉丁美洲史》第六卷，中译本，当代世界出版社 2000 年版，第 189 页。

表 4-15　　拉美国家工业化程度（制造业产值占国内生产总值）　　单位：%

国家	1950 年	1960 年	1970 年	1977 年	1978 年
阿根廷	26.2	29.2	33.1	34.2	32.9
玻利维亚	13.8	12.9	14.3	15.6	15.7
巴西	21.6	26.8	28.9	29.7	30.0
哥伦比亚	12.6	15.0	16.1	17.4	17.7
哥斯达黎加	14.9	14.7	18.6	22.4	22.6
智利	22.9	24.5	26.9	23.0	—
厄瓜多尔	14.9	14.7	16.4	19.2	20.4
萨尔瓦多	13.7	14.9	18.8	19.4	19.4
危地马拉	11.8	13.0	15.9	16.0	16.7
海地	7.5	8.0	8.9	10.9	11.6
洪都拉斯	6.7	12.0	14.7	15.7	15.8
墨西哥	18.8	18.9	22.9	23.0	23.4

续表

国家	1950 年	1960 年	1970 年	1977 年	1978 年
尼加拉瓜	11.5	13.8	20.4	20.3	19.9
巴拿马	8.3	11.9	15.9	14.0	—
巴拉圭	15.8	14.6	16.6	16.4	16.0
秘鲁	16.4	19.7	23.8	25.2	24.7
多米尼加	13.9	16.2	18.6	17.7	18.0
乌拉圭	21.9	25.1	25.3	27.4	28.8
委内瑞拉	12.0	15.0	16.1	17.1	17.3

注：按 1970 年市场价格计算，1978 年为初步数字。

资料来源：苏振兴主编：《拉美国家社会转型期的困惑》，中国社会科学出版社 2010 年版，第 5 页。

第二，关于农村劳动力转移和城市化问题。农业国在工业化进程中很重要的一个问题是如何正确处理好农村人口向城市的转移即城市化问题，欧美和后来的发展中国家的实践都说明了工业化进程中农村作为现代化和工业化稳定器的重要作用。反观拉美国家，在工业化进程中却出现了“过度城市化”现象[①]（见表 4－16），大量农村人口短期内无序涌入城市，形成了大量贫民窟，拖累了经济和社会发展。这从一个方面反映出拉美国家工业化的弊端：工业化所产生的经济活动较少，工业化水平较低，没有辐射到全国大部分地区，甚至一些国家为加速工业化而强制推行加速城市化的步伐，人为地将大量农村人口吸引到城市，而城市又无法提供充足的就业岗位和社会保障，进入城市的农民因失去土地而无法顺利返乡，致使大量贫民窟出现，贫民窟的出现显然不利于社会稳定和经济发展。过度城市化也带来了各种环境污染问题，如空气污染、水污染、固体废弃物污染等。表 4－16 是拉美国家 1965～1989 年人口增长和城市人口增长的比较，可以看出，几乎所有国家的城市人口年均增长率远高于总人口年均增长率。

① “1980 年拉美地区城市化率为 64%，1990 年增至 71.9%，1999 年上升到 75%，2000 高达 77%。”（苏振兴主编：《拉美国家现代化进程及其启示》，知识产权出版社 2012 年版，第 402 页）这是绝大多数发展中国家在工业化进程中都未出现过的现象，即使当年的西方国家工业化阶段也没有在如此短的时间内出现如此高的城市化率。

表 4-16　1965～1989 年拉美国家人口增长与城市人口增长的比较　单位：%

国家	总人口年均增长率			城市人口年均增长率	
	1965～1980 年	1980～1985 年	1989～2000 年	1965～1980 年	1980～1989 年
阿根廷	1.6	1.4	1.1	2.2	1.8
玻利维亚	2.5	2.7	2.8	3.1	4.3
巴西	2.4	2.2	1.7	4.3	3.5
智利	1.7	1.7	1.3	2.6	2.3
哥伦比亚	2.5	2.0	1.6	3.7	3.0
哥斯达黎加	2.7	2.4	1.9	4.7	4.5
古巴	3.1	2.7	2.2	3.5	3.3
萨尔瓦多	2.8	1.4	2.1	3.2	2.0
危地马拉	2.8	2.9	2.8	3.5	3.4
洪都拉斯	3.2	3.5	2.9	5.5	5.5
墨西哥	3.1	2.1	1.8	4.4	3.0
尼加拉瓜	3.1	3.4	3.1	4.6	4.6
巴拿马	2.6	2.2	1.6	3.4	2.9
秘鲁	2.8	2.3	2.1	4.3	3.1
乌拉圭	0.4	0.6	0.6	0.7	0.8
委内瑞拉	3.5	2.8	2.2	4.8	2.7

资料来源：苏振兴主编：《拉美国家现代化进程研究》，社会科学文献出版社 2006 年版，第 490 页。

第三，关于利用外资问题。绝大多数后起的发展中国家在工业化进程中都面临资本短缺这一难题，拉美国家也不例外。无论是在前期工业化阶段还是后来的进口替代工业化阶段，拉美国家的贸易赤字和财政赤字问题都没有得到根本解决，后来基本依赖外国资本以至于给外资各种优惠政策通过大规模举借外债以维持国民经济运转，负债增长成为当时推动经济增长的主要方法。在 1975 年到 1982 年的时间内，拉美国家从西方银行获取的贷款年均增长率达到 20.4%。这种对贷款的持续增加导致拉美国家的外债从 1975 年的 750 亿美元，上升到 1983 年的 3140 亿美元，达到该地区 GDP 的 50%（黄树东，2012）。在后来的金融自由化改革和资本账户开放期间，不仅有大量外债的上升，更有大规模的资本外逃现象。不可否认的是，外国资本从一定程度上发挥了积极的作用，但资本都是逐利的，没有适当的管控是极为容易导致国民经济结构失衡的，而引导和驾驭资本尤其是外国资本的能力恰恰是大多数发展中国家所缺乏的，拉美国家所吸引的外资数量尽管巨大，但在加速工业化和现代化进程方面，作用乏善可陈。表4－17显示1970～1983年部分拉美国家债务状况，在1980～1983年这些拉美国家偿债率平均高达153.8%。

表4－17　1970～1983年部分拉美国家债务状况　单位：%

国家	1970～1980年累计经常项目赤字占1981年国内生产总值比例	1981年外债/GDP的比率	1980～1983年的偿债率*
阿根廷	2.3	31.6	214.9
巴西	22.8	26.1	132.6
智利	19.8	47.6	153.3
墨西哥	13.9	30.9	161.8
秘鲁	19.3	44.7	122.2
委内瑞拉	－7.5	42.1	117.8
加权平均	13.6	31.1	153.8

注：*偿债率是指当年的还本付息额与当年通过出口创汇收入总额的比值，它是衡量外债规模和一个国家偿债能力大小的重要指标。

资料来源：张培刚主编：《发展经济学教程》，经济科学出版社2001年版，第464页。

第四，关于经济发展和产业升级问题。工业化的关键是推动国家经济发展而非追求单纯的一系列数字指标增长，产业不断实现升级是促进经济发展的重要动力，也是推动国家进入国际体系中比较优越位置的根本途径，但拉美国家工业化进程中产业升级始终徘徊不前，“无发展的增长”几乎伴随着整个工业化的始终。首先是整个制造业体系不够完整，制造业的产品在数量和质量上都不能完全满足本国需要，对外依赖程度较大，一些西方跨国公司在相当程度上控制一些国家的市场更是加剧了这种依附程度，当时大部分拉美国家的工业自给率没有达到同一时期的亚洲新兴国的水平（大多数工业化国家的工业自给率是超过1的）（见表4－18）。其次，在前期工业化中，拉美国家基本是西方的原材料产地和出口产地，陷入了国际分工陷阱，外贸赤字、财政赤字和高额债务等问题导致西方大国基本上控制了拉美国家的国民经济命脉，国家经济主权和经济安全被掌握在他国手中。在后来的进口替代工业化阶段，尽管工业化取得了较大成绩，建立了大量新兴产业和部门，但原有的社会经济问题依然没有得到根本解决，如严重的贫富悬殊问题（见表4－19、表4－20），土地高度集中所产生的二元经济结构问题，社会不公问题等严重阻碍经济发展。表4－18显示主要拉美国家在1970～1984年工业化进展迅速时期的工业自给指数，可见主要国家的工业自给指数均未能达到1的水平。表4－19和表4－20显示拉美国家基尼系数和其他地区基尼系数比较情况，无论是从绝对值还是相对值来看，拉美国家基尼系数都是较大的。

表4－18　主要拉丁美洲国家的工业自给指数（1970～1984年，部分年份）

地区	1970年	1975年	1980年	1981年	1982年	1983年	1984年
拉丁美洲一体化联盟国家	0.28	0.23	0.33	0.30	0.36	0.69	0.72
阿根廷	0.19	0.27	0.24	0.26	0.48	0.39	0.42
巴西	0.18	0.25	0.65	0.93	0.91	1.50	2.24
智利	1.48	1.33	0.91	0.87	0.91	1.34	0.91
哥伦比亚	0.09	0.25	0.23	0.21	0.19	0.15	0.17
墨西哥	0.23	0.22	0.16	0.11	0.18	0.81	0.66
秘鲁	0.70	0.21	0.72	0.28	0.48	0.48	0.61
委内瑞拉	0.02	0.02	0.07	0.07	0.06	0.13	0.19

注：工业自给指数系制成品出口对制成品进口的比率；拉丁美洲一体化联盟即以前的拉丁美洲自由贸易区。

资料来源：纳谷城二等：《发展的难题——亚洲与拉丁美洲的比较》，中译本，上海三联书店1992年版，第94页。

表4－19　拉美地区18个国家的基尼系数

国家	1970年	1980年	1990年	2000年	2007年	
委内瑞拉	0.48	0.45	0.44	0.45	0.45	0.4～0.5
乌拉圭	0.43	0.44	0.41	0.44	0.46	
萨尔瓦多	0.47	0.48	0.51	0.53	0.47	
哥斯达黎加	0.45	0.49	0.46	0.47	0.49	

续表

国家	1970 年	1980 年	1990 年	2000 年	2007 年	
秘鲁	0.49	0.45	0.57	0.45	0.50	0.5～0.6
阿根廷	0.41	0.47	0.48	0.53	0.51	
多米尼加	0.46	0.42	0.48	0.52	0.51	
墨西哥	0.58	0.51	0.53	0.54	0.51	
智利	0.47	0.53	0.55	0.55	0.52	
尼加拉瓜	0.63	0.58	0.57	0.50	0.52	
厄瓜多尔	0.60	0.54	0.56	0.59	0.54	
巴拉圭	0.30	0.50	0.60	0.57	0.54	
危地马拉	0.50	…	0.60	0.54	0.55	
巴拿马	0.58	0.48	0.56	0.57	0.55	
巴西	0.57	0.57	0.57	0.60	0.56	
洪都拉斯	0.62	0.55	0.57	0.55	0.56	
玻利维亚	0.53	0.53	0.55	0.63	0.57	
哥伦比亚	0.57	0.49	0.57	0.59	0.61	0.6 以上

资料来源：苏振兴主编：《拉美国家社会转型期的困惑》，中国社会科学出版社 2010 年版，第 180 页。

表 4－20　20 世纪 60 年代～21 世纪初拉美地区和其他地区或经济体的基尼系数

地区	基尼系数					21 世纪初收入分配（%）	
	20 世纪 60 年代	20 世纪 70 年代	20 世纪 80 年代	20 世纪 90 年代	21 世纪初	最低 10%	最高 10%
高收入经济体	0.35	0.35	0.33	0.34	0.33	3.0	25.7
东欧和中亚	0.25	0.25	0.25	0.29	0.34	3.1	26.6
南亚	0.36	0.34	0.35	0.32	0.38	3.4	31.7
中东和北非	0.41	0.42	0.41	0.38	0.38	2.7	29.8
东亚和太平洋	0.37	0.40	0.39	0.38	0.40	2.8	31.8
撒哈拉以南非洲	0.50	0.48	0.44	0.47	0.44	2.2	34.0
拉丁美洲	0.53	0.49	0.50	0.49	0.53	1.1	41.1

资料来源：苏振兴主编：《拉美国家社会转型期的困惑》，中国社会科学出版社 2010 年版，第 179 页。

第五，关于私有化和发展现代服务业问题。私有化与发展现代服务业这两个问题可以说是几乎所有发展中国家在工业化进程中无法回避的问题，也是极难处理的问题，因为私有化与所谓大力发展现代服务业可以在短期内制造较高的 GDP 增长现象甚至一定程度上促进就业，但却极容易导致工业化偏离正确轨道。拉美国家在 20 世纪 80 年代初爆发严重的债务危机，为解决债务问题，在 IMF、世界银行等国际组织的要求下，拉美国家开始实施以私有化和自由化为核心的新自由主义经济政策，新自由主义改革加深了拉美的经济危机，尤其是金融自由化进一步导致资本大规模外逃。在这场由西方主导、“芝加哥男孩”亲自实施的新自由主义经济实验中，拉美的私有化浪潮表现得极为极端：涉及领域广、改革幅度大。私有化导致了大量国有资产流失，国家在制定和实施产业政策方面的作用被大大减弱，国家对工业化主导作用也基本丧失，工业化进程大大倒退。私有化也加剧了收入分配的不平等，大量财富流入跨国公司和私人手中，社会不公大大加剧，这些都为社会不稳定埋下了伏笔。21 世纪初以来拉美国家集体发生的“向左转”现象可以说是对 20 世纪 80 年代实行的严重错误的新自由主义经济政策的反省和否定。

以私有化为核心的经济改革使得拉美工业化进程严重受阻，而服务业特别是金融服务业的无序发展（表现为经济金融化）更是让“去工业化”成为一种潮流。服务业又称第三产业，是随着经济发展和科技进步而产生的新产业，服务业的扩张和发展必须要依赖工业部门的发展，即工业现代化是基础，服务业与工业部门之间比例结构合理、良性互动便能极大推动国民经济发展。拉美国家的服务业基本由旅游业、金融业和信息产业构成，但拉美国家的服务业并不是工业现代化发展到一定程度的产物，而是严重脱离工业部门的过度膨胀。拉美国家的服务业结构本就不够合理：生活性服务业较多，生产性服务业短缺，而大量农村人口涌向城市，进入低端的生活性服务业中就业，加剧了服务业扩张。服务业低效发展不仅导致城市人口的畸形聚集，城市化的畸形发展，又导致了传统第三产业的过度膨胀（赵雪梅，2010）。服务业的过度膨胀也导致大量宝贵资源被用于非生产领域，不利于经济质量的提高，特别是不利于工业化的发展。在科技发达的今天，金融业无疑是一国服务业的核心行业，拉美的金融业在发展中所进行的改革和开放措施明显具有的自由化特征，表面上促进了国内银行业的竞争能力，但却使外资进一步控制本国金融命脉，资产泡沫不断膨胀，投机盛行，加剧了金融体系的不稳定性，以致 20 世纪 90 年代以来，拉美金融危机不断。与金融部门过度繁荣形成鲜明对比的是生产部门特别是制造业的萧条。

综上所述，拉美国家尽管获得政治独立的时间较早，工业化进行得也较早，但最终仍然没有进入发达国家行列，后来发生的所谓“中等收入陷阱”不过是表象，依附陷阱才是本质，以产业发展主导权、自然资源支配权、对境内经济活动监管权、境外资产保护权等为主要内容的国家经济主权受西方国家影响很大，国内面临的收入分配结构严重失衡、城市与农村的严重对立、阶层分化与社会矛盾等问题迟迟无法解决，国有资产流失问题严重，现代化和工业化进程大大降低，这些问题都是经济结构扭曲的表现。因此，拉美国家的经济结构调整整体上是失败的，直到21世纪初，拉美国家的债务问题都没有解决（见表4－21），在危机和低迷中徘徊不前。拉美经济结构调整和产业升级失败的原因主要是两大方面。

表4－21　　21世纪初拉美主要国家外债余额占GDP比重　　单位：亿美元、%

国家	2000年		2002年		2004年		2006年		2009年	
	外债总额	占GDP比重	外债总额	占GDP比重	外债总额	占GDP比重	外债总额	占GDP比重	外债总额	占GDP比重
巴西	2415.50	37.47	2310.15	45.82	2197.86	33.11	1934.58	17.77	2769.32	17.60
墨西哥	1509.01	25.95	1644.53	25.34	1711.62	22.53	1624.97	17.06	1920.07	21.95
阿根廷	1409.14	49.58	1449.00	142.00	1623.79	106.04	1158.63	54.13	1201.83	39.13
智利	372.61	49.52	411.89	61.23	437.74	45.76	480.52	32.74	716.46	43.77
巴拉圭	30.89	43.69	29.98	59.42	36.07	51.91	34.22	36.90	43.23	30.37
巴拿马	65.67	56.52	79.17	64.51	89.87	63.38	103.92	59.76	124.18	50.25
秘鲁	286.23	53.71	282.21	49.71	315.50	42.25	284.99	30.87	295.93	22.71

资料来源：苏振兴主编：《拉美国家现代化进程及其启示》，知识产权出版社2012年版，第245页。

（二）拉美国家经济结构调整失败原因：金融与财政的视角

导致拉美国家经济结构调整失败、陷入中等收入陷阱的重要原因在财政金融体系方面。拉美国家自获得政治独立以来的一百多年时间内，始终未能建立符合本国国情、利于经济发展的独立的财政金融货币体系，甚至在一段时间内一些国家的金融体系走上了完全美元化的道路。

拉美国家金融货币体系的选择历程主要可以概括为以下几个历史阶段。第一阶段：获得政治独立到第二次世界大战。此阶段，拉美国家采取过金本位制、金汇兑本位制，中间有反复甚至有国家直接流通美元。可以看到，此阶段，拉美国家尽管获得政治独立，但独立后的拉美绝大多数国家所建立的货币金融体系基本不稳定甚至严重不稳定，要么发生国内货币贬值，要么出现滥发货币，要么是各种金币和银币自由流通，货币和汇率在不断变化着。当然，拉美不稳定的货币金融体系与当时的欧美发达国家有着直接的关系，一方面，由于欧美在国际金融体系中的主导地位，使得拉美国家模仿甚至被迫采取与西方国家相同的金融体制。例如，西方主要经济大国采取金本位制时，拉美国家为了维护货币稳定也要将本国的银本位制向金本位制发展，而黄金与白银的价格显然是受西方所控制，因而拉美国家无论是采取银本位制还是金本位制都无法有效维护本国货币币值稳定；另一方面，拉美与西方国家在出口、资本流出方面的密切关系也给本国货币金融体系的选择和建设方面带来诸多困难。西方发达国家是当时资源丰富的拉美国家的出口对象，一旦采取金本位制或美元制就意味着贸易损失部分是无法通过货币贬值得到补偿的，当外部贸易条件恶化时，不完善的金融体系无法将资源从经济的出口部门转向非出口部门。更严重的是西方资本的大规模流入和流出更容易导致本国金融体系不稳。有的西方国家（如美国）通过在拉美国家设立大量的银行，增加直接投资，加大跨国公司渗入力度，逐渐控制拉美国家的经济金融主权。第二阶段：第二次世界大战后到 20 世纪 70 年代，此阶段，拉美国家货币金融体系的选择伴随着国家经济发展战略即出口导向与进口替代政策的交替变化，这一时期也是美国主导的布雷顿森林体系运行和瓦解的特殊时期。总体来看，在第二次世界大战后到 20 世纪 70 年代期间，大部分拉美国家的汇率和货币金融体系较为稳定。但由于到了 70 年代，拉美国家经济发展出现困难，大部分国家开始实行贸易自由化和金融自由化政策，同时开始大规模举借外债，在这一时期，拉美国家的金融货币体系出现紊乱，对外部冲击应对能力较弱，后来的外资大量外逃对国内经济更是雪上加霜。第三个阶段：20 世纪 80 年代以来，此阶段，拉美国家先后出现了“美元化”与“去美元化”这两种截然相反的货币金融体系选择方向。首先是 80 年代发生债务和货币危机后，拉美国家经济出现严重衰退，资本外流和通货膨胀十分严重，为解决国内严重的经济社会危机，拉美国家逐渐采取盯住美元的汇率政策以稳定经济。但“美元化”本质是经济被殖民的表现，并不能从根本上解决问题，相反，经济危机还是不断发生，国内经济脆弱性不断加深。到了 90 年代特别是 21 世纪初以来，拉美国家开始“去美元化”以更好地保障和维护本国经济金融主权，一些拉美国家甚至成立“南方银行”以减少美元霸权的影响，金砖国家成员国之一的巴西与中国、印度、南非也成立了影响力较大的金砖银行。

在财政税收体制方面，拉美国家的税制复杂烦琐、税收效率低下、税收水平偏低、税收结构不够合理、税收的收入调节功能非常有限，政府赤字时常发生。到了 20 世纪 80 年代进行税制改革，其目标之一就是为了增加政府财政收入，改革确实简化了税种，提高了征税效率，扩大了税基，但改革后的财税体制在增进效率和公平方面，效果依然不佳。改革后的财税体制依然以间接税为主，甚至直接税比重出现了下降，而针对资本利得和资产持有的征税却始终没有进行，因而未能有效解决收入分配严重失衡问题，也没有有效节制和引导资本以促进工业化进程完整地进行下去。因而，在经济转型和调整的关键时期，拉美国家发生了“去工业化”的历史悲剧，即大量宝贵资本从工业领域流失致使工业化进程停滞，这是财税体制未能起到有效节制资本的必然结果。

从上述简要回顾拉美国家财政金融货币体系建设历程可以看出，拉美国家在财政金融货币体系方面的建设是欠缺的，始终是被动应付而无法做到自主和自觉，诸如资本自由流入和流出、贫富悬殊、依赖外资、经济金融化、经济金融主权丢失等问题基本都是孱弱的财政金融货币体系下的必然结果，这实际上也从一定程度上反映西方发达国家在国际金融领域超强的影响力。时至今日，没有哪个发展中国家可以不受西方发达国家主导的国际金融体系影响。

拉美没有稳定有效的财政金融货币体系，无法源源不断地为本国的工业、国防和贸易提供大量信用，无法对逐利性与运动性极强的国际金融资本进行有效引导和约束，等于在国际金融领域受制于人，丧失经济金融主权，甚至一度完全依赖国际金融资本（包括投机性极强的短期资本）来推动国民经济发展，在这样的条件下进行工业化和经济建设，其效果可想而知。

因而，拉美国家未能扎实完成工业化进程，顺利完成经济结构调整和产业升级，国家表面上陷入的是“中等收入陷阱”，其实质是依附陷阱。

二、东亚国家——日本的崛起之路

在东亚地区，日本是一个成功实现工业化而由不发达国家进入发达国家行列的典型案例。

（一）日本成功崛起的原因：金融与财政的视角

国土面积不过33.78万平方千米的群岛国家日本不仅在第二次世界大战后很快从废墟中站立起来，甚至在短短二十多年时间中创造了经济发展的奇迹。实际上，日本在第二次世界大战之前，其经济表现就不俗。

数据显示，日本现价GDP在1885～1944年间从8.06亿日元上升到745亿日元，上升了91倍，在1946～1993年间，现价GDP从4740亿日元上升到4660000

亿日元，上升约983倍；日本农林渔业占比在1885～1940年间从41%降至20%，而制造业、矿业和建筑业占比从10%上升至40%，第二次世界大战后，农林渔业占比从1945年的33%下降到1970年的6%，到1989年又下降到2%，制造业、矿业和建筑业占比从1945年的29%上升到1970年的46%，在1989年下降到41%，商业和其他占比大幅上升到56%；日本工业产量指数在1874～1993年间从19上升到12596（1913年为基期），上升了662倍（方明，2012）。日本之所以能够在第二次世界大战前后创造经济发展奇迹，在极短的时间内迅速完成工业化进程，进入发达国家行列，与其在财政金融货币领域这一经济顶层扎实有效的制度建设密不可分。

第一，从19世纪60年代明治维新伊始，走上资本主义道路、全盘“西化”的日本就将金本位确立为货币本位，跟上了当时引领世界潮流的西方大国的步伐，一举解决了金融问题的要害。不仅确立金本位制，日本还将传统落后的钱庄票号重新组建为欧美式的现代银行，最终本国的中央银行——日本银行成立。日本银行的成立使得日本政府掌握了法定发钞权力，统一了全国货币，西方势力染指日本货币发行的图谋破产。更重要的是，日本银行的成立等于当时先进的日本人已经摸索出信用货币创造机制，这为本国工业化提供了各种形式的大量融资，极大地推动了工业化的进程。在日本银行的带动下，日本国内的金融机构和金融网络遍及全国各地，工商业获取的信贷规模不断增加。日本银行和遍布全国的发达的金融网络使得依靠大量外资和外债发展本国经济成为一种不必要，这极大地提高了国民经济的独立性和自主性。不仅如此，实力雄厚的外国银行在日本由于面临日本本土银行的强悍竞争，加之缺少买办势力的配合而不断遭到挤压，生存空间被压缩到最低限度。在日本建立独立自主的金融货币体系后，直到20世纪80年代末日本金融改革之前的一百多年时间中，日本国内的金融体系始终秉承金融为实体经济服务的原则。经过短短三十几年的发展，曾经的东亚小国就打败了躯体庞大、同样在热火朝天学习西方搞工业化建设的大清帝国，战争的胜利不仅仅是军事方面的胜利，更是日本在金融领域的胜利，而战后获得的巨量赔款则彻底帮助日本建立了金本位。因而，日本的成功始于金融货币领域的一场成功变革，日本牢牢控制本国金融货币主权是成功推行工业化和现代化建设的重要前提，没有稳定的金融货币体系，就没有后来的国家富强和对外战争的不断胜利，而对外侵略战争获取的大量资源则进一步巩固了本国的国民经济基础，使得市场狭小、资源短缺的一个岛国迅速搭上了现代化的列车。

第二，在建立全国范围内的金融体系和统一全国货币的基础上，日本便开始统一全国财政税收，财政政策在全国经济建设和社会管理中很快发挥着巨大作用。在早期工业化的明治维新期间，日本进行了地税改革，明确用货币税代替实物税（这是在统一全国货币的金融改革基础上进行的），进而建立全国统一的货币地税制，确保了政府的充足税源，推动了原始资本积累的进行，“地税占国家税收80%以上，这是日本工业创立初期资本积累的最重要的源泉”[①]。日本财政制度中最具本国特色的是被称为“第二预算”的财政投融资制度。所谓财政投融资是指政府通过邮政储蓄、简易人寿保险和邮政养老金等公共保险事业、政府担保借款或发行政府担保债券等有偿手段筹集民间资金，按照政府特定的政策目标进行有偿使用的制度，财政投融资制度对社会资本额企业长期资本的形成、产业结构调整起到了重要作用（陈共、宋兴义，2007）。日本政府还对企业尤其是开拓海外市场的企业采取各式各样的财政补贴措施，同时在社会保障、再就业等方面始终维持较高的财政投入，而一些企业与员工之间签订的终身雇佣制则进一步提高企业竞争力。此外，日本长期实行低税负政策也从一定程度上促进了国民经济的发展（见表4－22）。

表4－22　　日本税负及其国际比较　　单位：%

年份	日本			美国	英国	德国	法国	意大利
	中央税	地方税	合计					
1934～1936	8.5	4.4	12.9	18.4	22.6	22.1	—	—
1950	16.9	6.5	22.4	25.4	37.4	26.0	26.0	—
1955	12.8	5.3	18.1	26.4	33.0	30.0	25.0	22.5
1960	13.6	5.6	19.2	27.7	30.3	28.5	28.5	23.0
1965	12.3	6.1	18.2	26.6	32.0	29.4	29.6	23.7
1970	12.8	6.1	18.9	28.8	41.4	28.9	28.6	24.3
1975	11.8	6.6	18.4	27.4	37.5	30.0	28.9	19.8
1980	14.6	8.2	22.8	28.0	40.8	31.6	32.1	25.4
1985	15.1	9.0	24.1	—	—	—	—	—
1990	18.3	9.8	28.1	—	—	—	—	—
1995	15	9.0	24.0	—	—	—	—	—

资料来源：财政部《财政制度国际比较》课题组编著：《日本财政制度》，中国财政经济出版社1998年版，第69页。

① 孙建国、村上直树、陈文举：《中日工业化进程比较》，社会科学文献出版社2013年版，第103页。

第三，尽管日本从明治维新时期探索现代化和工业化道路时，国内原有的旧的社会制度改革不够彻底，如军阀、财阀、官僚阶级、皇权之间关系错综复杂，君主立宪制不够稳定，国内政治斗争不断上演，甚至最后发生了走上法西斯道路、挑起亚洲地区第二次世界大战的悲剧，最后以战败收场。但日本毕竟一开始就在国内经济顶层——财政金融货币领域进行了有效的制度建设，掌握了国家经济主权，避免了国家和民族被殖民的命运。第二次世界大战后，日本国内则被美军占领军进行了较为彻底的改革，如“土地改革”运动。“土地改革”运动使得大量佃农获得土地，摧毁了在日本存在数千年的地主阶层垄断多数土地的制度，极大地促进了农业的发展，间接支持了日本轻工业的恢复。当时在美国占领军的督促下甚至制定确保劳动者权利的基本法，后来在20世纪60年代日本政府提出“国民收入倍增计划”则更进一步推动了经济的发展。加上当时冷战（包括朝鲜战争）的背景，美国并没有全部彻底摧毁日本原有的工业体系和银行体系，反而对日本采取精心扶持的政策。

（二）日本经济结构变迁

日本在第二次世界大战后的发展模式带有浓厚的计划经济特点，保护和积极干预国内市场（对高科技和金融产业的保护尤甚）、开拓海外市场、管制汇率，日本政府对战略性行业支持力度也极大，日本企业的税负水平较低，资本利得侵蚀实体经济利润的行为被有效管理，经济增长率较高（见表4－23），而政府、企业和银行之间密切合作，共同推动国家经济发展。表4－23显示1953～1973年主要资本主义国家实际GNP年均增长率，可以看出日本在这期间的经济增长势头远好于美国等西方国家；表4－24显示日本劳动生产率在1955～1994年的情况，可以看出在20世纪70年代之前，日本各产业的劳动生产率提高迅速，进入70年代后尤其是90年代以来，劳动生产率提高迅速明显放缓。

表4－23　　主要资本主义国家1953～1973年实际GNP年均增长率　　单位：%

国别	1953～1973年平均增长率
日本	9.8
美国	3.5
英国	3.0
西德	5.9
法国	5.2

资料来源：廖群等：《日本财政金融政策研究》，江西人民出版社1989年版，第3页。

表4-24　　日本劳动生产率的增长　　单位：%

年份	全部经济	第一产业	第二产业	第三产业
1955~1960	6.2	5.6	5.9	4.9
1960~1965	6.8	4.6	7.1	4.4
1965~1970	9.7	1.2	11.1	7.9
1970~1975	4.3	6.4	3.2	3.4
1975~1980	4.5	4.0	5.5	4.0
1980~1985	2.2	3.8	2.3	1.3
1985~1990	4.1	4.3	4.1	3.3
1990~1994	0.3	1.1	-0.5	0.6

资料来源：张帆：《产业漂移：世界制造业和中心市场的地理大迁移》，北京大学出版社2014年版，第177页。

随着经济的发展和工业化进程的不断深入进行，日本的经济结构也在迅速发展变化，产业结构不断高级化，制造业竞争力不断提高，工业化水平不断提高。

首先，日本的三大产业之间的结构开始变化，第二产业和第三产业比重不断提高（表4-25），最重要的是，日本制造业尤其是重化工业部门发展迅速，重化工业在1955年占经济总量的比重为51%，1965年达到64%，1975年高达75%，在发达国家比重最高。重化部门不断推动产业结构高级化，成为将日本推向国际产业链高端、垄断国际市场和大量资源能源的关键部门（表4-26~表4-29）。如表4-25所示，第二次世界大战后，短短二十年时间，日本第一产业比重就由48.5%降低到了19.3%，第二产业比重由21.8%提高到34.0%，第三产业比重由29.6%提高到46.6%。表4-26~表4-29展示了日本制造业和出口部门各行业情况，制造业尽管到2000年之后出现一定程度滑坡，但竞争力依然较为强大，出口产品基本都是技术含量较高的产品，这一切都得益于日本当年扎实的工业化建设。

表4-25　　1950年和1970年日本产业结构　　单位：%

年份	第一产业	第二产业	第三产业
1950	48.5	21.8	29.6
1970	19.3	34.0	46.6

资料来源：张帆：《产业漂移：世界制造业和中心市场的地理大迁移》，北京大学出版社2014年版，第178页。

表 4－26　　制造业内各行业每 5 年国内生产总值年平均增长率　　单位：%

行业	1955～1960 年	1960～1965 年	1965～1970 年	1970～1975 年	1975～1980 年	1980～1985 年	1985～1990 年	1990～1995 年	1995～2000 年	2000～2005 年	2005～2009 年
制造业平均	12.0	13.8	14.9	4.4	5.8	4.4	4.5	0.1	0.8	2.3	－2.5
食品	3.8	8.6	9.3	6.6	2.9	2.1	－1.0	1.8	－0.1	－0.7	－1.8
纤维	8.8	10.0	9.1	4.2	－0.2	5.5	3.9	－0.7	－7.1	－4.5	－4.9
纸业	29.1	16.1	14.1	4.7	3.7	4.4	5.9	－2.0	－0.1	－0.6	－7.2
化学	19.7	19.9	23.3	8.7	10.2	18.3	8.2	2.2	1.4	0.8	－2.4
石油・煤炭制品	25.2	20.4	14.2	5.9	－2.9	1.9	－3.7	1.8	－1.6	－5.2	－0.6
窑业・土石制品	18.4	16.5	15.8	2.7	0.6	3.4	3.3	0.0	－1.8	－1.3	－7.7
黑色金属	11.5	12.8	22.9	5.7	8.0	－1.7	3.0	－1.4	－0.2	－0.3	－13.4
金属制品	20.1	23.5	18.4	－0.7	5.4	7.4	5.6	0.3	－1.1	－4.5	－6.0
一般机械	28.9	15.7	22.3	2.1	13.2	6.2	7.5	－3.1	0.6	3.2	－6.8
电气机械	34.3	21.4	29.9	11.2	21.7	18.6	22.6	6.8	8.9	10.2	3.2
运送用机械	25.3	21.5	19.6	6.2	6.8	5.4	4.6	0.8	1.0	5.9	－3.6
精密机械	18.8	20.3	16.8	7.8	19.7	9.0	3.9	－4.2	0.9	0.2	－1.3
其他制造业	13.1	12.3	11.5	1.8	4.7	3.3	3.6	－3.0	－2.8	－1.3	－5.1

资料来源：孙建国、村上直树、陈文举：《中日工业化进程比较》，社会科学文献出版社 2013 年版，第 147～148 页。

表 4－27　　日本制造业部门结构　　单位：%

行业	1950 年	1960 年	1970 年	1980 年	1985 年
食品	12.3	12.3	10.6	10.8	11.1
纺织	19.7	11.2	6.5	3.8	3.1
服装	1.7	1.1	1.4	1.4	1.4
木材制品	3.7	3.5	3.2	2.4	1.5
家具	0.7	0.9	1.5	1.3	1.1
造纸	4.2	4.0	3.3	3.1	2.8
印刷	2.8	2.6	3.0	3.3	3.5
化工	13.2	9.6	8.1	8.2	7.7
石油和煤炭	1.3	2.4	2.7	6.5	6.6

续表

行业	1950年	1960年	1970年	1980年	1985年
橡胶制品	2.1	1.5	1.1	1.1	1.1
革制品	0.6	0.5	0.5	0.5	0.4
瓷器	3.7	3.4	3.6	3.9	3.4
钢铁	10.3	10.8	9.1	8.2	6.4
有色金属	4.4	4.2	4.2	3.5	2.5
黑色金属	2.7	4.0	5.4	5.0	4.9
通用机械	5.5	7.7	9.6	8.4	9.1
电气机械	3.3	8.3	10.4	10.7	15.7
交通设备	5.7	8.5	10.8	12.0	13.4
精密仪器	0.8	1.1	1.3	1.6	1.6
其他	1.3	2.4	3.6	4.1	2.5

资料来源：张帆：《产业漂移：世界制造业和中心市场的地理大迁移》，北京大学出版社2014年版，第178～179页。

表4－28　　高速增长时期日本出口产品结构的变化　　单位：%

年份	食品	纤维制品	化学制品	非金属矿物制品	金属及制品	机械	其他
1950	6.0	48.3	2.0	3.7	18.1	10.1	12.1
1955	6.3	37.3	5.1	4.6	19.3	12.4	15.1
1960	6.3	30.2	4.5	4.2	14.0	22.9	9.6
1965	4.1	18.7	6.5	3.1	20.3	35.2	12.1
1970	3.3	12.5	6.4	1.9	19.7	46.3	9.9

资料来源：陈共、宋兴义：《日本财政政策》，中国财政经济出版社2007年版，第115页。

表4－29　　日本出口商品构成　　单位：%

年份	食品	原燃料	轻工业品	重化工业品	其他
1960	6.3	2.2	47.0	44.0	0.4
1965	4.1	1.5	31.9	62.0	0.6
1970	3.4	1.0	22.4	72.4	0.8

续表

年份	食品	原燃料	轻工业品	重化工业品	其他
1975	1.4	1.1	12.7	83.2	1.3
1980	1.2	1.0	12.2	84.4	1.2
1985	0.7	0.7	10.8	86.8	1.0
1990	0.6	0.8	9.7	87.3	1.6
1994	0.5	1.0	8.4	88.1	2.0

资料来源：财政部《财政制度国际比较》课题组编著：《日本财政制度》，中国财政经济出版社1988年版，第7页。

日本制造业中最值得一提的产业是电子产业，通过实施严格的市场保护、培育大而全的电子财团和推动民族产业间的技术开发与合作，日本的电子产业拥有完整的电子产业群和产业链，产业升级迅速，在20世纪70年代中期后风靡整个世界，大有取代美国电子产业的势头。

其次，日本的工业化带动城市化快速发展，传统产业、高科技产业和第三产业随着城市化和城市圈的扩张而错落有致地被政府合理布局，这种合理的产业布局利于工业活动的展开和辐射。日本东京在20世纪六七十年代经济高速发展时期提出“工业分散”战略，制定防止城市过度集中和地区差距过大的计划和政策，将一般制造业外迁，解决了大都市的过度膨胀和外围地区工业的发展问题，统筹了地区发展平衡问题。在“工业分散”战略实施后，中心城区开始强化高端服务功能，重点布局高附加值、精密制造产业，这种城市化和产业布局战略模式后来逐渐推行到其他大城市。不仅如此，日本政府还积极推动一些城市圈内大学、研究所、企业之间的科研合作，建立产学研合作机制，实现大学科研成果产业化，提高地区产业的科研创新水平。可以看出，日本在工业化和经济发展迅速的时期，并没有向欧美和其他发展中国家那样，简单地“去工业化”或放任城市化过度发展，而是根据本国国情，重新合理地对产业和人口进行布局，让城市核心地区与边缘地区发挥不同的产业功能，牢牢维护制造业在国民经济中的主体地位，促进了整个都市圈区域工业化水平的提高，促进经济发展和社会稳定。

最后，日本在农村地区较为成功地实现了工业化和现代化，推动了国民经济的均衡发展。日本直到20世纪30年代城市工业创造的产值在工业总产值中仍占主导地位，工业集中在城市周围，农村工业尽管占有相当比例，但由于土地的私有性质致使农村工业化进程不够理想。第二次世界大战后，美军占领军推动的农村土地改革奠定了日本农村工业化和农业现代化的基础。日本政府通过对农村地区实行财政倾斜政策，帮助完善农村地区的基础设施，为农村地区工业企业提供税收、金融优惠等政策，吸引城市工业进入农村，建立职业培训机构等方法，大大推动了农村工业化的进行，缩小了城乡之间的差别，最终在广大农村地区较为成功地实现了工业化和现代化。

日本在第二次世界大战后迅速崛起，工业化在短短二十多年间基本完成，国家进入了国际体系的比较优越位置，在高科技、贸易等方面基本达到了世界一流的水平，国内区域发展也较为均衡，但这种发展势头却威胁到了美国的霸权地位，而日本对美国的依赖程度却是巨大的（主要表现在国家安全、美元、市场三个方面的依赖上）。为了维护全球霸主地位，从20世纪70年代开始，美国在维护日本作为冷战盟友的表面旗帜下开始处心积虑打压日本，试图彻底解决这个潜在的强劲对手。首先是向日本输入新自由主义思想，从思想上瓦解日本的一以贯之的产业保护政策和良好的企业制度、金融体系。其次是逼迫日元升值和日本金融开放，日元升值和金融自由化导致日本出口和实体产业遭到重创，金融资本主义和食利资本主义开始疯狂发展，金融为实体经济发展的理念被彻底抛弃，取而代之的是资产价格暴涨，经济泡沫越积越多，甚至开始出现产业空心化现象。再其次是对日本发动产业战争，使用“反倾销”等手段摧毁日本的电子产业这一高科技行业。最后是对日本发动金融战争，使用“金融病毒”——股票指数期货这一金融衍生品击垮日本股票市场，股票市场的崩溃迅速波及银行业、保险业、房地产业，日本从此陷入长达十几年的衰退，天量国民财富被卷走①。日本目前还面临人口老龄化、市场狭小、债务沉重等众多问题。仅就严重的债务问题而言，日本内阁府发布的“中长期经济财政测算”报告宣称，如果日本再不进行财政重建，到2020年，日本的国家和地方债务总额将达到1238万亿日元。

20世纪90年代初，苏联解体，东欧剧变，冷战结束，日本在美国的战略棋盘中的重要性开始下降，加上新一轮的全球化国际分工开始，中国迅速成为世界工厂，发达国家大量企业、资本开始转移到中国大陆（甚至也包括一些日本企业），这一系列因素对已经陷入衰退状态的日本经济可谓雪上加霜。

当然，日本技术创新能力和制造业整体依然处于较高水平，对全球资源控制能力较强，海外投资规模巨大，加上日本国内一直都是“国穷民富”，政府在国内融资较为便利，应对能力较强。倘若日本政府能够锐意改革，重启新时期的

---

① 事实上，东亚的日本和韩国均没有独立的国防，很多时候无法作出独立自主的决策，因此，它们均顶不住美国金融自由化的压力。日本学者吉川元忠在《金融战败》中坦言：日本1990年前后，经济泡沫破灭，国家财富的损失程度相比第二次世界大战有过之而无不及！参见吉川元忠：《金融战败：发自经济大国受挫后的诤言》，中译本，中国青年出版社2000年版。

“明治维新”，重组财政，重回亚洲，解决好历史遗留问题，加强同中国、韩国等东亚国家之间的合作，走东亚经济一体化道路，则日本未来的发展潜力不容小觑。所以，目前断言日本一蹶不振还为时过早。

在亚洲地区，韩国、新加坡、中国台湾等也是在第二次世界大战后成功实现现代化的国家和地区，但它们的道路具有相当程度的特殊性，因为它们的崛起与冷战背景下美国的大力扶持不可分离，故本书没有将这些国家和地区的经济结构和财税体制变迁历史作为典型案例进行剖析。

第四节　本章小结

总结以上对西方国家、非西方国家经济结构变迁的历史，我们基本上可以得出以下几点结论。

第一，西方资本主义制度是金融货币体系的产物，在金融货币体系变革基础上所进行的财政变革是推动国家经济发展和工业化进程的基本前提，财政金融货币体系这一经济顶层设计的好坏直接决定国家未来的发展成败，这一点为后起的发展中国家的发展历史所验证。建立独立的金融货币体系，统一货币，为工业化和经济发展提供充足的资金和信用；统一财政，节制和引导资本，维持内外资之间合理比例，推动产业升级和技术进步，提高工业化深度和广度，调整人口和产业布局，对资本利得和资产持有征税，缩小收入分配差距，这些都是发挥财税体制促进经济结构合理化的基本途径和重要经验。

第二，西方资本主义国家在经济结构的所有制方面出现混合经济这一经济形态具有一定的必然性，它说明无论是资本主义制度还是社会主义制度都在相互吸收对方优点，单纯的私有制或完全的公有制可能都并非是发展经济的最优选择。后起的发展中国家不应该完全片面地通过私有化途径发展国民经济，混合经济是一条可尝试的重要措施。但由于后起的发展中国家在全球化进程中面临西方发达国家主导的世界体系的压力，因此在混合经济建设中对涉及国计民生的重要产业必须要有国家控制甚至采取多种措施予以扶持，在发展混合经济中也应该注意掌握产业发展主导权以维护国家经济主权。

第三，西方资本主义生产方式尽管有效推动了生产力发展，西方国家一次次引领科技革命潮流，但正是生产力的迅速发展，生产方式的不断提高导致本国市场无法容纳资本的快速运行，致使资本主义经济危机不断，因此，不断开拓海外市场成为资本主义解决危机的根本途径。同时，资本主义生产方式具有消耗大量资源、节省劳动力的弊端，这也是西方国家大量资本转移至发展中国家的重要原因。因而，在西方国家数百年的发展历程中，通过所谓“内需主导”而走向强大的国家基本不存在。这也是西方资本主义国家建立之后，通过各种方法在全世界范围构建一系列制度框架体系安排以维护自身利益和既有的不公正的国际政治经济秩序的根本原因。特别值得一提的是，20 世纪 90 年代以来国际分工发生一种深刻变化：信息革命催生的模块化生产在几乎所有产业都导致了国际分工的关键变化：生产和服务功能在地理上的分散推动产业价值链新发展，催生了跨国公司全球产业价值链的快速扩张，发达国家采取外包和对外直接投资等形式将大量生产活动转移到包括中国这样的发展中国家，发展中国家被全面压制在报酬递减的低附加值经济活动中（贾根良，2010）。这再次说明，所谓的全球化下工业扩散效应并没有也不可能缩小发展中国家和发达国家之间的差距，这个差距甚至有不断拉大之趋势。

第四，通过剖析西方发达资本主义国家经济结构变迁史，我们可以知道：首先，在当代西方发达国家，由于第三产业的大力发展导致第二产业的比重持续下降并不意味着工业化重要性在下降，也不意味着制造业和工业可有可无。第三产业或者所谓的现代服务业基本是指金融业，正是金融垄断资本主义的性质决定了金融业处于西方发达国家现代服务业的核心位置甚至成为其代名词，但金融资本贪婪本性增大了经济体系危机倾向，极易导致国民经济结构扭曲甚至泡沫化①，这是西方金融资本需要向外围地区转嫁危机的重要原因，这也是金融垄断资本主义主导的世界体系不稳定的根源，发展中国家在没有足够强大的自我保护能力的前提下贸然加入这种国际金融体系中，所受到的负面影响极大。其次，同西方资本主义国家诞生之日起金融资本就处于国民经济主导地位相比，后起的发展中国家在金融货币主权方面的建设欠缺经验和能力，而其现代服务业必须要依赖于科学技术进步下的农业和工业创造的剩余且需要国家的有效监管。历史事实早已表明，凡是不顾本国国情和历史阶段盲目发展光鲜亮丽的服务业而背后没有强大制造业支撑的发展中国家，要么本国国民经济被西方庞大的金融巨无霸所吞噬，成为西方的附庸，要么经济社会投机盛行，贫富差距不断扩大，社会不稳，国家衰

---

① 有学者分析指出：金融化与工业化对立统一于近代资本主义的发展进程，金融化与工业化两条发展道路的斗争是理解当今资本主义发展趋势的关键。参见江涌：《道路之争：工业化还是金融化?》，中国人民大学出版社 2015 年版。本书的分析表明，金融化与工业化的对立斗争与矛盾不仅存在于西方资本主义国家，也是存在于需要实现工业化和现代化的广大发展中国家，如何确保国民经济不从工业化轨道中脱离是所有尚未实现完全工业化的发展中国家所面临的共同难题。

落。最后，金融资本主导并决定资本主义整体经济运行，金融全球化是一个伴随资本主义出现就已出现并一直持续进行的运动，美元霸权的建立是金融全球化运动的最高峰，资本主义主导的世界体系本质上是金融垄断资本主导的世界体系。在信息技术高度发达的当代，金融全球化的速度大大加快了，对各国的影响也更加深远，维护国家经济金融主权的难度也增加了。

第五，尽管西方发达国家的不少发展经验值得借鉴和学习（如德国），但总体上来讲，西方国家的现代化只是少数人的现代化。一方面，几百年过去了，被一些人称之为法制健全、制度完备的当代西方资本主义国家的财富高度集中问题不仅没有随着技术进步、信息发达而得到改善，反而更加恶化了。欧洲最上层的10%的人占据总财富的60%，美国最上层的10%的人则占据总财富的70%；而穷人的状况基本没有改善，和1910年一样，在2010年，穷人占有的财富不到总财富的5%；欧洲中产阶层占有的财富不到总财富的1/3，美国中产阶层占有的财富仅仅是总财富的约1/4（皮凯蒂，2014）。另一方面，西方的发展和发达是建立在控制国际金融、高科技、资源能源和垄断广阔的海外市场、国际规则制定权上，特别是其高消费、高福利、消耗大量不可更新的资源能源的发展方式无法为其他发展中国家所效仿和学习，高消费、高负债、产业外移的老路也无法持续。后起的发展中国家必须要在有限的资源能源约束下提高科技水平，提高劳动生产率，完成工业化，实现产业升级。

第六，我们从以制造业为主体的实体经济与虚拟经济之间结构关系、财富和收入分配结构、工业化水平（广度和深度）、所有制结构等方面观察一国经济结构状况，可以发现这四个方面是相互联系、相互影响的，统一于经济发展与工业化全过程中。经济结构扭曲说到底是资本、劳动力等资源错配的结果，调整和优化经济结构就是要重新配置资源，提高资源利用效率，而这就必须要依靠财税体制。无论是引导和推动资本进入实体经济尤其是制造业领域，提高工业化水平，还是节制资本缩小收入分配差距，建设符合本国国情的混合经济，财税体制都应发挥主导作用。相反，放任金融资本发展、依赖货币投放、无视经济金融化和金融创新所带来的种种弊端和风险，甚至以金融手段变相攫取财政收入等，其最终结果必然是经济结构扭曲，工业化进程受阻，国家走向衰落。

第五章

中国经济结构与财税体制的现状和问题

在第四章关于西方资本主义起源和发展的分析中，我们实际已经涉及近代中国落后这个问题了。按照前面的分析范式，导致中国近代衰落的重要原因是国家货币金融财政主权的旁落。

尽管中国是一个文明古国，长期处于世界领先的位置，也是世界上早期发行货币的国家之一，但中国的货币历史过程极为复杂，长期实行多种币制，而随着生产力和经济的迅速发展，中国始终确定不了属于自己的自主货币。到了明朝中后期，竟然依靠从美洲大量进口白银和银圆来解决经济发展与货币短缺这一难题。明朝之前的宋、金、元都曾尝试过使用纸币代替贵金属作为主要货币，但最终都由于统治者的贪婪，货币脱离商品属性，失去刚性约束，统治者采取滥发纸币弥补财政赤字的财富掠夺政策导致纸币体系崩溃。明朝采用白银这一金属货币制度时正值西方在美洲掠夺白银的殖民高峰期，大量白银涌入中国促进了商品经济发展，维持着整个国家财政体系的运转。但本身并不盛产白银的中国依靠从海外进口白银的做法无异于将货币金融主权交于他人，自身经济体没有造血功能，依托从外部输血维持运转，这也是国家财政能力孱弱的表现。明清两国依靠从海外进口白银的政策造成了种种经济、社会问题。后来的鸦片战争彻底摧毁了清政府的白银货币本位，随之而来的割地赔款、开放通商口岸则导致了中国贸易大幅逆差、财政收入锐减、社会矛盾激化，最终国家征税权和货币金融主权（尤其是货币发行权）彻底沦丧，本国工业化进程所需要的大量信用无法得到供应。清朝时期的洋务运动表面上是在学西方，但由于本国货币发行权旁落，工业化建设所需的庞大资金非但无法依靠国家信用支持，反而严重依赖外国贷款和外国“直接投资”，洋务运动在无形之中消解了国家财政。民国初期，北洋政府中央财政被分割，各地方势力在外国势力的纵容和扶持下，以武力获取地方财源，导致国家四分五裂。国民政府时期，始终未能建立真正的中央财政，甚至将国家的货币金融主权完全绑架在西方战车上，最终结果必然是丧权辱国，政权瓦解。因而，导致近代中国落后的重要原因在货币金融财政体系上，正是由于未能产生金融变革和财政变革，中国的工业化迟迟无法完成，国家无法自主和自立。

真正解决中国货币金融财政主权问题的是中国革命。早在革命战争年代，先进的中国共产党人就开始在革命根据地独立发行货币，建立财政税收制度，掌握了包括调控物价在内的一系列管理国民经济的方法，这些卓有成效的经济管理活动不仅为新中国成立后的经济建设工作积累了极为宝贵的经验，更为后来人民币这一国家主权货币的确立奠定了扎实基础。在人民币这一主权货币被确立后，国家财政税收体制也几乎同步被建立，中国的工业化进程便飞速开展起来，经过不到三十年的时间，中国便建立了独立完整的国民经济体系、工业体系和国防体系。因此，中国数百年的曲折与发展历程确实验证了“始于金融、成于财政”的道理。

第一节　中国经济发展与财税体制变迁史简要回顾

新中国成立后，中国共产党吸取历史上数百年间国家货币金融主权旁落的历史教训，在建立人民币这一国家主权货币时，明确人民币既不与金银挂钩，也不与任何国家货币挂钩的原则。当时的中国共产党已经拥有了二十多年领导革命根据地财政金融工作的丰富经验。面对千疮百孔、一穷二白、通货膨胀严重的国民经济，从组建财经管理机构——中央人民政府政务院财政经济委员会开始，新成立的中央政府以财税为工具，领导全国人民开始了恢复国民经济的系列工作：统一全国财经政策、编制国家财政预算、制定税收法规、建立新税制、打击投机资本稳定金融市场秩序。这些举措，对于保障国家财政收入、支援革命战争、稳定物价、积累建设资金等起到了极为重要的作用。到 1952 年底，全国工农业生产都达到了历史最高水平……1950 ~ 1952 年间，国家财政收入成倍地增加……国家财政状况的好转，巩固了国家的财政基础，增强了国家宏观调控的能力，标志着新中国进入了主要为国家经济和社会发展事业服务的新时期，并向着新的目标迈进（谢旭人等，2009）。正是由于在极短时间内实现了预算收支平衡、物资供应平衡和货币出纳平衡，所以人民币币值才获得稳定，国家财政也由此不断得到巩固和走向强大，独立的财政金融主权才得以建立，经济、政治和军事独立也才得以真正实现，工业化进程才得以迅速推进。

通常将新中国过去六十多年的发展史分为改革开放前后两个时期。改革开放前，在计划经济时代，我国的财政基本实行“统收统支”，全体国民节衣缩食，为国家财政集中了大量财力物力，极大地推动了工业化进程。可以说，中国在前三十年中的国力的提升是巨大的，在整个人类发展史上都是没有先例的，改革开放所取得的伟大成就是基于前三十年累积的能量的总爆发。

第一，新中国的前三十年建立了独立完整的工业与科技体系，建立了独立的国防体系，维护了国家独立，捍卫了国家主权，巩固了社会主义政治制度。依靠自己的努力，加上苏联和东欧社会主义国家的帮助，中国在 20 世纪 50 年代陆续展开了 156 项重点工程，涵盖了能源、冶金、机械、化学和国防工业等领域。不仅如此，工业化布局也在更广范围内展开，中西部地区新兴工业基地也在形成，工业化进程的加快推动了经济发展，缩小了中国与世界的整体差距。

第二，新中国的前三十年建立了一大批国有企业，建立了社会主义公有制经济，维护了人民经济主权，巩固了社会主义基本经济制度。第一个“五年计划”期间，中国就已经顺利完成了对农业、手工业和资本主义工商业的社会主义改造。到 1957 年，社会主义的或属于社会主义的工业产值占到 99.1%，以国营性质为主导的社会主义工业化基础确立了（孙建国、村上直树、陈文举，2013）。

第三，新中国的前三十年创造了这样的发展奇迹：中国是第二次世界大战后唯一一个基本依靠本国力量且在被西方严厉封锁的国际环境中通过计划经济手段初步实现工业化并获得胜利的发展中国家，这为后三十年实行独立自主的改革开放事业奠定了扎实基础①。当前不少学者用西方主流经济学的国民收入核算体系衡量中国计划经济时期的经济发展绩效，这实际上是不够准确的。因为在计划经济年代，中国并没有发生大规模的商品化和货币化进程，经济建设取得的相当实物成果没有用货币价值衡量，倘若将这些实物成果转化为货币价值，则计划经济年代的经济增长速度将远超我们的想象。即便按照西方主流经济学的核算方法，中国在 20 世纪 50 年代初到 70 年代末这一段时间内的经济绩效也是较高的，超

① 中国经济改革能做出独立的决定，是因为中国有独立的科学技术和独立的国防。相比之下，日本屈从美国的安全压力，就没有独立的金融政策。苏联自废武功，才不得不听从国际货币基金组织苛刻的贷款条件。参见陈平：《中国道路的本质和中国未来的选择》，载《经济社会体制比较》2012 年第 3 期。

过了同期的欧美大国以及日本、印度等国（表5－1～表5－2）。

表5－1　　改革开放前我国各主要时期经济发展状况　　单位：%

时期	社会总产值年均增长率	工农业总产值年均增长率	国内生产总值年均增长率	国民收入年均增长率
“一五”时期	11.3	10.9	9.1	8.9
“二五”时期	-0.4	0.6	-2.2	-3.1
1963～1965年	15.5	15.7	14.9	14.7
“三五”时期	9.3	9.6	6.9	8.3
“四五”时期	7.3	7.8	5.5	5.5
1976～1978年	8.1	8.0	5.8	5.6

资料来源：国家统计局经济平衡统计司：《国民收入统计资料汇编（1949～1985）》，中国统计出版社1987年版，第2、45～46页。

表5－2　　1950～1977年中国与世界主要国家工业增长速度比较　　单位：%

项目	中国	日本	印度	法国	美国	英国
工业年平均增长率	15.5	12.4	6.0	5.2	4.5	[illegible]

资料来源：马洪、孙尚清主编：《中国经济问题研究》（上册），人民出版社1981年版，第24～25页。

因此，尽管历经不少曲折，但中国在计划经济年代仍然取得了巨大的发展成就，正是这些巨大成就使得“作为后进大国的中国从此具有了最根本的自我保护能力，从而为未来加入国际资本主义体系，在全球现代化的进程中实现自身的现代化赢得了出场资格”①。

改革开放后，以经济建设为中心的方针极大地促进了经济发展和社会进步，提高了人民生活水平，再次推动了中国的工业化进程。特别是20世纪90年代明确提出建立社会主义市场经济体制的改革目标后，我国的经济增长进一步提速。在改革开放的32年间（1978～2000年），中国的真实GDP增长了将近20倍，而东欧、俄罗斯增长不到1倍，西方发达国家的增长率低于世界平均水平（陈平，2012）（见表5－3）。

① 鲁品越：《国际体系与中国现代化道路的两个阶段——立足唯物史观对“中国奇迹”的解读》，载《马克思主义研究》2014年第10期。

表 5-3　　1978~2010 年世界主要地区真实 GDP 增长

国家/地区	真实 GDP 增长倍数	平均年增长率（%）
中国	20.6	9.9
东亚	3.6	4.1
世界	2.4	2.8
北美	2.3	2.6
西欧	1.8	1.9
拉美	2.4	2.8
东欧	1.7	1.6
俄罗斯（苏联）	1.3	0.9

资料来源：陈平：《中国道路的本质和中国未来的选择》，载《经济社会体制比较》2012 年第 3 期。

第一，中国的改革始于农村，农村的改革不仅提高了农业生产力，为整个国家经济增长提供充足的农业资源，而且解放了大量的劳动力，为后来实施出口导向的国际大循环发展战略提供了充足的人力资源。在较为成功的农村改革基础上，以增强企业活力作为经济体制改革中心的城市改革很快展开，私有企业、外资企业逐渐进入中国市场，以公有制为主体的多种所有制经济逐渐建立起来，极大地激活了经济发展的活力，增强了发展的动力。农村和城市改革的基本成功为国民经济持续健康发展提供了强有力的支撑。

第二，中国经济总量在快速增加的同时，中国的经济结构也在迅速发生变化。首先是所有制领域形成了以公有制为主体、多种所有制经济共同发展的格局；其次是产业结构之间的比例不断发生变化，第三产业吸纳就业和创造的产值不断增加，城市化水平日益提高，尤其是现代服务业已占国民经济半壁江山；再次是国民经济货币化与市场化程度不断加深，市场规模不断扩大；最后是工业化水平不断提高，一些重要的工业产品产量达到了世界前列（见表 5-4）。

表 5-4　　1949~2008 年我国工业主要产品产量居世界排名的变化

项目	1949 年	1957 年	1965 年	1978 年	1980 年	1985 年	1990 年	2000 年	2005 年	2006 年	2007 年	2008 年
煤	26	9	8	5	5	4	4	1	1	1	1	1
钢	9	5	5	3	3	2	1	1	1	1	1	1
原油	27	23	12	8	6	6	5	5	5	6	5	—

续表

项目	1949 年	1957 年	1965 年	1978 年	1980 年	1985 年	1990 年	2000 年	2005 年	2006 年	2007 年	2008 年
发电量	25	13	9	7	6	5	4	2	2	2	2	—
水泥	—	8	8	4	4	1	1	1	1	1	1	—
化肥	—	33	8	3	3	3	3	1	1	—	—	—
棉布	—	—	3	1	1	1	1	2	1	1	1	—

资料来源：刘仲藜主编：《新中国经济 60 年》（上册），中国财政经济出版社 2009 年版，第 20 页。

总的来讲，新中国六十多年的建设和发展历程基本都是围绕工业化和现代化而展开的。前三十年解决了有和无的问题，建立了工业基础，实现了初步工业化，后三十年解决了大而全的问题，越来越多的人口被带入到工业化的循环中，建立了完整的产业链，进一步优化了经济结构。在几十年的经济增长和社会发展过程中，作为撬动国民经济杠杆的财税体制发挥了极为重要的作用。

改革开放后，财税体制改革成为经济体制改革的重要突破口，以“放权让利”，改变资源高度集中控制的配置方式为目标的改革成为改革开放初期财税体制改革的主要特征，之后我国政府又具体着手建立“分灶吃饭”“分级包干”的财政管理体制，这些措施极大地调动了地方政府发展生产的积极性，推动了经济体制的改革，促进了社会生产力的提高。与此同时，我国政府还针对税制过于简单、多种经济成分不断发展、分配格局发生明显变化等事实，构建了新的税收体系：设立独立的产品税、增值税和营业税、征收国有企业所得税、完善集体企业所得税制度、开征城乡个体工商户所得税、开征私营企业所得税、建立涉外所得税制和涉外流转税、建立和完善关税制度、签署多个国际税收协定。这些建章立制的措施，使我国初步形成了一套多税种、多环节、多层次的复合税收体系，逐步建立了以税收为主体的国家财政收入筹集模式，推动了新时期的社会主义改革开放事业。

20 世纪 90 年代初，我国确立了建设社会主义市场经济体制的目标，财政制度也进入了一个新的历史时期，具有公共财政特征的财政运行模式逐步建立并发展起来。围绕构建公共财政体系，我国先后进行了分税制财税体制、税收制度、预算管理制度等改革，最值得一提的是 1994 年的分税制财税体制改革①。此次税

① 1994 年建立的分税制财税体制将我国的所有税种按照归属分为中央税、地方税、中央和地方共享税。如，关税、消费税、车辆购置税等属于中央税；城镇土地使用税、契税、耕地占用税等属于地方税；增值税、所得税、证券交易印花税等属于中央和地方共享税。

制改革是新中国成立以来规模最大、范围最广、成效最显著、影响最深远的改革。这次改革的基本内容是：划分中央与地方财政支出与收入；制定中央财政对地方财政的税收返还制度；改革国有企业利润分配制度；同步进行税收征管体制改革；改进预算编制办法，硬化预算约束；建立新的国库体系和税收返还制度；建立并规范国债市场等。此次分税制改革取得了显著成效：中央财政收入占全国财政收入比重大幅提高、财政政策实施能力明显提高；调动了地方政府培养和开辟税源、增加收入的积极性，间接促进了经济增长；调动了地方政府加强税收征管的积极性；促进企业成为独立的市场主体、促进各种所有制经济共同发展、促进要素和商品自由流通、促进企业公平竞争。分税制改革后，我国财政收入连年连续高速增长，甚至多年超过GDP增速（冯静，2013）（见表5-5）。党的十八大尤其是党的十八届三中全会以来，财税体制随着全面深化改革的提出也进入了新的改革轨道，如“营改增”的全面推开，新《预算法》的颁布和实施，等等[①]。党的十九大报告强调：加快建立现代财政制度，建立权责清晰、财力协调、区域均衡的中央和地方财政关系。建立全面规范透明、标准科学、约束有力的预算制度，全面实施绩效管理。深化税收制度改革，健全地方税体系[②]。这实际上等于为新时代财税体制改革的走向定了总基调。

表5-5　1995~2014年中国税收收入、财政收入、财政收入与GDP增长速度

单位：亿元、%

年份	税收收入	财政收入	财政收入增长速度	GDP增长速度
1995	6038.04	6242.20	19.60	26.15
1996	6909.82	7407.99	18.70	17.08
1997	8234.04	8651.14	16.80	10.98
1998	9262.8	9875.95	14.20	6.87
1999	10682.58	11444.08	15.90	6.25
2000	12581.51	13395.23	17.00	10.63
2001	15301.38	16386.04	22.30	10.52

① 有学者将改革开放40年来中国财税改革划分为五大阶段，2012年以来被称为建立现代财政制度的阶段。参见高培勇：《中国财税改革40年：基本轨迹、基本经验和基本规律》，载《经济研究》2018年第3期。

② 习近平：《决胜全面建成小康社会 夺取新时代中国特色社会主义伟大胜利》，人民出版社2017年版，第34页。

续表

年份	税收收入	财政收入	财政收入增长速度	GDP 增长速度
2002	17636.45	18903.64	15.40	9.73
2003	20017.31	21715.25	14.90	12.86
2004	24165.68	26396.47	21.60	17.68
2005	28778.54	31649.29	19.90	15.67
2006	34804.35	38760.2	22.50	17.09
2007	45621.97	51321.78	32.40	23.14
2008	54223.79	61330.35	19.50	18.18
2009	59521.59	68518.3	11.70	9.12
2010	73210.79	83101.51	21.30	18.31
2011	89738.39	103874.43	25.00	18.40
2012	100614.28	117253.52	12.90	10.33
2013	110530.7	129209.64	10.20	10.09
2014	119158.05	140349.74	8.62	8.18

注：这里的财政收入和GDP增长速度都是在没有剔除价格因素下的环比算法。
资料来源：国家统计局网站。

到了20世纪中后期，金融领域内的一系列市场化改革措施使得我国的金融从财政领域中独立出去，我国的货币化和资本化程度进一步提高，为以金融业为核心的虚拟经济迅速独立发展创造了重要条件，但由此也进一步提高了金融风险①。

以上简要回顾了新中国成立以来的经济发展史和财税体制变迁史。因本书所要研究的经济结构主要是自改革开放以来尤其是20世纪90年代以来的经济结构，因此，本章的第二节详细阐述的是此段时间内的经济结构变迁及存在的问题。

---

① 20世纪90年代的一系列改革措施促使金融从财政领域中分离（国际金融资本也由此得以更加便利地大规模进入中国）。其一，上海和深圳交易所成立，具有高度流动性的庞大金融资本被创造出来。其二，《商业银行法》出台，国有专业银行被改为国有独资商业银行，银行大规模的商业化获得了法律依据，在此前后，我国形成了中国人民银行、国有商业银行、国家政策银行为主体的金融机构体系（早在1983年我国就建立起以中国人民银行为领导、国家专业银行为主体的二级银行体系）。其三，各种地方政府主导的地方性的银行和金融机构蓬勃兴起（如招商银行、广东发展银行、福建兴业银行等，以及各种信托公司），通过各种地方性银行和非国家银行的金融机构，地方和部门达到避免国有银行干预、绕开信贷规模控制的目的。

第二节　中国经济结构存在的主要问题

纵观自1978年以来的四十年的高速发展历程，可以将中国的经济结构变迁简要概括为：首先是始于农村和农业领域的改革，农村开始向市场提供剩余农产品，农民开始向城市流动，商品经济和乡镇企业开始出现和发展（约20世纪70年代末到80年代中期）；其次是以国有企业为骨干，包括民营企业在内的实体经济快速发展，大量外国资本进入中国，工业化进程突飞猛进，突出表现为中国成为世界工厂，一大批知名制造业品牌出现，制造业成为促进国民经济发展的最重要支柱，中国制造涌向世界各地，中国经济基本融入西方发达国家主导的全球市场中（约20世纪80年代中期到21世纪初）；最后是以房地产业和金融业为核心的虚拟经济兴起①，现代服务业获得较快发展，国民经济虚拟化程度不断提高，金融资本开始在国民经济的发展舞台中发挥重要作用（约21世纪初到现在）。尽管在过去短短四十年的时间中，我国的经济发展取得了巨大成就，成为外汇储备大国、GDP大国、外贸大国，但不利于经济质量进一步提高、技术进步和产业升级的经济结构扭曲问题也已经积累到了比较严重的地步。这突出表现为：以制造业为主体的实体经济基础不断受到削弱，大量资源从实体经济流入到虚拟经济中，国民经济虚拟化程度过高，金融资本逐渐吞噬中低端制造业，产业升级困难，去工业化现象开始出现；财富和收入分配失衡问题较为严重，不利于社会稳定与和谐；国有资本、私有资本和外国资本之间比例有失衡倾向，不利于经济的宏观调控和国家经济主权的维护；人口与产业布局失衡问题较为严重，不利于区域协调发展。

一、经济结构变迁概览

（一）农村与农业领域的发展

我国经济建设之所以取得如此巨大的成就，与当初改革所选取的正确路径、

① 伴随房地产业兴起的是土地这一重要资源的资本化历史进程的开始，级差地租开始出现，由土地引发的种种问题和矛盾开始引起社会各界普遍关注。

方式和方法有密切关系，我国改革始于农村和农业，后来逐步推进到城市、国有企业和工业领域，整个过程中比较强调务实和稳健的原则。始于农村的成功改革为整个工业化进程和国民经济发展提供了大量的农业剩余和劳动力。

第一，我国农业和农村的改革与发展极大地提高了劳动生产力，为整个国民经济的高速发展奠定了重要基础。农业领域里的剩余尤其是劳动力资源进入工业部门的重要（先决）条件是农业生产率的提高，而我国最初的农村和农业改革确实提高了生产率。从农业总产值方面来看，1979～1986年间，中国农业总产值翻了一番（见图5－1），粮食、棉花产量分别增长了1.9倍和1.3倍（刘仲藜，2009）。从农村劳动力转移方面看，进入本地乡镇企业和进入大城市跨地区流动成为农村大量劳动力向外转移的两条重要途径。1978年，乡镇集体企业从业人数仅有2927万人，到1988年，便增加到了9545万人，到1996年，乡镇企业从业人数高达1.35亿人，占农村就业人口总数的28.8%；到20世纪90年代末，农村劳动力的跨地区流动数量超过1亿人（见表5－6）。

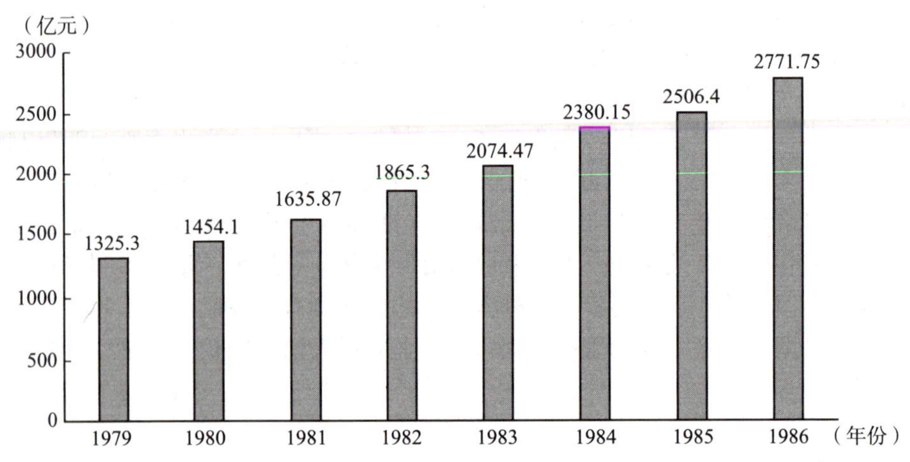

图5－1　1979～1986年中国农业总产值

资料来源：国家统计局网站。

表5－6　　农民工人数及其占城镇就业人员的比率

年份	农民工（万人）	占城镇就业人员的比率（%）
1983	200	
1989	3000	
1993	6200	

续表

年份	农民工（万人）	占城镇就业人员的比率（%）
2000	7849	36.9
2001	8399	35.1
2002	10470	42.3
2003	11390	44.4
2004	11823	44.7
2005	12578	46.0
2006	13212	46.7
2007	13697	46.7

资料来源：张帆：《产业漂移：世界制造业和中心市场的地理大迁移》，北京大学出版社 2014 年版，第 197 页。

第二，我国农村和农业的改革和发展优化了农业内部结构、产业结构、所有制结构和就业结构。首先，农业内部结构不断发生变化，改变了种植业一统天下的局面；其次，农村的三次产业结构得到极大优化，第二产业成为农村经济的支柱，第三产业有了较大发展；再其次，农村涌现出了个体经济、合作经济、股份合作经济、外商投资经济和港澳台投资经济，不同所有制经济结构适应了不同地区发展水平参差不齐的状况；最后，同农村转移劳动力相对应的是农村居民就业结构的优化，农村居民从事第二产业和第三产业的比重远远超过第一产业比重，绝大多数农村居民从事种植业的历史被彻底改写。

第三，我国农村和农业改革中始终坚持土地国家所有和集体所有的制度安排为国民经济高速发展提供了重要的制度保障和支撑。无论是家庭联产承包责任制还是后来的农业产业化模式、土地自由流转，中国在整个农业和农村的改革中始终坚持土地的国家和集体所有制度，这种由宪法秩序安排下的土地制度为国家工业化和经济建设提供了大量廉价土地，也是中国制造具有强大竞争力的重要原因。同时这个土地制度也使得中国在经济高度发展中没有产生大量的食利阶层且土地的非农使用产生的大量增值被用于基础设施建设，大大加快了城市化步伐，改善了城市面貌。现行的土地制度安排也确保了农民进城务工和返乡的自由，有效维护了社会的稳定（贺雪峰，2014）。反观其他的发展中国家甚至包括一些发达国家，由于土地的私有性质，工业化进程中无法获得大量廉价土地且产生的大量食利阶层过度分享经济剩余，旧城改造无法顺利进行甚至城市中产生了大量贫民窟，拖累了经济发展和社会进步①。

当然，我们也应该看到，我国还有相当一部分人口生活在农村，在未来的工业化进程中，如何更好地实现高水平的城市化，将所有国民纳入工业化循环，让所有国民享受现代化带来的成果是摆在我国面前的重大难题②。

（二）工业与工业领域的发展

伴随农村改革与经济发展的较快进行，依托前三十年的扎实基础，我国工业领域的改革与发展也取得了巨大成就。到 2012 年，中国的工业总产值是美国的 1.3 倍，成为世界第一制造业大国。制造业对经济增长的贡献越来越大，1991 ~ 2001 年，工业对经济增长的贡献基本都在 50% 以上，最高年份达 62.6%，远超过第一、第三产业（张宇、卢荻，2012）。

第一，从产业广度方面来看，我国已经拥有 39 个工业大类、191 个中类和 525 个小类，是全世界唯一一个拥有联合国产业分类中全部工业门类的国家，这样的一个工业体系是中国近些年能够生产从服装鞋袜到航空航天、民生、军事、基建和科研等一切领域需要的根本保障，也是中国成为世界工厂、占领世界中低端产业的基础，更是中国竞争力的重要源泉和未来产业升级的重要动力。

第二，从制造业方面来看，中国已经成为世界制造业最大国，中国贡献了 16.6% 的世界制造业增加值（MVA）份额；中国制造业增加值中中高端（MHT③）份额在 2012 年接近 42.0%，相较于其他“金砖国家”更为迅速地进入了中高端技术领域（中国信息通信研究院，2015）（见表 5 -7）。

---

① 从这里我们基本也能确定，对于中国的工业化和现代化而言，中国现行的土地制度是一种优势而非劣势，之所以会产生后文中提到的土地财政、高房价等问题，根源不在于土地的公有性质，而在财税体制上。一旦大规模的土地私有化或不可逆的土地自由流转出现，则必然会产生大量的食利阶层（目前，一些城市近郊已经出现了极少数的食利阶层），不利于经济发展。

② 将发展成果更多地惠及农村人口的关键是实现高质量的城市化，具体是“三农三化”：农民市民化、农村城市化、农业工业化，这些都依赖于工业化的扎实推进，城市化或城镇化是工业化的自然结果。

③ 一个国家制造业增加值中中高端（MHT）产业的份额代表了制造业竞争力水平，制造业增加值中中高端份额越高，则该国的产业结构越合理，技术水平越高，工业竞争力越强。参见中国信息通信研究院主编：《2015 年中国工业发展报告》，人民邮电出版社 2015 年版，第 282 页。

表 5-7　　2000~2012 年 MHT 在总 MVA 中所占比重

经济体	2000 年	2005 年	2010 年	2012 年
工业化经济体	48.50%	47.30%	49.00%	50.10%
发展中和新兴工业经济体	22.30%	22.80%	36.40%	30.70%
中国	42.90%	41.60%	41.40%	41.40%
巴西	34.90%	33.10%	36.60%	37.20%
俄罗斯	32.70%	22.50%	25.00%	28.10%
印度	41.00%	39.20%	38.10%	38.70%
南非	25.60%	23.10%	24.40%	26.50%

资料来源：中国信息通信研究院主编：《2015 年中国工业发展报告》，人民邮电出版社 2015 年版，第 283 页。

第三，从国有企业改革和非国有企业发展方面来看，中国企业在世界 500 强企业中所占据的比重已经超过了日本（2012 年），上升到了第二位。在这些企业中，不仅有传统的重工业企业、资源类和能源类企业、金融类企业、国企、央企，还有实力强劲的民营企业（如沙钢和吉利）。企业是生产力进步和经济发展的主导力量。对国有企业，从最初的放权让利到后来的建立现代企业制度、股份制改制，再到后来的从战略上调整国有经济布局、发展混合所有制经济等一系列改革，国有企业尤其是国有大型企业经济实力得到进一步加强，为中国的高速铁路、机车、载人空间站和超级计算机等工业化成果的诞生做出了巨大贡献，一大批国有企业走出国门，成为与西方跨国公司竞争的有力对手，为中国经济对外发展开拓了空间和市场，以大型国有企业为主体的工业体系对于保障我国在经济全球化下的国家安全和促进全面工业化具有根本的战略性意义；对非国有企业，它们在创造巨大社会财富的同时，也为国家财政做出了重要贡献，创造了大量就业岗位，吸纳了就业，极大地缓解了就业压力，推动了市场经济体系的建设。

中国目前依然处于工业化的历史进程中，一些高精尖产品的制造技术还没有完全掌握，全国范围内的道路网、能源网、通信网还没有全部建成，未来应该进一步推动产业升级，实现彻底和完全的工业化和现代化，使国家进入国际体系的比较优越位置。

（三）虚拟经济的发展

早在 20 世纪 90 年代中后期，中国工业企业和制造业快速发展所累积的大量财富就有流入虚拟经济领域之趋势（突出表现为当时的股市热和房地产热①）。后来金融领域发生的一系列改革，尤其是2003年建设部起草的《关于促进房地产市场持续健康发展的通知》将房地产业确定为“国民经济支柱产业”后，以房地产业和金融业为核心的虚拟经济获得了迅速发展②。中国资源配置方向发生了根本变化③，房地产业和金融业成为第三产业的支柱，也成为国民经济的重要组成部分。

第一，中国过去四十年的高速增长和发展过程从某种程度上说是一个货币化、商品化和市场化的过程，是利用资本大力发展生产力的过程。因而，产业资本领域内产生的大量剩余在达到一定程度后必然会进入到金融和房地产领域，即虚拟经济领域，也即虚拟经济的出现和发展具有一定的必然性。国际上通常使用M2/GDP作为衡量一国金融深化与金融发展状况的指标，M2/GDP的比值越大，说明经济货币化程度越高。如表5-8所示，中国M2/GDP这一指标近些年一直在增加，2014年已达到1.93的高水平，表明货币供应速度已经远远超过经济增长速度，国民经济货币化程度已经相当高了。发达国家工业化历史经验表明：在人均GDP接近1000美元时，在三次产业经济结构中，第三产业所占的比重将会超过第二产业所占比重。中国在2013年时的第三产业产值占GDP比重首次超过第二产业，达到46.1%。

表5-8　　2003~2013年中国M2、GDP与M2/GDP数值

年份	M2（亿元）	GDP（亿元）	M2/GDP
2003	221222.80	136564.60	1.62
2004	254107.00	160714.40	1.58
2005	298755.70	185895.80	1.61
2006	345603.59	217656.60	1.59
2007	403442.21	268019.40	1.50
2008	475166.60	316751.70	1.50

① 20世纪90年代初，海南房地产泡沫被捅破，仅四大国有商业银行的坏账就高达300亿元。

② 目前，影响国民经济发展的高房价问题，从很大程度上说是金融从财政中独立、金融资本获得独立较快发展的必然结果，因为推动房价高涨的一大主要因素是银行资金。虚拟经济的快速发展，特别是期货和股票等证券投机行为，创造了一个拥有庞大私人金融资产的食利阶层，由此也改变了财富和收入分配结构和经济结构。

③ 自房地产被确立为“国民经济支柱产业”后，大量企业开始涌入地产行业。房地产热的兴起不仅使得中国制造业的产业升级步伐变慢，更对民生产生了较大的负面影响。

续表

年份	M2（亿元）	GDP（亿元）	M2/GDP
2009	606225.01	345629.20	1.75
2010	725774.10	408903.00	1.77
2011	851590.90	484123.50	1.76
2012	974148.80	534123.00	1.82
2013	1106524.98	588018.80	1.88
2014	1228374.81	636138.70	1.93

资料来源：国家统计局网站。

第二，我国以金融业尤其是以房地产业为核心的虚拟经济的快速发展具有一系列复杂的国际国内背景。我国自20世纪90年代首次提出“保八”这个目标后，保增长成为各级地方政府首要的政治任务，单纯地追求GDP、财税收入等国民经济指标数字增长逐渐被地方政府视为经济建设的中心，包括招商引资在内的大量投资活动开始出现（见图5－2、表5－9）。以房地产和金融业为代表的虚拟经济便成为保增长的重要手段。由于我国是后发国家，并不像发达国家那样具有广阔的海外市场，因此国内大量投资所导致的产能过剩问题无法完全向海外转移，房地产业又被错误地视为吸纳过剩产能的重要场所，但房地产又产生了新的

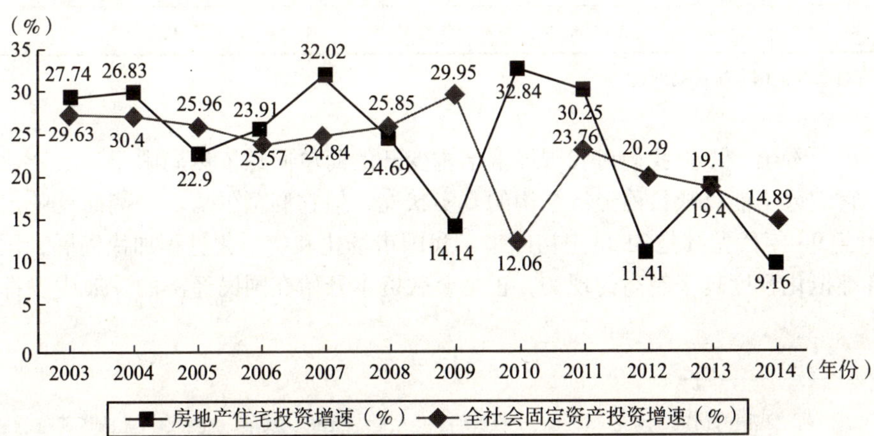

图5－2　2003～2014年中国房地产住宅投资和全社会固定资产投资增速

资料来源：国家统计局网站。

过剩问题[①]。同时我国在工业化进程中自引入西方国民经济核算体系后，忽略了关系国计民生的真实的经济物质实体，过于迷恋抽象的数字增长，迷恋虚拟经济。

表 5－9　　2002～2014 年中国房地产住宅和全社会固定资产投资额　　单位：亿元

年份	房地产住宅投资	全社会固定资产投资
2002	5227.76	43499.91
2003	6776.69	55566.61
2004	8836.95	70477.4
2005	10860.93	88773.62
2006	13638.41	109998.2
2007	18005.42	137323.94
2008	22440.9	172828.4
2009	25613.69	224598.77
2010	34026.23	251683.77
2011	44319.5	311485.13
2012	49374.21	374694.74
2013	58950.76	446294.09
2014	64352.15	512760.7

资料来源：国家统计局网站。

可以看出，以上我们对我国经济结构变迁的简单回顾依然局限于三大产业方面，它们远不能反映目前经济结构的真实状况，但它们至少从一个侧面反映出自 20 世纪 90 年代尤其是 21 世纪初以来，我国市场化和货币化进程加快发展，国民经济虚拟化程度越来越高的现实，正是金融资本开始在国民经济的发展中发挥重

① 当前，我国的钢铁、水泥、煤炭、平板玻璃、电解铝、光伏、汽车、船舶等行业的产能过剩问题较为严重。现行的分税制是导致地方政府盲目上项目、追求单纯的经济利润，进而造成产能过剩的重要原因。除此之外，导致产能过剩的另一个重要原因是下文中所提到的中国企业遭遇跨国公司和国际金融资本有力竞争，高端产业和国际营销渠道被外资占据，只能集中于中低端产业，进而发生相互恶性竞争和产能过剩等问题。

要作用，大量资源从实体经济流向虚拟经济领域过程的加快[①]，经济结构逐渐扭曲以致到了较为严重的地步。

二、经济结构扭曲的主要表现

（一）以制造业为主体的实体经济与虚拟经济有结构失衡倾向

以制造业为主体的实体经济是推动经济发展、实现工业化和现代化的根本保证，是第三产业发展和兴旺的基础。尽管我国自2010年超过美国成为世界制造业第一大国，占全球制造业比重超过20%，但我国制造业却面临诸多问题，去工业化现象正在发生。

第一，我国制造业企业产业升级缓慢，高企业利润回报、高收入就业岗位、高税收产业结构、高技术含量产品结构的良好格局始终未能形成，无论是在国内市场还是在国际市场均受到西方跨国企业较大压力。国内企业偏向于劳动密集型加工工业和原材料工业，中低端产能严重过剩，出口加工业被挤压在国际产业链中低端；多数行业和企业缺乏核心技术，装备制造业高端产品受制于人，国产装备国内市场满足度不到60%；国民收入大量外流（高梁，2014）。中低端制造业企业的大量存在和产业升级困难也对整个社会中的高学历人群的就业造成排斥，无法吸纳这部分人群就业，造成了GDP高增长率下的就业悖论。

第二，以房地产业和金融业为核心的虚拟经济对以制造业为核心的实体经济造成了抽血效应，大量资源被吸收到虚拟经济中，这种抽血效应已经造成工业进程具有停摆的倾向，这种抽血效应是导致我国制造业企业产业升级迟缓的重要原因。仅从税收数量来看，2014年我国金融机构所得税竟然与制造业所得税相当[②]，表明金融业在经济体系中占有过多资源和获得远高于实体企业的不当利

---

① 以虚拟经济中的股票市场为例，股票是“对资本所实现的剩余价值的一个相应部分的所有权证书”，有价证券是“现实资本的纸质复本”，有价证券的积累是“货币资本或货币财产的积累的特殊形式”，这种积累，归根到底是“对劳动的占有权的积累”。参见《马克思恩格斯文集》第7卷，中译本，人民出版社2009年版，第529～538页。换句话说，虚拟资本是对原有价值的分割，本身并没有创造大量价值的能力。由此可以推论：虚拟经济的出现和发展，如果没有税收上的举措，必然会产生食利阶层，食利阶层必然会分享部分经济发展剩余，同时投机资本的利润率也会高于实体经济利润率，不利于实体经济发展甚至社会稳定。

② 参见张云东：《政策的作用力方向与国家战略》，载《上海证券报》2015年5月29日。

益。实体经济与虚拟经济之间的结构失衡是我国当前经济发展中所面临的最大问题[①]。

首先，不动产从来都是产业升级和制造业做大做强的天然障碍甚至死敌。自引入西方新古典国民经济核算体系特别是在强调保增长的环境中，经济建设被一些地方政府错误地理解为如何促使GDP、GNP这些数据的增加。而自20世纪90年代中后期后，我国基本解决了大多数人的温饱问题，中低端产品基本满足了市场需求，向中高端升级又缺乏动力。于是，在保增长的目标压力下，拉升房地产价格以推动财政收入增长和经济增长便成为了各级地方政府的首要目标。在地方政府—银行—房地产商“铁三角”的模式运行之下，土地财政成为了地方政府的第一财政和第一金融[②]。不动产价格的暴涨不仅消耗了大量物质资源，更带来劳动力成本、土地生产要素价格上升等诸多问题，而这些问题则进一步加剧了实体企业发展困难[③]。

其次，20世纪90年代兴起了新一轮国际分工，跨国公司全球产业价值链的快速扩张使发达国家和发展中国家之间的国际分工出现了新的变化：制造业的核心部件和其他生产环节在国家层面发生了分离，发达国家专门从事高创新率、高附加值的核心部件生产，而发展中国家则从事低附加值的劳动密集型环节，由于

---

① 中国近些年的资金规模极高，达到120多万亿元（2015年1月底，存款量达到123.149995万亿元人民币），相当于GDP的2倍，但依然出现大量中小企业甚至国有企业融资难、融资成本居高不下等问题，这说明，以银行为核心的金融体系占有过多资源且形成了一个独立于实体经济的循环系统。这一独立的金融系统的形成对中国国民经济的影响是深远的。如对当前群众意见很大的高房价问题，推动房价高企的并非房地产商，而是流入中国国内的国际资金和本国的银行资金，大部分炒房大户和房地产商都是利用银行按揭和银行贷款作为资金杠杆从事囤房和炒房的，房地产开发企业仅仅做资源整合工作，利润是在资源整合中获取的，而非在建筑环节（尽管少数房地产开发企业也拥有自己的建筑公司）。在房地产链条中，起最重要作用的建筑业企业分到的利润是最低的，还常常发生拖欠工程款现象，这也是一种财富分配严重畸形的表现。要管住房价，最基本的一点是管住银行的资金使其无法进入房市。但这样做极容易导致银行过剩资本出路被堵塞，影响到已经存在的金融泡沫。之所以大量银行资本流入股市和楼市，表面上看是因为实体经济利润率远低于虚拟经济利润率，根源是国家对投机资本所获的暴利没有税收上的举措。还应该看到，金融领域内的一系列所谓“金融创新”行为，本质上是金融资本介入国民收入分配环节的一种表现，结果必然是加大金融风险、妨碍实体经济发展、加快制造业企业的衰退。

② 即地方政府用土地财政为支撑，组建地方投融资平台筹集资金特别是从银行获取贷款。

③ 土地资源的稀缺、城市化的快速进行、城市中心区位良好地段等原因导致土地价格上涨以至于产生级差地租（地租是土地所有权的经济表现），这是符合经济规律的。但是，在土地国家和集体所有的国家中，本不应该产生十分严重的高地租和高房价问题，更加不会出现房地产商从房地产热中获得大部分高额回报的现象。表面上看，房地产热是金融投机（国内外金融资本均参与其中），但根源在财政上。一方面，分税制的财税体制促使地方政府将土地批租给私人和私人机构以获取高额的经济收益和财政收入（土地财政）；另一方面，我国没有对房地产行业的暴利即级差地租征税。因此，房价和土地财政的本质表达的都是我国财税体制问题，不从财税上入手，是很难解决根本问题的。

对全球价值链的掌控，发展中国家被跨国公司全面压制在规模报酬递减的低附加值活动中（贾根良，2010）。正是因为如此，发展中国家产业升级困难也在加大，需要政府产业政策扶持和规划的需求更加迫切，需要投入研发、资源、人才等资源量更大，但中国资源流向的转向则加剧了制造业升级的难度甚至导致其基本生存的日益困难。以中国的机械行业为例，尽管中国已经成为世界第一的机械产品生产大国和出口大国，但机械工业在国际产品内的分工中一直处于加工组装环节，即进口零部件，出口产成品。

最后，1994 年人民币汇率改革，确立了人民币与美元挂钩的联系汇率制①，对我国的金融体系产生了一系列深刻影响，进一步加深了我国经济与世界经济的联系。人民币汇率被压低尽管极大地促进了出口，吸引了大量国际金融资本，但却带来外汇储备的激增（我国外汇储备从 2002 年的不到 1 万亿美元陡增到 2014 年底的 3.8 万多亿美元，大量外汇储备又被用于购买注定贬值的美国国债和各种机构债、企业债和股权而不是高新技术和优质资产）（见表 5－10、图 5－3～图 5－4），对国内物价上涨带来巨大压力②。而人民币与美元挂钩的联系汇率政策使得货币自主收放难度加大，人民币基础货币的发行相当程度上依靠外汇占款，即廉价美元基本主导了我国基础货币的发行，其带来的一大问题就是国内企业和外资企业之间流动性配置严重失衡。2005 年出现的人民币升值与升值预期更是吸引了大量套利外资涌入国内市场，央行被迫发行大量基础货币，通过提高存款准备金率和央票回收流动性。因而，流到国内的美元越多，央行回收商业银行的流动性就越多，本国实体企业获得的流动性就越少，国内利率就越高，国内利率的高企和人民币升值进一步吸引更多的热钱流入。流入国内的热钱显然基本进入的是不动产领域，进一步推高了不动产价格，促使实体经济发展所需的稀缺资源进一步涌入不动产领域，导致实体企业生存空间被挤压，实体经济发展愈加

---

① 人民币与美元挂钩也从一个方面反映美国金融体系在当今世界所具有的强大影响力，“在这个体系下（指美元霸权体系—笔者注），任何国家无论是采取固定汇率制还是浮动汇率制，只要其为合法的国内需求进行融资而印发的本币超过外汇储备，其可自由兑换的货币在外汇市场上就会遭到攻击”（廖子光：《中国出路：全球债务危机与中国应对策略》，中译本，中央编译出版社 2010 年版，译序，第 7 页）。

② 中国的外汇储备主要来源于三个渠道：外国直接投资（FDI）、贸易顺差和热钱流入（如外资证券投资）。截至 2015 年 6 月底，外国直接投资净值 1.77 万亿美元，贸易顺差余额 2.79 万亿美元，外资资本项净值 0.484 万亿美元，在这三项中，外国直接投资和资本净值所有权都属于外资，共 2.254 万亿美元。在贸易顺差中，外资企业出口约占到中国总出口的 50% 左右，即 1.39 万亿美元，则以上三项外资在外储中的权益为 3.644 万亿美元，而同期中国的外汇储备余额为 3.69 万亿美元，如果我们再考虑中国的 1.67 万亿美元外债，则中国的外汇储备实际已经没有中国企业和公民的权益了。另外还需要指出的是，尽管近些年中国对美国一直都有很大的贸易顺差，但大部分利润是被美国企业获得的，也就是说，高顺差不代表高利润。

困难，大量实体企业被迫转型，将资金投入到不动产领域，进一步加快了实体经济的衰落。如表5－10所示，以2014年的3.84万亿美元的外汇储备为例，将其按照当年汇率转化为23.61亿元人民币，再按照4倍的货币乘数计算得到94.43亿元人民币，占当年M2比重高达77%。这说明，人民币基础货币发行权相当部分旁落①。最近数十年中美两国在金融贸易方面所形成的奇特关系是过去较为畸形的发展模式的一个表现。这些也说明，中国经济已经成为世界经济的重要组成部分（见图5－5），受西方国家主导的国际体系的影响已经越来越大。

表5－10　　1995～2014年中国外汇储备、出口、汇率、货币发行量

年份	外汇储备（亿美元）	出口（人民币亿元）	人民币对美元汇率（美元＝100）（元）	货币发行量（M2，人民币亿元）
1995	735.97	12451.80	835.10	60750.50
1996	1050.29	12576.40	831.42	76094.90
1997	1398.9	15160.70	828.98	90995.30
1998	1449.59	15223.60	827.91	104498.50
1999	1546.75	16159.80	827.83	119897.90
2000	1655.74	20634.40	827.84	134610.30
2001	2121.65	22024.40	827.70	158301.90
2002	2864.07	26947.90	827.70	185006.97
2003	4032.51	36287.90	827.70	221222.80
2004	6099.32	49103.30	827.68	254107.00
2005	8188.72	62648.10	819.17	298755.70

① 关于中国近些年有无超发货币的问题，国内学术界存在较大争议。与判断货币有无超发这一问题相类似的问题：人民币实质购买力有无下降、我国货币政策与金融货币主权受西方影响程度如何等问题实际也应该受到关注，这是判断中国经济自主性（或依附性）程度的重要指标。不管怎么样，过去数十年间，中国国内货币扩张的规模是较大的。经济发展的根本要素是资金，过去中国快速发展的资金来源主要是两个方面：一是银行信贷的扩张；二是由于人民币升值所导致的大量国际资金的流入。外资之所以蜂拥进入中国导致中国外汇储备激增根源还是在中国财政制度上，倘若我国征收环境补偿税、特种资源税、资本利得税、外汇损益补偿费等，外资在中国便不可能获得远远高于其他国家所提供的高额回报，诸如人民币升值压力、外汇储备激增压力等问题也可以得到彻底解决。

续表

年份	外汇储备（亿美元）	出口（人民币亿元）	人民币对美元汇率（美元=100）（元）	货币发行量（M2，人民币亿元）
2006	10663. 40	77597. 20	797. 18	345603. 59
2007	15282. 49	93563. 60	760. 40	403442. 21
2008	19460. 30	100394. 94	694. 51	475166. 60
2009	23991. 52	82029. 69	683. 10	606225. 01
2010	28473. 38	107022. 84	676. 95	725774. 10
2011	31811. 48	123240. 56	645. 88	851590. 90
2012	33115. 89	129359. 30	631. 25	974148. 80
2013	38213. 15	137131. 40	619. 32	1106524. 98
2014	38430. 18	143911. 66	614. 28	1228374. 81

资料来源：国家统计局网站。

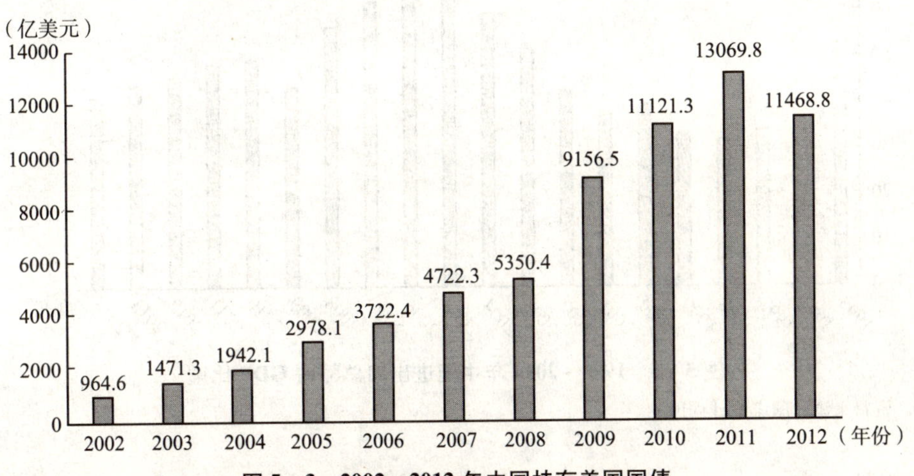

图 5－3　2002～2012 年中国持有美国国债

资料来源：U. S. Department of the Treasury，Federal Reserve Board.

从中国企业联合会和中国企业家协会联合发布的《2014 年中国 500 强企业发展报告》中的一些数据（中国企业联合会、中国企业家协会，2014），我们更能感受到近些年制造业和虚拟经济之间的关系状况。制造业企业和银行业等金融机构之间的“利润鸿沟”问题不仅存在且越来越大，制造业长期受到银行等金融部

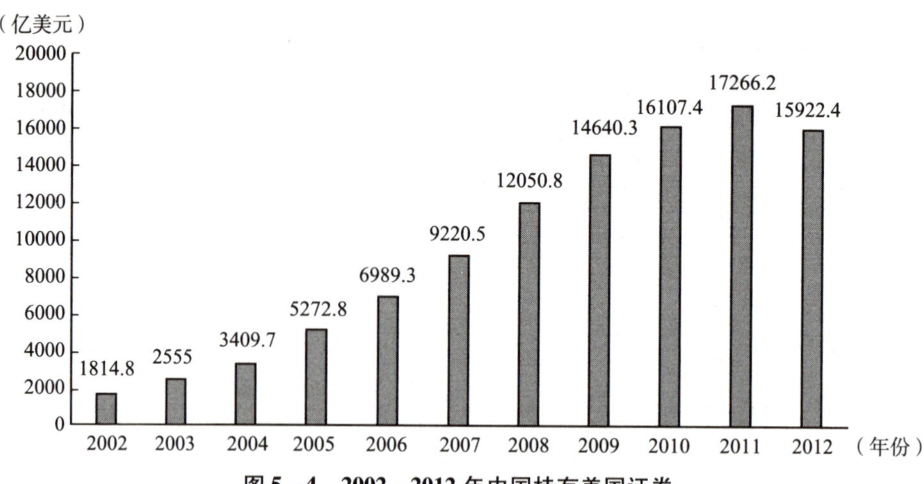

图 5－4　2002～2012 年中国持有美国证券

资料来源：U. S. Department of the Treasury，Federal Reserve Board.

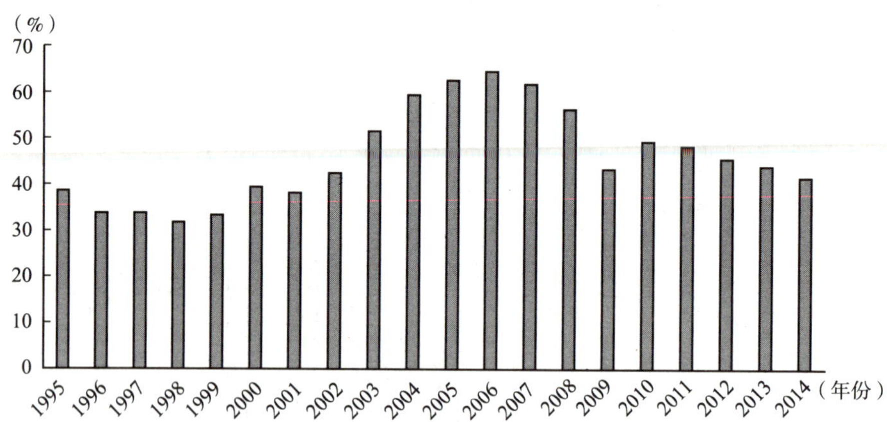

图 5－5　1995～2014 年中国进出口总额占 GDP 比重

资料来源：国家统计局网站。

门的挤压，即使大型企业也面临融资难、融资贵等一系列问题①。2014 年中国企业 500 强中的 260 家制造业企业的营业收入合计、资产合计、净利润合计分别为

① 近几年的中国企业 500 强，每年都有约 15 家的房地产企业上榜。2009～2013 年，房地产企业的营业总额增速分别是 51%、45.8%、25.3%、26.7%、25.3%，净利润总额增速分别是 58.1%、83.3%、25.3%、4.3%、8.06%。参见中国企业联合会、中国企业家协会：《2014 中国 500 强企业发展报告》，企业管理出版社 2014 年版，第 9 页。房地产业的蓬勃发展无疑对民生造成了不可忽视的重大影响。

23.0 万亿元、20.9 万亿元、4623 万亿元，分别占 500 强营业总额、资产总额、净利润总额的 40.6%、11.8%、19.5%；500 强中的 17 家银行（包括以中国邮政储蓄银行为主要业务来源和利润来源的中国邮政集团）的营业收入合计、资产合计、净利润合计分别为 5.52 万亿元、107.3 万亿元、1.23 万亿元，分别占 500 强各项总额的 9.7%、60.8%、51.0%，制造业企业的平均净资产收益率为 8.8%，而银行的平均净资产收益率为 18.6%（见图 5－6）。从最大的 5 家商业银行（中农工建交）来看，2013 年该五家银行的营业收入总额占 500 强的 5.9%，净利润占到 35.7%；260 家制造业企业的营业收入总额占 500 强的 40.6%，净利润仅占 19.3%（见表 5－11、图 5－7）。在银行业和非银行业所构成的服务业中，银行业对服务业中其他行业的利润吞噬也较为严重。在 2009～2014 年中国服务业 500 强中，非银行业所占利润比重一直低于银行业所占利润比重，并且在 2014 年表现得最为突出（见图 5－8）。从世界范围内看，2014 年世界 500 强企业的净利润增长了 27%，但中国企业的净利润只增长了不到 8%，增速显著落后于世界 500 强的整体水平；近三年世界 500 强中的美国企业的平均利润率分别是 6.59%、6.60% 和 9.33%（逐年上升），而中国企业的平均利润率分别是 5.56%、5.36% 和 5.10%（逐年下降），（见图 5－9）。与欧美发达国家相比，中国实体经济的盈利明显受到金融机构的侵蚀。中国入围 2014 年世界 500 强的 92 家内地企业中，收入利润率排在前 10 位的都是银行业，而美国入围企业中排在盈利能力前 20 位的只有 1 家银行和 3 家其他类金融机构，日本

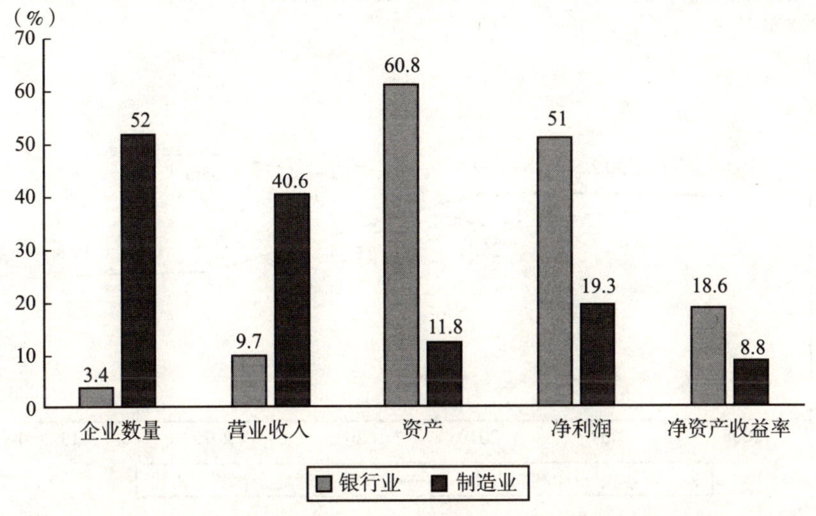

图 5－6　2014 年中国企业 500 强中银行业和制造业企业的占比

资料来源：中国企业联合会、中国企业家协会：《2014 中国 500 强企业发展报告》，企业管理出版社 2014 年版，第 20 页。

入围企业中排在盈利能力前20位的也只有3家综合类金融结构；中国入围企业中，金融类机构和实体企业的平均利润率分别是18.61%、2.24%（一个高、一个低），美国入围企业中的金融机构与实体企业的平均利润率分别是22.85%、7.87%（双高），日本入围企业中的金融机构与实体企业的平均利润率分别是9.12%、3.93%（双低）（见图5－10）。这些数据无疑说明中国的去工业化和制造业空心化现象已经开始出现，金融资本对实体经济利润的侵蚀已经到了十分严重的地步。

表5－11　5大国有商业银行与制造业企业的悬殊差距（2008～2013年）　单位：亿元、%

类型（指标）			2008年	2009年	2010年	2011年	2012年	2013年
5大商业银行	营业收入	总和	16788	16756.5	19710.2	25811.1	31057.3	33488.9
		占比	6.1	6.1	5.4	5.7	6.2	5.9
	利润	总和	3956.2	4165.2	5444.7	6745.5	7746.1	8628.3
		占比	26.3	27.7	26.1	32.2	35.6	35.7
制造业企业	营业收入	总和	114563.3	116864.7	157366.1	191656.6	205817.9	230044.5
		占比	44	42.3	43.3	42.7	41.1	40.6
	利润	总和	3568.5	4539.3	6312.4	5250.2	4382.4	4663.0
		占比	29.6	30.2	30.3	25.0	20.2	19.3

注：（1）5家商业银行分别是工商银行、农业银行、建设银行、中国银行、交通银行；（2）2008～2014年中国企业500强企业中分别有294、279、279、272、268、260家制造业企业。

资料来源：中国企业联合会、中国企业家协会：《2014中国500强企业发展报告》，企业管理出版社2014年版，第21页。

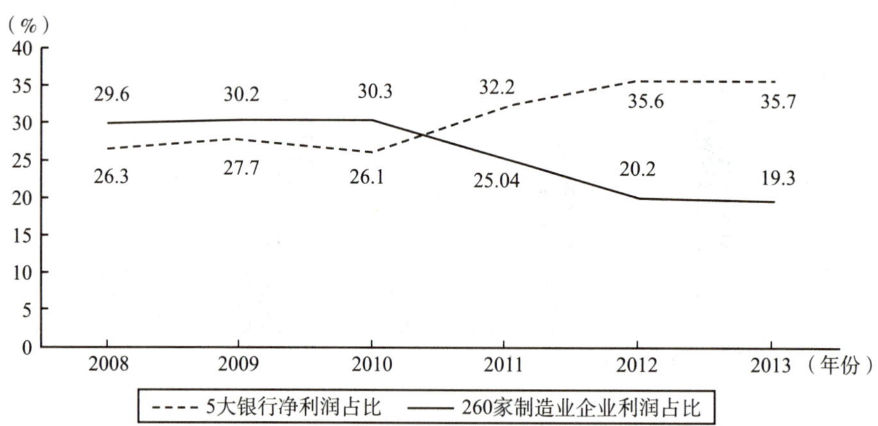

图5－7　2008～2013年5大国有商业银行与制造业企业的利润占比趋势

资料来源：中国企业联合会、中国企业家协会：《2014中国500强企业发展报告》，企业管理出版社2014年版，第21页。

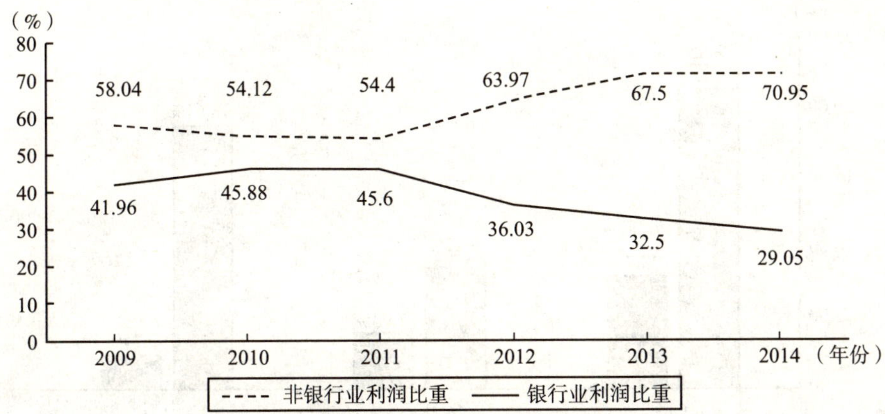

图5－8　2009～2014年中国服务业500强中银行业净利润与非银行业净利润比重变化趋势

资料来源：中国企业联合会、中国企业家协会：《2014中国500强企业发展报告》，企业管理出版社2014年版，第93页。

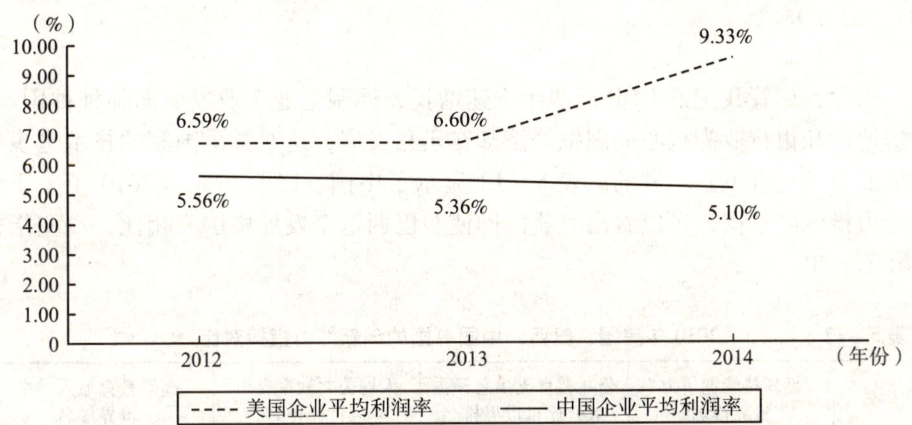

图5－9　2012～2014年世界500强企中美两国企业平均利润率变化趋势

资料来源：中国企业联合会、中国企业家协会：《2014中国500强企业发展报告》，企业管理出版社2014年版，第137页。

另据中国社会科学院“中国国家资产负债表研究”课题组发布的《中国国家资产负债表2015》公布的数据（李扬等，2015），在2007～2013年，中国国家总资产从284.7万亿元增加到691.3万亿元，增长406.6万亿元，六年增幅达142.8%，年均增幅高达23.8%。换句话说，我国的实体企业每年利润率的增长率只有超过23%这个比例，即超过资产溢价的上涨幅度，才会有存在的价值。而事实上，一般实体企业平均年利润率不到10%，年均增幅10%更是不可能。这也从一个侧面反映实体企业被淘汰的事实。

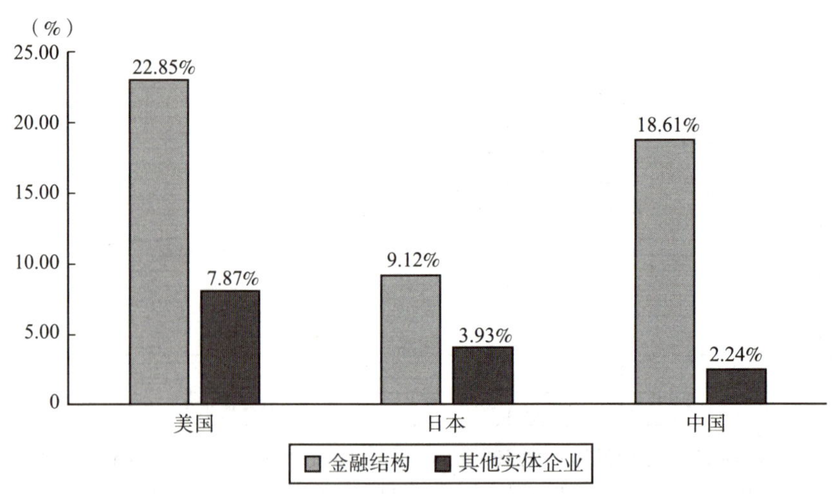

图 5－10　2014 年世界 500 强中金融机构与其他实体企业平均利润率比较

资料来源：中国企业联合会、中国企业家协会：《2014 中国 500 强企业发展报告》，企业管理出版社 2014 年版，第 138 页。

因此，尽管我国的 GDP 近些年飞速增长，但制造业企业发展面临种种困难，以房地产和银行业为核心的虚拟经济却在迅猛发展，这对整个国家的技术进步和创新能力的提升也是不利的。表 5－12 显示了中国、巴西和美国 2010 年关于创新能力指标的数据，可以看出，我国即使与巴西这个发展中国家相比，一些指标也并不突出。

表 5－12　　2010 年美国、巴西、中国等国的创新能力指标对比

国家	创新持续竞争力世界排名	公共教育支出总额占GDP 比重世界排名	人均公共教育支出额世界排名	高等教育毛入学率世界排名
美国	1	34	10	5
巴西	30	26	40	57
中国	47	62	68	70

资料来源：李建平等主编：《世界创新竞争力发展报告：2001～2012》，社会科学出版社 2013 年版，第 166～167 页。

从以制造业为主体的实体经济与虚拟经济发展对比状况，结合第四章中对相关代表性发达国家和发展中国家经济结构变迁历史的分析，我们可以进一步确定一些学者提出的经济结构调整方案的不可行性，如大力发展现代服务业、调节三次产业比重、推动金融自由化、土地私有化、人为提高城镇化比重、拉动内需等。

其一，经济增长和发展的根本动力是科学技术的进步，只有通过科技进步和产业升级，使高附加值产业支撑起整个国家的经济增长，使国家进入国际体系中的比较优越位置，实现工业化、现代化和高质量的城镇化，才能为现代服务业的发展和农业的现代化提供根本的支撑，才能为大量入城农民提供体面的工作和较为丰厚的收入。科技进步和产业升级的基础在于制造业，一旦制造业的发展失去基本动能和稳定的环境，国家便不可能实现真正的工业化和现代化，数量庞大的人口的就业问题甚至都无法解决，社会可能陷入不稳的状态。

其二，通过金融自由化、放开金融市场等措施是无法解决当前制造业企业面临的融资困难的①。资本都是逐利的，资本一定是流向高回报领域，越是在实体经济缺乏资金、发展困难之时，越是应该紧缩货币，提高货币的使用成本。只有将工业企业的平均利润水平提高到实质负利率水平以上，才能使资本离开不动产领域，重新进入到创造价值的领域；只有大幅度提高资金使用成本，才能最大限度压缩资本流转环节，提高资本的效能。一旦实施金融自由化，只会导致金融资本投机现象更加严重，市场体系更加紊乱，实体经济发展更为困难。

其三，中国经济已经是世界经济重要组成部分，中国的崛起必然会对西方某些大国的霸权造成冲击甚至会终结西方持续数百年的霸权体系。因此，在中国当前和未来的发展过程中，西方一些大国采取种种措施进行遏制和阻挠是必然之事，过去人民币升值和西方极度量化宽松政策已经导致大量西方金融资本流入中国，对国内经济社会造成一系列影响。如果未来进一步放任金融自由化、推动金融创新、开放资本账户，不仅会出现大量资本外流情况，更会导致我国汇率、资产价格大起大落，不利于经济发展和社会稳定②。

---

① 通过减税以减轻企业负担进而促进经济发展是近些年不少学者提出的重要政策建议。但要注意两个问题：第一，我国政府并不存在多少财政盈余（后文将提到政府债务问题），减税意味着透支政府信用，将来很可能还要对纳税人补增课税，进而透支国民福利，贸然减税，导致政府财政收入锐减，在政府支出没有相应缩减的情况下，大规模的财政支出特别是支付债务本息只能依靠出售国有资产获取收入；第二，实体企业面临的重要问题是金融资本对其的挤压、要素成本的上升，减税均无法解决。解决问题的根本措施还是在财税上，即改变税负结构，对房地产和金融业的暴利征收高额累进税，使暴利行业的利得回归到国民经济其他行业的正常利得水平以下。在此基础上（财政大量盈余，大量资本回流到实体经济中），可再考虑对实体企业实施减税措施。

② 最近几年，受美元转强、美联储加息等因素影响，许多发展中国家金融市场出现动荡（中国 2015 年 6 ~ 8 月份也连续发生数场股灾、外汇储备下降、大量外资流出等），这些更是提醒我们：没有强大的制造业和实体经济，贸然实施金融自由化和资本账户开放，大力发展金融服务业，可能会导致几十年来发展积累的财富短短数年蒸发。西方发达国家在国际金融、高科技、知识产权和资源能源等方面的垄断以及凭借系列优势对外转嫁危机是以中国为代表的发展中国家在实现工业化和现代化过程中所不得不面对的巨大的外部挑战和压力。

因此，当前中国经济面临的最主要问题是去杠杆、调结构、再工业化，遏制不动产投机和食利产业过度发展，使资本重新进入实体经济中，夯实制造业的发展基础，集中资源推动产业升级和技术进步，实现完全的工业化。

（二）财富和收入分配结构有失衡倾向

随着大量资源从实体经济流入虚拟经济，以制造业为主体的实体经济与以房地产和金融业为核心的虚拟经济之间失衡越来越明显，而伴随这种情况的便是财富和收入分配的失衡问题①（见表5－13）。

表5－13　2003～2013年中国的基尼系数

项目	2003年	2004年	2005年	2006年	2007年	2008年	2009年	2010年	2011年	2012年	2013年
基尼系数	0.479	0.473	0.485	0.487	0.484	0.491	0.49	0.481	0.477	0.474	0.473

资料来源：http：//news.sohu.com/20140120/n393823262.shtml.

关于中国财富和收入分配失衡问题，研究成果众多（李实，2007，2015；郭飞，2010，2015；李实、罗楚良，2011；于金富，2014）。这里需要强调的是，随着我国经济的发展和经济结构的较大变化，尤其是20世纪末以来，金融资本出现和发展后，金融资本在很大程度上改变了原有的社会财富和收入分配模式，食利阶层开始在我国产生，富人消费越多反而收入越多的富人经济圈开始出现。

一般而言，在全球化下，收入的分配必然包括国际分配和国内分配两个方面。

第一，从国际层面来看，西方发达国家依托在世界体系中的绝对优势地位在全球范围内精心打造了一个有利于西方的分工体系，并通过跨国公司、对外直接投资等形式将发展中国家全面压制在产业链低端，造成了以中国为代表的发展中国家短期内无法实现高企业利润回报、高收入就业岗位、高税收产业结构的良好格局进而导致国际分配结构扭曲。

中国在20世纪90年代初期依然是一个资本相对稀缺、技术相对落后的发展

① 2015年12月31日，北京大学中国社会科学调查中心发布《中国民生发展报告2015》，报告称中国贫富差距不断增大，居民收入基尼系数由20世纪80年代初的0.30左右上升到近年的0.45以上，2012年全国家庭收入基尼系数约为0.49；我国财产不平等严重程度更不可小觑，我国家庭财产基尼系数由1995年的0.45上升到2012年的0.73，顶端1%的家庭占有全国1/3以上的财产，底端25%的家庭拥有的财产总量仅在1%左右。该报告还从教育机会和社会保障等方面考察了中国社会不平等趋势呈现不断扩大的现象。参见李建新等：《中国民生发展报告2015》，北京大学出版社2015年版。

中国家，在依靠大量高素质的廉价劳动力和国内较低价格的要素实施出口导向战略、引入外资和跨国公司后，短短数十年间便解决了资本稀缺问题，激发了经济活力，缓解了国内大量劳动力的就业压力，甚至出现发展中国家的中国向美国输出资本的现象。中国经济在高速发展的同时，对外部市场的依赖性也在不断加大，外资逐渐获取了经济发展中利润的大头，“据中国社科院国家健康研究组发表的报告显示：外国资本每年从我国掠夺的财富大约相当于我国年 GDP 的 60%”①。

其一，我国在开放初期，在以比较优势参与全球化主动融入国际分工体系，以市场换技术无序开放本国市场等理念指导下，国内相当数量的企业和产业被外资所控制，国民经济在一定程度上陷入依附困境，导致大量国民财富外流。

其二，国内生产要素和劳动力价格在相当程度上被压低。国内有限的自然资源被野蛮开发，贱价出卖；劳动者报酬被压低尽管使企业获得一定竞争优势，但却不利于产业升级和社会稳定。此外，人民币与美元的联系汇率制使我国的货币政策自主性在一定程度上受到削弱，不利于货币的自主收放，尤其是人民币升值预期发生后，大量美元资本涌入国内套利，发生人民币对美元的汇率补贴，转移了部分国民财富②。

第二，从国内层面看，我国在经济转型、市场化进程中，政策与体制建设有所滞后，资本没有受到有效节制，国内收入分配扭曲。

改革过程实际上是社会财富在社会成员之间实行分配和再分配的过程（于祖尧，2014），但财富过多地流向了国内外强势既得利益集团一方。首先是我国所有制结构多元化和国企改革过程中造成了一定数量国有资产流失，短时期内造就了一批暴富群体，资本强势、劳动弱势的格局长期内无法改变，收入分配不公问题也未能得到根本扭转。其次是现有的一些体制和政策安排未能很好地发挥调节收入分配的功能。如以 GDP、财政收入决定官员升迁的考核机制易使地方政府行为短视化，一些官员热衷招商引资，过度保护资本一方；现行财税体制中，流转税占主体，税负主要或完全由最终消费者承担，加重了消费者负担（沈坤荣、余

---

① 转引自《13 亿人民的消费需求：发展取之不竭的“金矿”——访中国社会科学院荣誉学部委员于祖尧研究员》，载《马克思主义研究》2014 年第 3 期。

② 自 2005 年人民币升值，到 2010 年，人民币对美元汇率年均增幅 6%，累积增幅达 25%，之后数年的年均增幅有所下降（1% 到 4% 不等），这即是说，美元持有者这些年仅仅从人民币这一货币兑换的交易中就可以获得稳定的投机收益率（同期的美国商业银行贷款利率是低于 1% 的），如 2005 年 1000 亿美元流入中国市场，按照人民币汇率年均增幅 5% 计算，则每年可以净赚取 50 亿美元（如果考虑美元自身贬值因素，则实际利润将更高），这说明，人民币升值期间，流入进中国市场的美元是债务，流出的却是利润。如果再考虑国际金融资本投机中国的股市和楼市所获得的暴利，国际金融资本从中国市场获得的利润将是惊人的。

红艳，2014），即我国税收偏向劳动所得，而针对资本利得与资产持有则几乎没有课税，等等。

国际和国内两个层次的因素交织到一起共同导致了目前较难解决的收入分配问题，伴随财富和收入分配不均现象的就是消费占国内生产总值比重的逐年下滑（见图5－11）。

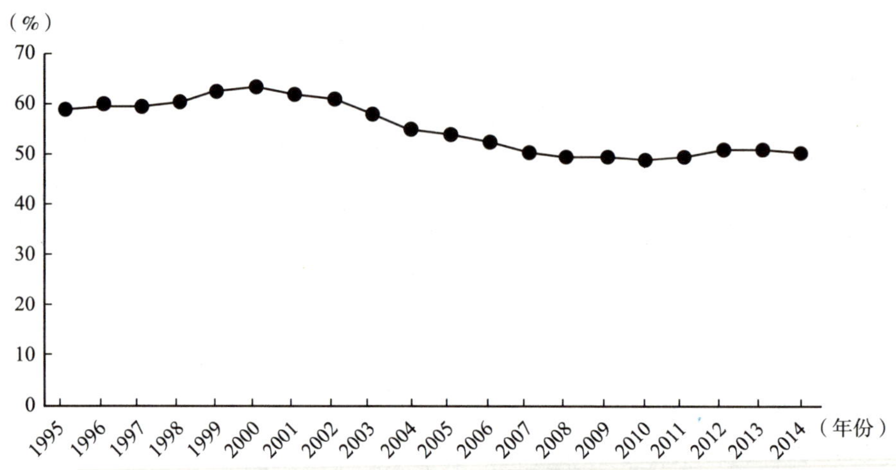

图5－11　1995～2014年中国最终消费率

资料来源：国家统计局网站。

（三）所有制结构有失衡倾向

当前，中国所有制总体呈现混合状态，即以公有制为主体、多种所有制经济共同发展。但所有制结构有失衡倾向，失衡的一大表现是当代西方跨国公司和国际金融资本在我国国民经济中所起的重要影响，对国内企业和国内资本（国有资本和民营资本）产生了巨大压力，不利于我国国民经济的宏观调控和自主发展。同时，公有制的主体地位也有受削弱的倾向。

1. 外资的影响：以跨国公司和西方金融资本为例

通过跨国公司组织推进低端产业转移，以新的形式垄断国际商品市场与技术市场是西方发达国家过去几十年的重要对外经济活动（杨承训、张新宁，2013）。按照联合国《世界投资报告》的定义，跨国公司是法人或非法人企业，它由母公司和它们的国外企业组成。这些国外机构包括三种类型：具有法人资格的子公司或分公司；具有法人资格的关联公司；不具法人资格的分支机构（参见黄河，2008）。实际上，处于国际超级金融垄断资本主义阶段的当今西方资本主义国家的跨国公司早已不是一般意义上的大型跨国生产性企业，西方跨国公司尤其是超级巨无霸企业往往代表着金融寡头的利益，受金融资本控制，其行为背后通常有政府和利益集团的身影。西方跨国公司不仅从事商品生产、销售和获取利润等商业活动，而且它们更主要的目的在于开拓并垄断全球市场（特别是金融市场）和技术，兼并企业，控制产业、原材料、能源和资源，传播西方价值观。因此，大型金融机构（如银行、证券公司、保险公司、信托和担保机构、基金管理公司）、国际评级机构（如著名的三大评级机构：标准普尔公司、穆迪投资服务公司、惠誉国际信用评级有限公司）、国际会计师事务所（如著名的“四大”：普华永道、安永、毕马威和德勤）等跨国公司在西方国家的对外经济战略中的地位及其重要。因此，我们可以将当代西方跨国公司看作是由金融资本支持、代表金融集团利益、由大型跨国生产性企业、跨国金融机构和金融服务企业所组成的小型国家，当今西方跨国公司的实力与经济规模甚至可以与一些中等规模的国家相匹敌（见表5－14）。

表5－14　　顶尖跨国公司的全球销售额与某些国家GDP的比较　　单位：10亿美元

公司	销售额	国家	GDP
通用汽车	164	泰国	154
福特汽车	147	挪威	153
三井	145	沙特阿拉伯	140
三菱	140	波兰	136
荷兰皇家壳牌	128	南非	129
住友	119	希腊	123
埃克森	117	马来西亚	98
丰田	109	以色列	98
沃尔玛	105	哥伦比亚	96

资料来源：黄河：《跨国公司与发展中国家》，上海人民出版社2012年版，第21页。

跨国公司既是西方资本开拓全球市场的产物，也是其进行国际扩张的重要载体。在金融全球化的今天，当代西方跨国公司已经成为西方国家实施金融殖民主义，进而控制他国经济主权的重要工具。

跨国公司并非最近几十年才出现的新事物，跨国公司的历史可以追溯到16世纪的西欧。当时英国、荷兰等国家组建的英国东印度公司、英国皇家非洲公司和荷兰属东印度公司等可以视为跨国公司的雏形，不过这些贸易公司与现代意义上的跨国公司是有很大区别的。之所以会出现这种大型跨国企业集团，根源是资本的本性——逐利和增值。资本要不断增值和攫取剩余价值，就必须要有雇佣劳动和相应的生产组织形式。资本主义生产组织形式早期采取了工场手工业形式，随着生产的扩大和资本积累的增多，劳动生产率不断提高，生产技术也随之不断更新，于是机器大工业最终出现了。资本逐利本性决定了资本生产出的商品越来越多，因而生产过剩问题很快困扰着资产阶级，这促使资产阶级奔走于世界各地，“商品生产和发达的商品流通，即贸易，是资本产生的历史前提。世界贸易和世界市场在 16 世纪揭开了资本的现代生活史”①。离开了世界市场和国际贸易，资本主义不可能持续到今天。海外市场一方面可以解决本土企业的商品销路问题，另一方面也可以解决原材料、能源和资源等问题。现今的不公正的国际政治经济秩序正是源自五百年前西方国家的对外殖民扩张。

随着世界市场的开拓，原有的企业组织形式和生产形式也或多或少发生着变革，这是因为资本积累的持续进行使得企业规模愈来愈大，竞争愈来愈激烈，资本主义基本矛盾愈来愈严重，最终产生了垄断。在垄断基础上产生的大型企业在开拓市场的过程中逐渐形成了大型跨国企业。在跨国公司的形成过程中，代表资产阶级利益的资本主义国家也进行了积极的干预，进一步促进了工业资本与银行资本的融合，因为产业资本的扩张需要银行资本支持，银行资本也需借助股份制渗入工业企业中获取剩余价值。因而跨国公司必然是一种具有国家背景的混合所有制经济形式。

跨国公司的出现对西方资本开拓全球市场起到了极大的促进作用。以 1492 年哥伦布到达美洲为标志，西方国家开始了在全世界范围内进行殖民扩张的历史。五百年来，无数财富通过各种方式源源不断地从广大殖民地、半殖民地国家流向西方国家。早期掠夺财富更多地使用武力和暴力，而那时的跨国公司是随着殖民地和半殖民地建立后，进入其中从事所谓“和平”的商业行为的。也就是说，西方人带着枪炮走向世界和征服世界的同时，也将“先进”的商业生产和组织模式推向了全世界。

第二次世界大战后，西方国家长期以来构筑的海外殖民地体系纷纷瓦解，庞大的海外市场即将消失，此时的跨国公司的地位更加重要。作为“经济航母”的大型跨国公司的作用不亚于真正的军事航空母舰。要继续控制世界市场，占领原材料、能源和资源的供应地，保持霸权地位，维系西方优越的生活方式，依靠过去的军事侵略和行政占领方式已然不可能，只能依托可以向发展中国家和第三世

---

① 《马克思恩格斯文集》第 5 卷，中译本，人民出版社 2009 年版，第 171 页。

界国家传授“先进”技术、管理方式和经营理念的跨国公司。资本稀缺，亟待发展经济、摆脱贫困状态的发展中国家也需要跨国公司和西方资本的帮助。这便是第二次世界大战以来西方企业（包括新闻集团，传媒公司，银行、证券公司、保险公司等金融企业）权力越来越强大，以至于产生“公司帝国”这一特殊名词的重要原因。

跨国公司在第二次世界大战后所起的独特和重要作用是西方国家得以实施新型殖民主义从而维持霸权地位的根本依靠，而在金融垄断资本主义时代，借助先进的信息技术，包括跨国金融机构和金融服务行业等在内的当代跨国公司更是西方国家实施金融殖民主义的重要工具。

国际超级金融垄断资本主义也是在第二次世界大战之后形成的，其出现的标志是美国成为世界霸主，美元成为世界货币，金融竞争成为国与国之间竞争的重要组成部分。强大的金融垄断资本与传统的跨国企业相互促进、相互支持，共同形成了我们之前所称的当代西方跨国公司。当今的金融垄断资本是垄断资本发展到金融领域的必然产物，是垄断资本的高级形态，金融垄断资本妄图利用其主导国际金融市场和国际货币体系中的一系列优势和权利，力推各国实施彻底的金融自由化政策，这样就可以在必要时对他国的经济政策甚至中央银行的行动乃至整个金融体系施加影响，进而影响该国实体经济发展（程恩富、王佳菲，2009）。西方金融资本与跨国公司在全球开疆拓土中往往战无不胜，所向披靡。跨国公司、金融资本及其利益代言人误导发展中国家制定错误的经济发展战略，致使“有增长无发展”现象长期无法消除；垄断他国市场、控制资源和能源，挤压民族企业生存空间，迫使发展中国家的一些优秀的民营企业赴海外上市成为洋买办；实施标准化战略，控制品牌和专利，扼住他国经济喉咙；鼓吹开放资本账户和央行独立，伺机夺取发展中国家货币发行权；扰乱他国货币政策、财政政策和产业政策致使大量企业出现融资难局面；向发展中国家的政府和企业借债，使其沦为债务奴隶；炒作房地产、货币等资产价格，使他国经济泡沫无限放大，进而影响实体经济发展、扭曲国民经济结构；适时发动金融攻击，使发展中国家资产大幅贬值再低价收购之；高举制裁大棒，冻结他国海外资产；利用金融霸权和对金融与商品市场的定价权，滥发货币，巧取豪夺，获取大量铸币税；通过“和平”的战略对话，步步施压，逼迫发展中国家扩大开放力度（王健、谢长安，2015）。

不可否认的是，当代西方跨国公司与国际金融资本在获取巨额经济利润的同时，也或多或少地促进了发展中国家经济的发展，但这是在以大量资源被消耗和环境遭到严重污染为代价下所取得的成就，处于边缘位置的绝大多数发展中国家和第三世界国家遵循所谓的“西方模式”是不可能跻身到发达国家行列的，只要它们的国家经济主权被控制，它们永远只能被处于中心位置的发达资本主义国家所剥削和压榨，成为其附庸。这已经为第二次世界大战以来半个多世纪的历史所证明①。从某种意义上说，当代西方跨国公司是西方资本得以在全球结构中获得有利位置的制度性框架安排之一，当代西方跨国公司是造成全球发展失衡、财富分配不均的重要力量。法国经济学家托马斯·皮凯蒂在《21 世纪资本论》中也指出，“落后国家是通过提高科技水平、专业知识与技能和教育水准来追赶发达国家的，而不是通过成为富国的资产”②。

由金融资本支持的当代西方跨国公司所具有的超凡运作能力不仅对资本主义国家的经济政治产生了诸多影响，也对全球化下处于外围位置的广大发展中国家的经济主权构成了严重挑战。

20 世纪 90 年代初，中国顶住了颜色革命的冲击，采取了一系列具有深远影响的改革与开放措施，极大地促进了经济发展和社会进步。然而，在经济高速发展的同时，随着大量西方跨国公司和金融资本的进入，我国许多产业包括一些支柱产业被外资控制，环境污染、资源消耗等问题日益严重，当初市场换技术的设想并未实现，盯住美元的管理汇率制导致货币自主收放难度加大，积累的巨额外汇储备对国内经济运行造成巨大压力，在华外资大有垄断中国市场之趋势。因此，一方面维护我国经济发展的自主性越来越重要，另一方面维护经济发展的自主性也越来越困难了。

20 世纪 70 年代末，中国实行改革开放不久，西方跨国公司和金融资本就开始进入中国。跨国公司进入中国的历程总体上分为三个阶段：改革开放初期，跨国公司以商品和技术贸易，同时伴有少量直接投资在中国进行活动（约 1979 ~ 1992 年）；改革开放扩大期，跨国公司进行大规模直接投资且主要集中在制造业领域（约 1992 ~ 2001 年）；21 世纪以来，跨国公司全方位、多领域、深层次、多行业地全面进入中国，影响越来越大（王志乐，2012）。在对外开放，引进西方强大的跨国公司和金融资本后，中国并没有像拉美、非洲、东欧一些国家丢失国家经济主权，国内市场被全面占领，国民经济殖民地化，反而走出了不同于西方的发展道路，创造了举世瞩目的中国奇迹。之所以如此，主要原因在于中国前三十年的发展为后三十年自主开放奠定了扎实基础。

另外，当代西方跨国公司代表的毕竟是西方金融寡头的利益，维护不公正的

① 第二次世界大战后，韩国、日本、新加坡和中国台湾获得高速发展甚至跻身发达国家和地区的行列是美国出于遏制共产主义扩张的需要，对其进行精心扶持的结果。这些国家和地区的发展和崛起模式并不具有普遍性，大部分国家和地区无法复制该模式。

② 托马斯·皮凯蒂：《21 世纪资本论》，中译本，中信出版社 2014 年版，第 71 页。

国际政治经济秩序，防止以中国为首的发展中国家挑战西方“既得利益”是其重要使命，这依然是由资本的本性所决定的。在当代西方跨国公司和金融资本的长期运作之下，中国每个已开放产业的前5名，都是由外资公司控制，在中国28个主要产业中，外资在21个产业中拥有多数资产控制权（贾根良，2010）。表5－15是2001年后外资进入中国部分行业的情况。

表5－15　　2001年后外资进入我国部分行业情况一览表

行业	收购方	收购对象	收购时间	进入方式
造纸	美国国际纸业	山东太阳纸业	2005年8月	合资经营
	芬兰斯道拉恩索	山东华泰集团	2006年4月	合资经营
化妆品	法国欧莱雅	小护士	2003年12月	协议收购
	法国欧莱雅	羽西	2004年1月	协议收购
	美国强生	北京大宝	2007年3月	转让全部股权
制药	荷兰DSM	华北药业集团	2004年3月 2007年2月	协议收购 合资建设
	香港中信资本美国华平投资集团	哈尔滨药业集团	2004年12月	要约收购
	拜耳医药保健（BHC）	东盛科技启东盖天力公司	2006年10月	协议收购
	住友株式会社、住友商事（中国）有限公司	河南天方药业集团	2005年4月	协议收购
啤酒	南非SAB	华润雪花啤酒	2001年	增资控股
	美国AB公司	青岛啤酒	2002年10月	发行定向可转换债券
	美国AB公司	哈啤集团	2004年6月	收购港股流通股
	荷兰喜力公司	粤啤	2004年2月	收购新股、流通股
	英国纽卡斯尔	重庆啤酒	2006年	溢价收购部分国有股
	丹麦嘉士伯公司	西藏发展	2004年8月	合资经营
	比利时英博集团	福建雪津啤酒	2006年6月	溢价收购全部股权
水泥	法国拉法基	四川双马	2005年11月	购买型间接收购
	摩根士丹利	海螺集团	2006年1月	协议收购
	瑞士Holcim	华新水泥	2006年3月	定向增发A股
	德国海德堡集团	辽宁工源水泥	2006年10月	协议收购
	爱尔兰CRH	亚泰水泥	2006年10月	协议收购

续表

行业	收购方	收购对象	收购时间	进入方式
机械装备	德国 FAG	宁夏西北轴承	2001 年 12 月	合资经营后转为独资
	德国西门子	锦西化机	2005 年 4 月	合资经营
	德国博世	无锡威孚	2004 年 8 月	增资持股
	美国乔丹工业公司	鸡西煤机 佳木斯煤机	2005 年 12 月	协议收购
	瑞士阿特拉斯	沈阳凿岩机械	2003 年 11 月	合资经营
	美国卡特彼勒	山东山工机械	2004 年 4 月	整体并购
	汉鼎亚太	玉柴工程机械	2006 年 1 月	协议收购
矿产	法国阿尔斯通	武汉锅炉厂	2007 年 4 月	协议收购法人股
	韩国 SKN	北方铜业	2007 年 3 月	增资控股
	加拿大西南金矿	东川播卡金矿	2002 年	合资控股
	巴西淡水河谷	永煤集团	2005 年 5 月	协议收购
	澳大利亚澳华黄金	贵州锦丰矿业集团	2006 年 7 月	合资经营

资料来源：陈曦、曾繁华：《国家经济安全的维度、实质及对策研究：基于外资并购视角的案例分析》，中国经济出版社 2010 年版，第 85 页。

当代西方跨国公司和金融资本已经深深植入我国国民经济之中。我们从三大产业进行具体分析。

首先是第一产业。第一产业主要是农、林、牧、渔业，作为世界上人口最多的发展中国家，农业是国民经济的基础，农业中最让人关注的就是粮食安全。民以食为天，粮食安全是一个影响国家安全和社会稳定的重大问题。近年来，一些国家发生的骚乱与社会动荡基本都是由饥荒引起。而事实上，在国际粮食市场上，确实有一只有形之手在操控粮价，它就是跨国粮商。众所周知，西方四大跨国粮商（ADM、邦吉、嘉吉、路易达孚，简称 ABCD）控制世界粮食 80% 的交易量，无论是在资金、品牌、技术还是信息网络、营销等方面都拥有绝对优势和实力，发展中国家的一些粮食公司即使拥有政府支持也无法望其项背。对于中国这个庞大市场，以盈利为目的的西方跨国粮食集团自然青睐有加。

西方跨国粮商成功布局中国市场的标志性事件是中国大豆产业遭外资垄断。在 1995 年之前，中国一直是大豆净出口国，但 2000 年后却成为世界上最大的大豆进口国[①]。除大豆外，玉米、水稻、小麦等都是跨国粮商正在积极进入的领域。农业领域另一值得注意的问题莫过于已经进入中国市场、由西方国家主导的转基因生物研究。《国际先驱导报》的记者就曾花费四个月时间对山西、吉林农户种植的转基因玉米进行过调查，结果显示吃过这种玉米的动物，先后出现大量的异常[②]。

关于当代西方跨国公司对中国粮食产业可能造成的影响，杂交水稻之父袁隆平院士曾忧心忡忡地指出，随着我国市场对外资的开放程度不断提高，跨国公司早已长驱直入，参与到包括种子的研发、种植、加工、物流和销售等农业产业链的各个环节中，有的产业已经完全被外资掌控，民族种子产业的发展面临严峻形势（方兴起，2014）。

其次是第二产业领域。第二产业主要包括采矿业、制造业、电力、热力、燃气及水生产和供应业、建筑业等。显然，第二产业是吸纳就业人数最多的产业，考察一个国家工业化程度和水平高低的关键行业基本都集中在第二产业，我们通常所说的产业结构升级就是针对第二产业中一些产业处于产业链低端，无法在国际分工中上升到比较优越的位置，从而无法实现产业高附加值、高企业利润回报、高收入就业岗位等情况而言的。第二产业中的行业发展状况决定了一国国民经济的独立自主程度，这往往也是当代西方跨国公司和国际金融资本利益代言人鼓吹比较优势理论、产权明晰理论进而将发展中国家的产业全面压制在产业链低端，使国有企业力量削弱甚至瓦解，最终丧失同西方跨国公司相竞争的重要意图。当今欧美国家提出再工业化无非就是想在未来的产业革命中再次占据领先位置。

从我国第二产业中的一些代表性行业来看：在建筑行业，以水泥业为例，中国前五大水泥企业（浙江三狮、海螺、华新、山水、亚泰），除了三狮外，其余四家企业均已被外资控有部分股权。其中，华新水泥企业已被外资实现绝对控股（陈曦、曾繁华，2010）。

在汽车行业，外资拥有中国汽车销售量最大的一些公司（一汽大众、上海大众、东风、华晨、上海通用等）的股权均已达到50%；外商在华投资和合资控制的53家大型汽车公司的销售额占汽车市场总销售额的60%～70%（1万亿元销售额以上，不包括外资中小企业）；外资在中国汽车零部件市场占有份额超过

① 中国大豆进口量从2000年的1041.6万吨增加到2013年的6338万吨。其他粮食作物近年的进口量也较大，如小麦2013年的进口量为553.51万吨，稻谷和大米2013年的进口量为227.11万吨，谷物及谷物粉2013年进口量为1458万吨（数据来源于国家统计局网站）。

② 《谁动了它们的基因》，载《国际先驱导报》2010年9月21日。

60%，在发动机等高技术含量领域，外资控制企业占有份额高达70%以上（关雪凌、张猛，2014）。

在其他一些基础制造业领域，如网络销售、计算机处理器与服务器等行业，跨国公司已占有绝对垄断地位，控制越来越多的高附加值产业；中国最大的5家电梯企业均为外商控股，占全国产量的80%以上；彩色显像管占65%，程控交换机占90%，移动通信电话行业占95%（江涌，2009）。

在供水行业，世界四大水务集团（苏伊士集团、泰晤士水务、威立雅集团、柏林水务）先后在中国参股许多城市的自来水公司，如世界排名第一的法国苏伊士集团在青岛、上海、三亚、重庆均设有合资企业；法国威立雅联合其合资公司首创威水投资公司在2004年12月发起世界第二大水务并购案：出资4亿美元，获得深水集团45%股权，期限为50年（威立雅5%，首创威水40%）；法国通用水务公司收购上海自来水浦东公司50%股权；珠海市将污水处理通过特许经营的方式转让给法国威望企业和华电公司等（陈曦、曾繁华，2010）。

再其次是第三产业领域。第三产业主要包括批发和零售业、交通运输业、仓储和邮政业、住宿和餐饮业、信息传输业、软件和信息技术服务业、金融业、房地产业、租赁和商务服务业、科学研究和技术服务业、水利、环境和公共设施管理业、教育、卫生、文化、体育、娱乐业、公共管理、社会保障和社会组织等。由于金融在一国国民经济中所处的核心地位，第三产业中最重要的行业无疑是金融业，其次是交通运输和物流、零售商业、信息传输等行业。

在物流、零售商业等行业，美国联邦快递（FedEx）、美国联合包裹（UPS）、德国敦豪（DHL）、荷兰天地快运（TNT）四大外资快递巨头已占领我国国际快递市场80%以上的份额（陈曦、曾繁华，2010）。

在中国的金融业，西方金融资本的存在早已不是什么秘密。

外国评级机构长驱直入中国的评级信用市场，控制了中国2/3以上的评级业务。仅三大信用评级机构（标准普尔、穆迪、惠誉）就已占据中国主要直接融资产品市场70%以上的份额，广泛渗透到包括国防、能源等战略行业在内的行业，并建立起较为全面的中国经济数据库（江涌，2009，2010）。

不仅是信用评级业务，会计师事务所这个重要的金融服务行业也面临被外资全面占领的局面。四大会计师事务所（普华永道、安永、毕马威、德勤）几乎垄断了中国高端会计审计业务和中国海外上市企业的所有审计业务。在1400多家A股上市公司的审计业务中，“四大”审计的资产超过40%（江涌，2009）。

在银行业和证券业：英国汇丰以近17亿美元买进交通银行19.9%的股权，中国证监会已先后批准50多家中外合资基金管理公司，其数目占据国内基金的半壁江山（陈曦、曾繁华，2010）。表5－16显示了外资参股我国银行的情况。

表5－16　　外资参股我国银行一览表

参股方	被参股方中资银行	持股比例（%）
高盛、安联、运通	中国工商银行	10
淡马锡控股	中国建设银行	5.1
美洲银行	中国建设银行	9
苏格兰皇家银行	中国银行	10
新加坡淡马锡公司	中国银行	10
瑞银集团	中国银行	1.6
渣打银行	渤海银行	19.9
德意志银行	华夏银行	10.76
荷兰NG集团	北京银行	19.9
汇丰银行	交通银行	19.9
恒生银行（汇丰控股）	兴业银行	15.98
美国新桥投资集团	深圳发展银行	17.98
国际金融公司	民生银行	1.6
新加坡淡马锡公司	民生银行	4.55
加拿大丰业银行	西安商业银行	2.5
国际金融公司	西安商业银行	2.55
澳洲联邦银行	济南商业银行	11.0

资料来源：陈曦、曾繁华：《国家经济安全的维度、实质及对策研究：基于外资并购视角的案例分析》，中国经济出版社2010年版，第45～46页。

在过去数年，受美国量化宽松、廉价美元以及国内不正确的汇率和货币政策等因素的影响，国内大批企业出现融资难局面，许多企业举借了大量外债①，随着美元逐渐转强，中国的许多举借外债的企业将不可避免陷入高额负债境地，成为被外资收购的对象。

第三产业面临的不容乐观的形势从根本上讲是缺少监管的西方在华金融资本

① 《中国外债余额全球第七位，增速全球第一》，载《第一财经日报》2015年1月5日。

在中国攻城略地的结果，正因为这样，近些年关于中国尽快开放资本账户管制的呼声开始出现。可以想象，一旦资本账户管制这最后一道防火墙被拆除，那么，中国的结局必然只会像拉美国家那样，经济危机甚至社会危机不断，国民财富大量流失，现代化进程终结。

当代西方跨国公司和国际金融资本在中国的大量存在不仅对所有制结构造成影响，也对前面所提到的实体经济与虚拟经济之间比例失衡、收入分配结构失衡造成了较大影响（国内外金融资本呈现混合趋势，共同对国民经济社会发展造成影响）。

2. 公有制主体地位有受削弱倾向

所有制结构中存在的另一大问题是公有制经济的主体地位随着经济不断发展而有削弱之倾向。

第一，从就业指标方面来看①，公有制经济已经不是吸纳就业人数最多的经济单位。如表5－17所示，以2013年和2014年为例（最近数十年的情况基本类似），在公有制经济中就业的人员比重约在20%上下，而在非公有制经济中的就业人数比重超过70%。

表5－17　　　　2013～2014年城镇就业人数情况

指标	2014年	占比（%）	2013年	占比（%）
城镇就业人员（万人）	39310	100	38240	100
国有单位城镇就业人员（万人）	6312	16.06	6365	16.64
城镇集体单位城镇就业人员（万人）	537	1.37	566	1.48
股份合作单位城镇就业人员（万人）	103	0.26	108	0.28
联营单位城镇就业人员（万人）	22	0.05	25	0.07
有限责任公司城镇就业人员（万人）	6315	16.06	6069	15.87
股份有限公司城镇就业人员（万人）	1751	4.45	1721	4.50
私营企业城镇就业人员（万人）	9857	25.08	8242	21.55
港澳台商投资单位城镇就业人员（万人）	1393	3.54	1397	3.65

① 需要指出的是，关于衡量公有制经济主体地位的指标，仅仅基于资产值、利润、营业收入等物的形态方面进行衡量是不够的，因为这些都是反映物的一面，更重要的是看其吸纳劳动者的数量，劳动者之间的关系即社会关系才是反映生产资料所有制结构的更为重要的标准。此方面的研究，可参见何干强：《论公有制在社会主义基本经济制度中的最低限度》，载《马克思主义研究》2012年第10期。

续表

指标	2014 年	占比（%）	2013 年	占比（%）
外商投资单位城镇就业人员（万人）	1562	3.97	1566	4.10
个体城镇就业人员（万人）	7009	17.83	6142	16.06
未知的就业人员（万人）	39310	11.32	38240	15.79

资料来源：国家统计局网站。

第二，从企业资产值、主营业务收入、利润、从业人员数量等指标来看，公有制经济的绝对主导地位也有削弱之势。表 5－18 显示中国 2013 年的工业企业资产、主营业务收入、利润情况可以看出，私营企业、港澳台商投资企业、其他企业在各个指标中所占比重已经远超过公有制企业。类似情况，表 5－19 显示了 2013 年的建筑业企业单位数、从业人员数和总资产情况可以看出，企业性质不明确的“其他企业”在各方面的指标中占绝对主导地位。

表 5－18　　2013 年中国工业企业资产、主营业务收入、利润情况

指标	资产（亿元）	比例（%）	主营业务收入（亿元）	比例（%）	利润（亿元）	比例（%）
总计	870751.1		1038659.45		68378.9	
国有企业	110002	12.63	82579.95	7.95	4030.68	5.89
集体企业	6172.78	0.71	11513.89	1.11	825.41	1.21
股份合作企业	3292.23	0.38	4391	0.42	274.62	0.40
联营企业	1112.91	0.13	1201.35	0.12	64.92	0.09
有限责任公司	254430.29	29.22	248838.56	23.96	13740.88	20.10
国有独资公司	54233.79	6.23	33874.93	3.26	1440.74	2.11
其他有限责任公司	200196.51	22.99	214963.63	20.70	12300.14	17.99
股份有限公司	106159.26	12.19	94144.02	9.06	7435.43	10.87
私营企业	174771.08	20.07	329694.32	31.74	20876.17	30.53
其他企业	9074.23	1.04	15398.91	1.48	983.72	1.44
港澳台商投资企业	71815.42	8.25	88016.36	8.47	4925.98	7.20
外商投资企业	113795.63	13.07	153371.39	14.77	9673.22	14.15

资料来源：国家统计局网站。

表 5－19　2013 年中国建筑业企业单位数、从业人员数、总产值情况

指标	单位数（个）	比例（%）	从业人员数（万人）	比例（%）	总产值（亿元）	比例（%）
总计	78919		4528.36		160366.06	
国有企业	4607	5.84	477.48	10.54	26161.24	16.31
集体企业	4572	5.79	222.97	4.92	5543.33	3.46
港澳台商投资企业	389	0.49	15.39	0.34	660.67	0.41
外商投资企业	280	0.35	11.19	0.25	603.31	0.38
其他企业	69680	88.29	3772.28	83.30	126344.4	78.78

资料来源：国家统计局网站。

值得注意的是，公有制经济地位的变化不仅对所有制结构产生直接的影响，也对我国的收入分配差距产生了不同程度的影响（赵人伟、李实，1997；刘国光，2007；范从来、孙覃玥，2007；李楠，2007；唐末兵、傅元海，2013；魏光谱、何干强，2014）。

（四）人口与产业布局结构有失衡倾向

中国人口与产业布局失衡问题由来已久，突出表现在东、中、西部和城乡发展水平巨大差异上，即相当一部分人口并没有被纳入工业循环，工业化广度和深度仍有待提高。

第一，人口分布失衡问题长期存在。我国人口主要集中在东部地区和城市地区，东部地区和城市地区（包括各省的省会城市）集中了绝大部分资源。若从黑龙江黑河至云南腾冲划一条线，东西两块面积大致相等，但约90%的人口集中在这条线的东部（邓英淘，2013）。首先，人口区域分布不合理。根据第六次人口普查的结果，我国东部发达地区的常住人口呈现急剧增加现象，中部六省市常住人口呈现负增长和空心化趋势（常住人口负增长的主要原因是人口向东部外流）。其次，人口城市分布不合理。2014 年全国流动人口约 2.53 亿人，农民工总量约 2.74 亿人，外出农民工约 1.68 亿人，而随着农村大量青壮年的外出，农村留守的老人、妇女和儿童总计高达约 1.4 亿人。最后，各地区人口密度差距较大。相当部分发达的市区拥有常住人口早已超过百万甚至千万，人口密度较大（如上海人口密度高达每平方公里 3000 多人），带来了各种负面问题（交通拥堵、房价飞涨、环境污染等），而有的地方人口密度极小（如西藏、青海人口密度每平方公里不到 8 人）。

第二，产业布局失衡问题长期得不到解决。从历史上看，我国的产业、工业基

地等最早集中在东部地区，几十年过去了，尤其是西部大开发等战略实施后，这种产业布局情况得到很大改善，但没有得到根本解决。当前，中国产业空间布局存在着东部地区产业过度集聚，中西部工业结构趋于瓦解的趋势（吴福象、蔡悦，2014）。从工业总产值来看，东部地区工业总产值占全国工业总产值近65%，而西部地区工业总产值占全国工业总产值比重不到15%，整个西部地区工业总产值不到江苏一个省；从一些重要的具有代表性的制造业（通信设备、计算机、电子器械等）地区集中度来看，广东、山东、江苏、福建、浙江、上海等地区集中该类制造业比重超过60%。以2014年中国企业500强分布地域来看，东部地区（共355家）：北京98家、江苏48家、山东46家、浙江45家、广东42家、上海27家、河北23家、天津17家、福建9家；中部地区（共57家）：河南10家、安徽12家、湖南7家、湖北9家、江西8家、山西11家；西部地区（共68家）：四川13家、重庆12家、云南10家、陕西6家、广西6家、内蒙古4家、新疆4家、海南4家、宁夏2家、贵州2家、青海1家（中国企业联合会、中国企业家协会，2014）。

从世界经济发展史来看，世界各国的发展从来都是不平衡的，从一国内部看，区域发展的不平衡性也有一定的必然性。但作为人口最多的发展中大国，如果解决不了人口与产业布局失衡问题，不仅说明工业化没有获得彻底成功，更不利于经济的可持续发展和社会稳定。

第三节　经济结构扭曲的主要原因在于现行财税体制安排失当

前面两节回顾了我国的经济发展史、财税体制变迁史，从以制造业为主体的实体经济发展状况、财富和收入分配状况、所有制结构状况、人口和产业布局状况等方面分析了现有的经济结构扭曲的种种表现。经济结构扭曲是资本、劳动力等资源不合理流动的反映。本书认为，导致我国经济结构扭曲的根源是现行的财税体制，财税体制尤其是税负结构对经济结构往往具有决定性作用，正是由于财税体制未能有效抑制非生产性暴利，对不同的经济行为产生了鼓励和压抑两种不同效果，致使投机盛行、从事创造价值的劳动行为和实业行为被压抑、金融资本强行介入到社会再分配领域、金融吞噬实业、资产价格疯狂上涨、工业资本快速消失、国民经济金融化和虚拟化程度提高、分配差距拉大等问题。

结合财税体制与经济结构调整之关系，本书认为，当前我国经济结构中存在的最大问题是实体经济与虚拟经济之间的结构失衡问题，只要这个问题能够得到切实解决，所有制结构、分配结构、人口和产业布局结构等三个问题便可以得到较好的解决。首先，以制造业为主体的实体经济出现的发展困局，根源在于毫无节制的金融资本淘汰否定产业资本，使得食利资本所得远大于劳动所得，实体企业生产成本大幅度上升，大量中低端制造业消失，产业资本大量流失到虚拟经济领域，从事实业产业成为“非理性”，产业升级和技术进步动力不足，只有改变现有的税负结构，对食利资本和金融资本征收高额累进税，使得工业的平均利润高于不动产溢价和食利资本利得，才能改变实体经济与虚拟经济结构失衡状况。在此过程中，财富和收入分配结构失衡问题便可以一并得到解决。其次，在解决现有的实体经济与虚拟经济结构失衡，以及分配结构失衡的基础上，应该加大财政投资力度，推动国有企业和民营企业携手共同提高国民经济竞争力，目前只有国企有能力且应该积极抢占国际产业制高点，维护国家经济安全。最后，在上述振兴实体经济基础上，积极改变现有财税体制中的地方政府和中央政府的财权和事权不对等状况，对全国的财税收入采取抽肥补瘦的措施，加大富裕地区和贫困地区之间的转移支付力度，则区域间的发展失衡包括人口和产业布局结构失衡状况便自然会得到解决。因此，以制造业为主体的实体经济是基础，是国家走向繁荣的根本保障之所在，只有实体经济获得较好的发展，经济结构调整和转型才能顺利完成。

一、财税影响经济结构的理论解析：拉姆齐模型

在财税体制中，财政收入和财政支出最为重要，财政收入涉及税收收入结构，亦即从谁身上收税；财政支出涉及公共支出结构。一个国家选择什么样的税收结构和公共支出结构，是关系到经济增长和社会福利等方面的大问题。在资本主义国家，其征税对象必然是劳动者及其劳动所得，即便如此，为了促进经济发展，针对资本利得和资产持有的征税也早已展开，政府支出结构中相当部分是社会保障。作为社会主义国家，征税对象理应为资本利得和资产持有及劳动所得。只有针对资本利得和资产持有征税（如遗产税、赠与税、房产税、财产离境转移税等），确保食利收益远低于劳动收益，资本才不会大规模地从实体经济中流出，去工业化才不会发生，虚拟经济才不会过度膨胀，收入差距才不会拉大。我们采用加入政府行为的 Ramsey – Cass – Koopmans 模型来说明这个问题（龚六堂，2009）。

（一）模型的框架

1. 消费者行为

消费者目标函数为： $\max\int_0^\infty u(c, l, g)e^{-\beta t}dt$

约束条件为：　　　　　$\dot{a} = ra + wl - c - T$

其中，c 为消费，l 为劳动力供给，a 为资本积累，g 为政府公共开支，w 表示工资，T 为政府税收。将政府公共开支引入效用函数后，消费者的效用函数就定义在私人消费、休闲和政府公共开支上。

一般认为：$u_c > 0$，$u_{cc} < 0$，$u_l < 0$，$u_{ll} < 0$，$u_g > 0$，$u_{gg} < 0$。

2. 厂商行为

厂商的生产函数为：$y = f(k, l)$，且满足：

$$f_k > 0,\ f_l > 0,\ f_{kk} < 0,\ f_{ll} < 0$$

厂商目标函数为：　　$\max\limits_{k,l} f(k, l) - rk - wl$

得到最优条件为：　　$r = f_k,\ w = f_l$

消费者的资产等于他拥有的资本和政府债券之和，即：$a = k + b$，其中，b 表示政府债券。将厂商行为代入消费者的预算约束方程，得到均衡经济问题：

$$\max \int_0^{\infty} u(c, l, g) e^{-\beta t} dt$$

受约束于：　　$\dot{b} + \dot{k} = f(k, l) + rb - c - T$

其中，　　$k(0) = k_0$ 和 $b(0) = b_0$。

定义 Hamilton 函数为：$H = u(c, l, g) + \lambda[f(k, l) + rb - c - T]$

其中，λ 为 Hamilton 乘子，它表示收入的现值影子价格，表示从时刻 0 来看，在 t 时刻一个单位的资本存量的增加所带来的最优效用的增加量。

得到最优条件为：

$$u_c(c, l, g) = \lambda \tag{5.1}$$

$$u_l(c, l, g) = -\lambda f_l(k, l) \tag{5.2}$$

$$\dot{\lambda} = \lambda\beta - \lambda f_k(k, l) = \lambda\beta - \lambda r \tag{5.3}$$

横截性条件：　　$\lim\limits_{t\to\infty} \lambda k e^{-\beta t} = \lim\limits_{t\to\infty} \lambda b e^{-\beta t} = 0$

（5.1）式表示财富的边际值等于消费的边际效用；（5.2）式表示休闲的边际效用等于劳动力的实际工资，它表示在最优时，消费者减少一个单位的劳动时间损失的工资与增加一个单位的休闲获得的效应的改善是相等的；（5.3）式是 Euler 方程。

3. 政府行为

政府收入主要来自税收收入和债券发行，公共支出主要包括支付债券的利息和实际公共开支，政府预算方程可以表示为：$\dot{b} + T = g + rb$

在封闭经济体中，产品市场满足：$f(k, l) = c + \dot{k} + g$　　　　(5.4)

由（5.1）式和（5.2）式，可以把消费水平和劳动水平表示为资本存量、政府公共开支和Hamilton乘子的函数：

$$c = c(\lambda, k, g) \tag{5.5}$$

$$l = l(\lambda, k, g) \tag{5.6}$$

一般将上面的路径称之为短期均衡路径，通过它们可以反映当变量变化时，短期内的消费水平和劳动力水平如何变化。

（二）动态系统的分析

将（5.5）式和（5.6）式代入（5.4）式和（5.3）式中，得到资本存量和财富的边际值的动态方程：

$$\dot{k} = f(k, l(\lambda, k, g)) - c(\lambda, k, g) - g \tag{5.7}$$

$$\dot{\lambda} = \lambda\beta - \lambda f_k(k, l(\lambda, k, g)) \tag{5.8}$$

均衡点（$\tilde{k}$，$\tilde{\lambda}$）在$\dot{k} = \dot{\lambda} = 0$时达到，也就是：

$$f(\tilde{k}, l(\tilde{\lambda}, \tilde{k}, g)) = c(\tilde{\lambda}, \tilde{k}, g) + g \tag{5.9}$$

$$f_k(\tilde{k}, l(\tilde{\lambda}, \tilde{k}, g)) = \beta \tag{5.10}$$

（5.9）式表明均衡时的投资等于零，产出满足消费（包括私人消费和政府公共开支）。（5.10）式表明长期资本的边际生产率等于时间偏好率。为了解在均衡时政府行为的改变如何从长期和短期影响经济，把（5.7）式和（5.8）式在均衡点附近线性展开，得到：

$$\begin{pmatrix} \dot{k} \\ \dot{\lambda} \end{pmatrix} = \begin{pmatrix} \omega_{11} & \omega_{12} \\ -\tilde{\lambda}\omega_{21} & -\tilde{\lambda}\omega_{22} \end{pmatrix} \begin{pmatrix} k - \tilde{k} \\ \lambda - \tilde{\lambda} \end{pmatrix}$$

其中：

$$\omega_{11} = f_k + f_l l_k - c_k > 0,\ \omega_{12} = f_l l_\lambda - c_\lambda > 0.$$

$$\omega_{21} = f_{kk} + f_{kl} l_k < 0,\ \omega_{22} = f_{kl} l_\lambda > 0.$$

上述线性系统的两个特征根满足$\mu_1\mu_2 = -\tilde{\lambda}(\omega_{11}\omega_{22} - \omega_{12}\omega) < 0$。因而两个特征根的符号恰好相反，说明均衡点是鞍点稳定的。记$\mu_1 < 0$，$\mu_2 > 0$，显然它们满足$\mu_2 > |\mu_1|$。进一步可以得到上述线性系统的解为：

$$k(t) = \tilde{k} + A_1 e^{\mu_1 t} + A_2 e^{\mu_2 t}$$

$$\lambda(t) = \tilde{\lambda} - \frac{\tilde{\lambda}\omega_{21}}{\lambda\omega_{22} + \mu_1} A_1 e^{\mu_1 t} - \frac{\tilde{\lambda}\omega_{21}}{\lambda\omega_{22} + \mu_2} A_2 e^{\mu_2 t}$$

其中，A_1，A_2为待定系数。

考虑到横截性条件和初始点的资本存量$k(0) = k_0$，可以得到资本存量和财富的边际值的显示路径：

$$k(t)=\tilde{k}+(k_0-\tilde{k})e^{\mu_1 t} \tag{5.11}$$

$$\lambda(t)=\tilde{\lambda}-\frac{\tilde{\lambda}\omega_{21}}{\tilde{\lambda}\omega_{22}+\mu_1}(k_0-\tilde{k})e^{\mu_1 t} \tag{5.12}$$

在图5－12中，记收敛路径为XX，YY为发散路径。由上面给出的显示解得到XX的方程为：

$$\lambda(t)-\tilde{\lambda}=-\frac{\tilde{\lambda}\omega_{21}}{\tilde{\lambda}\omega_{22}+\mu_1}(k-\tilde{k})=-\frac{\mu_1-\omega_{11}}{\omega_{12}}(k-\tilde{k}) \tag{5.13}$$

YY的方程为：

$$\lambda(t)-\tilde{\lambda}=-\frac{\tilde{\lambda}\omega_{21}}{\tilde{\lambda}\omega_{22}+\mu_2}(k-\tilde{k})=-\frac{\mu_2-\omega_{11}}{\omega_{12}}(k-\tilde{k}) \tag{5.14}$$

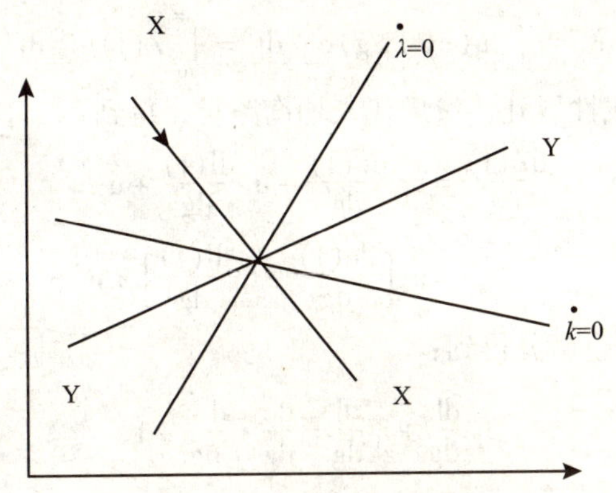

图5－12　收敛路径和发散路径

如果初始经济处于收敛路径上，那么经济沿着收敛路径到均衡点；如果初始经济处于发散路径上，那么经济沿着发散路径发散。

（三）均衡点时的比较静态分析

1. 永久的政府行为的影响

对（5.9）式和（5.10）式进行全微分，得到政府公共开支水平改变对均衡资本存量和财富的边际值的影响为：

$$\frac{d\tilde{k}}{dg}=\frac{\omega_{22}}{\Delta}-\frac{u_c f_1^2 f_{kl}}{D\Delta}\frac{d}{dg}\left[\frac{u_c}{u_g}\right] \tag{5.15}$$

$$\frac{d\tilde{\lambda}}{dg} = -\frac{\omega_{21}}{\Delta} + \frac{\tilde{y}/\tilde{l}f_{kk}(u_{cl}u_{cg} - u_{cc}u_{gl})}{D\Delta} + \frac{f_{kk}(u_{ll}u_{cg} - u_{cl}u_{gl})}{D\Delta} \tag{5.16}$$

其中：$\Delta = \omega_{11}\omega_{22} - \omega_{12}\omega_{21} > 0$，$D = u_{cc}(u_{ll} + \tilde{\lambda}f_{ll}) - u_{cl}^2 > 0$

上面将政府公共开支的影响分成两部分：第一部分叫财富效应，第二部分分为当政府公共开支变化时对私人消费和劳动力供给的影响。

财富效应对均衡点的资本存量和财富边际效用都是正的。因为尽管政府公共开支不直接影响生产，也不直接影响资本存量和财富的边际效用，但政府公共开支增加，政府相应地会提高税收水平，这就会降低私人财富和消费，这样，财富的边际效用会上升，消费者会增加其劳动力的供给，劳动力供给的增加会提高资本的边际效用，从而鼓励消费者积累资本，因此，提高了均衡点的资本存量。

2. 政府公共开支的变化对社会福利的影响

记 $u(c(t), l(t), g) = Z(t)$，这时，福利可以写成：

$$W = \int_0^{\infty} u(c, l, g)e^{-\beta t}dt = \int_0^{\infty} Z(t)e^{-\beta t}dt$$

在均衡点附近线性展开，然后代入均衡路径，得到：

$$\begin{aligned}\frac{dZ(t)}{dg} &= u_c\frac{dc(t)}{dg} + u_l\frac{dl(t)}{dg} + u_g \\ &= u_c\left[\frac{dc(t)}{dg} - l_l\frac{dl(t)}{dg}\right] + u_g\end{aligned}$$

对（5.4）式求全微分得到：

$$f_k\frac{dk}{dg} + f_l\frac{dl}{dg} = \frac{dc}{dg} + \frac{d\dot{k}}{dg} + 1 \tag{5.17}$$

把（5.17）式代入$\frac{dZ(t)}{dg}$的表达式得到：

$$\frac{dZ(t)}{dg} = u_g(c, l, g) - u_c(c, l, g) + u_c\left[\frac{dk(t)}{dg} - \frac{d\dot{k}(t)}{dg}\right] \tag{5.18}$$

把资本积累路径（5.11）式的显示路径代入（5.18）式得到：

$$\begin{aligned}\frac{dZ(t)}{dg} &= u_g(c, l, g) - u_c(c, l, g) \\ &\quad + u_c\left[f_k(1 - e^{\mu_1 t}) + \mu_1 e^{\mu_1 t}\right]\frac{d\tilde{k}}{dg}\end{aligned} \tag{5.19}$$

（5.19）式中，第一部分叫作直接效应，政府公共开支增加首先挤掉私人消费，因此它表示政府增加公共开支给消费者带来的效用与损失的效用之差；第二部分叫作跨时资本积累效果，它体现在政府公共开支增加导致消费者的资本存量的增加，从而带来的消费者福利的增加。

这样得到政府公共开支改变对初始的效用和均衡点的效用的影响：

$$\frac{dZ(0)}{dg}=u_g(c,\ l,\ g)-u_c(c,\ l,\ g)+u_c\mu_1\frac{d\tilde{k}}{dg}$$

$$\frac{d\tilde{Z}}{dg}=u_g(c,\ l,\ g)-u_c(c,\ l,\ g)+u_cf_k\frac{d\tilde{k}}{dg}$$

把效用函数 Tayler 展开，得到：

$$Z(t)=\tilde{Z}+(Z(0)-\tilde{Z})e^{\mu_1 t}$$

这样得到：

$$W=\frac{\tilde{Z}}{\beta}+\frac{(Z(0)-\tilde{Z})}{\beta-\mu_1}$$

因此：

$$\frac{dW}{dg}=\frac{1}{\beta}\left[u_g-u_c(1-f_k\frac{d\tilde{k}}{dg})\right]-u_c\frac{\mu_1-f_k}{\mu_1-\beta}\frac{d\tilde{k}}{dg} \tag{5.20}$$

因为在均衡点满足 $f_k=\beta$，因此（5.20）式变为：

$$\frac{dW}{dg}=\frac{1}{\beta}[u_g-u_c]$$

因此，通过上面的计算，得到永久的政府公共开支增加对社会福利的影响可以很简单地表示为政府行为的挤出效果。

二、现行财税体制扭曲经济结构的具体表现

前面提及，我国的财税体制处理的是不同级次政府之间的分配关系，以及政府与企业和居民之间的分配关系。自 1994 年分税制改革以来①，财税体制历经多次调整，尤其是 2013 年新一轮改革后，财税体制由经济体制组成部分被上升到国家治理体系组成部分的高度。但正如有学者（高培勇、汪德华，2013；高培勇，2018）评价指出的是，新一轮财税体制改革以来，一些改革进展较快，但不足之处也是相当明显的，如直接税改革相当缓慢，个人所得税和房地产税改革裹足不前；中央和地方的财权与事权关系改革上，工作推进相对滞后；新《预算

① 尽管 1994 年建立的财政体制一直是以分税制财政体制冠名，但它并非真正的分税制，因为它没有清晰界定中央与地方的财权和事权、地方没有主体税种、分事和分税基础上的分级财政管理体制始终没有形成。这说明现行的财政管理体制运行格局，它的许多方面已经偏离了本来意义上的分税制财政管理体制的轨道。参见高培勇：《财税体制改革与国家治理现代化》，社会科学文献出版社 2014 年版，第 226～228 页。因而，1994 年所建立的财税体制尽管极大地促进了后来的经济增长，是“中国奇迹”得以出现的重要原因，但它也带来了不少问题，这些问题并非出在分税制本身，而是分税制在执行中被扭曲了。

法》亟待落到实处。现行财税体制正是通过影响不同级次政府之间的分配关系、政府与企业和居民之间的分配关系等途径对经济结构造成了较大影响。

（一）现行财税体制扭曲了地方政府行为

地方政府在我国国民经济的发展中一直发挥着极为重要的作用，地方政府如同企业和家庭一样，也有收支活动，需要筹钱和花钱。与企业和家庭所不同的是，地方政府的收支行为对整个市场产生的影响是较大的，这个影响范围当然包括经济结构。我国经济结构扭曲与地方政府扩张进而使自身逐渐公司化几乎是同步发生的。

公司化倾向常用来形容地方政府近些年的扩张势头，即一些地方政府像企业一样追求自身利益，对经济和社会发展造成种种不利影响。地方政府公司化倾向始于分税制改革，分税制的财政制度使地方政府为获取税收收入产生激烈竞争，尽管这种激烈竞争被认为是促使中国经济高速增长的重要原因，但在以经济建设为中心的路线方针下，GDP、财政收入等成为地方政府官员考核指标，地方政府具有的诸如投资冲动、权利扩张势头愈来愈强，如市场中的企业一般追求自身利益，公司化倾向越来越严重。而分税制所带来的中央政府与地方政府在财权与事权上的不匹配问题（图5－13、图5－14），则是地方政府公司化倾向的另一重要推动力。另外，由于各地区经济发展水平不同，区位优势不同，所获得的税收收入相差较大，分税制在一定程度上助长了地方保护主义，不利于全国统一市场的形成，也不利于全国区域统筹发展。

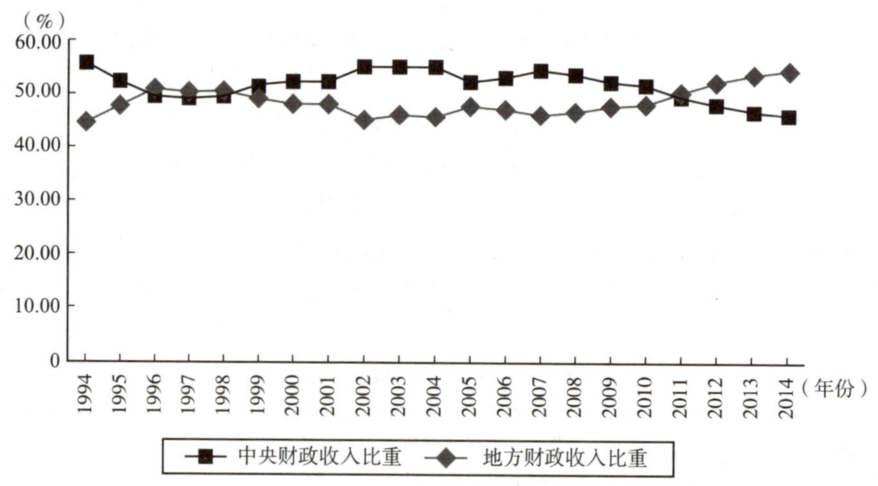

图5－13　1994～2014年地方政府与中央政府财政收入占全国财政收入比重

资料来源：国家统计局网站。

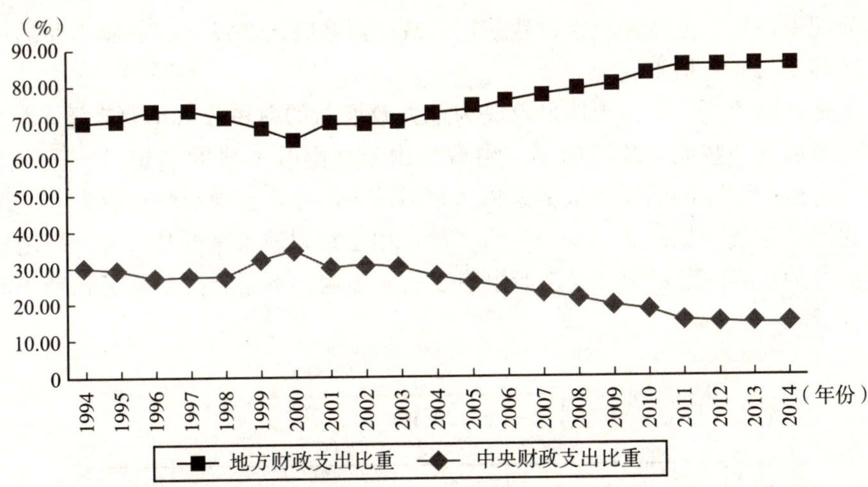

图 5-14 1994~2014 年地方政府与中央政府财政支出占全国财政支出比重

资料来源：国家统计局网站。

需要指出的是，尽管图 5-13、图 5-14 显示中央政府与地方政府在财权和事权上的不匹配，但每年中央政府向地方政府的转移支付数额是相当大的（突出表现在中央财政债务余额逐年增多①，见图 5-15），而由于各地财政获得的转移

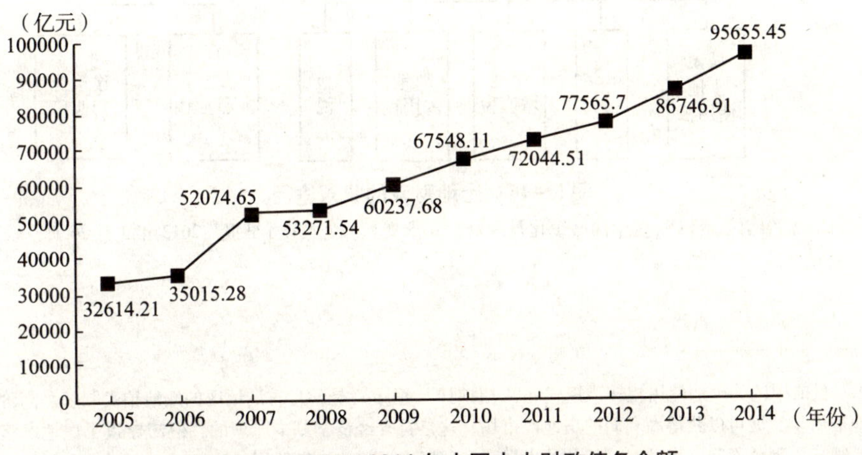

图 5-15 2005~2014 年中国中央财政债务余额

资料来源：国家统计局网站。

① 《中国统计年鉴》的数据也显示，自 1979 年以来，我国绝大部分年份是财政支出大于财政收入的。只有 1981 年、1985 年、2007 年三年的财政显示盈余状态（盈余分别是 37.38 亿元、0.57 亿元和 1540.43 亿元），其余年份都是赤字。1997~2012 年的财政赤字加总（减去盈余）达到 4.8 万亿元。

支付分配不稳定，随意性较大，致使地方政府财政收入并没有因数额不菲的中央财政转移支付而有根本改观。

正是在财源压力下，土地财政成为地方政府新的财税收入重要来源①，土地财政甚至成为一些地方政府的第一财政，由土地财政形成的“银行——地方政府——房地产商”的运作模式更是将土地财政金融化，土地财政也成为一些地方政府的第一金融（见图5－16、图5－17）。由土地财政带来的高房价、高用地成本、暴力拆迁等问题对国民经济产生诸多负面影响，不利于社会稳定和经济的可持续发展②。

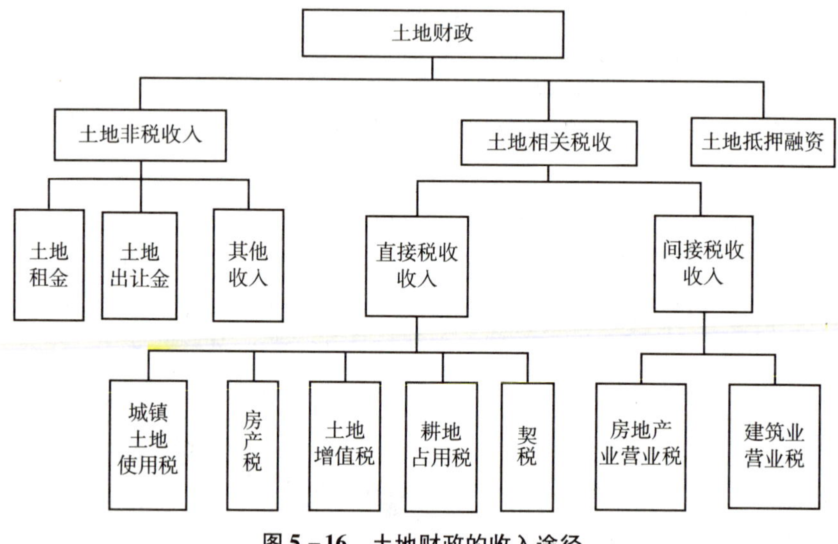

图5－16　土地财政的收入途径

资料来源：陶然、汪晖：《中国城镇化投融资模式求变》，载《东方早报》2013年3月26日。

---

① 目前中国的土地使用权转让模式（“招拍挂”程序）是学自香港地区的土地拍卖制度。高价拍得的土地被用于发展可以获得高利润的房地产市场，这是符合经济学基本原理的，但却导致了房地产泡沫和制造业被挤压等负面问题，同时，部分城市居民和郊区农民成为食利阶层。

② 在分税制的财政体制内，地方政府的可控收入来源主要有两个：一是土地变现时的增值收益；二是通过招商引资和城市扩张来增加包括所得税、建筑业和房地产业营业税等由地方享有的税收的规模。这样，在赤字压力下，土地就成为地方最捷径也是最主要的收入来源，“以地生财”成为分税制后地方政府的刚性需求（引自杨帅、温铁军，2010）。通过土地获得的收入能够用于改善民生、完善基础设施，中国的土地财政在过去数十年中确实为改善城市面貌起到了很大作用，不应该全盘否定。但土地财政以及由此带来的高房价等问题对经济和社会的发展造成的影响也是不容忽视的。

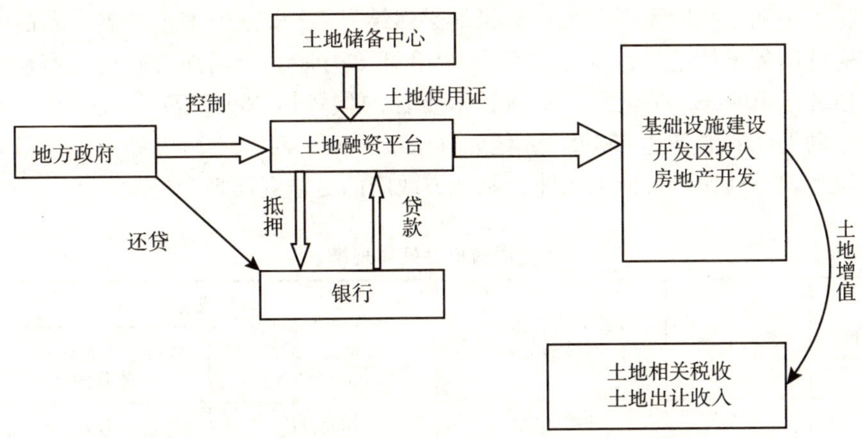

图 5-17 地方融资平台公司通过土地抵押贷款及还款流程

资料来源：陶然、汪晖：《中国城镇化投融资模式求变》，载《东方早报》2013 年 3 月 26 日。

在现行的财税体制下，地方政府对经济结构调整这一重要问题自然是动力不足，而是积极寻找可以短期内推动 GDP 增长和财政收入增长的产业和资源及其运作模式。我国近些年的土地财政格局和房地产行业畸形发展致使房地产等不动产增值的速度远远高于实体企业的平均利润水平，大量新增货币流入不动产，又刺激了不动产的迅速增值，而针对不动产我国几乎没有课税。这种税负不公使本应该流入实体经济的资本等资源被挤占，资源配置失衡，导致实体企业资金成本大幅度上升，扭曲了经济结构。当大规模资本沉淀在房地产中，创造价值的产业就会衰落，因为只要拥有资本，只要投资于不动产，就能获得远超过实体企业的平均利润的收益。而土地财政引致企业的用地成本也在不断攀升，实体企业的融资成本不断飙升，利润被蚕食①。

伴随地方政府公司化倾向的一大后果就是腐败横行。腐败从表面上看是政治权利私有化，官员以权谋私，但本质上是现行财税体制遭破坏，亦是财政约束失败。倘若建立了清晰的财产登记制度、具有连续的纳税记录、政府官员财产收入公开透明、围绕各级政府预算形成极为规范的财政管理体制、人民群众对政府官员具有有效的问责和监督机制，则不受立法约束的政府机会主义将无法盛行，腐败行为亦无从发生。

地方政府激烈竞争导致的另一个严重后果是日益高涨的地方债，地方债的存

① 我国土地的国家和集体所有制度在工业化进程中发挥了极为重要的作用，但近些年围绕土地所出现的种种问题和矛盾表明在经济高速发展过程中，相当部分土地极差地租被少数人攫取了，地租的共享制度被破坏了，其实质就是私人和私人机构僭越行政权力强行介入到社会再分配之中，根本原因是政府没有在税收制度上对私人投资土地的获利进行征税，进而导致财税体制被肢解。

在及扩大是地方政府无限和无序扩张的必然结果①。根据国家审计署发布的《全国政府性债务审计结果》显示：截至 2013 年 6 月底，全国地方政府负有偿还责任的债务达 108859.17 亿元，负有担保责任的债务达 26655.77 亿元，可能承担一定救助责任的债务达 43393.72 亿元（表 5－20～表 5－22）。如果考虑到我国在环境治理、社保等方面的欠账，则地方政府的负债规模将会更大。

表 5－20　　全国政府性债务规模　　单位：亿元

年度	政府层级	政府负有偿还责任的债务	政府或有债务	
			政府负有担保责任的债务	政府可能承担一定救助责任的债务
2012 年底	中央	94376.72	2835.71	21621.16
	地方	96281.87	24871.29	37705.16
	合计	190658.59	27707	59326.32
2013 年 6 月底	中央	98129.48	2600.72	23110.84
	地方	108859.17	26655.77	43393.72
	合计	206988.65	29256.49	66504.56

资料来源：国家审计署《全国政府性债务审计结果（2013）》。

表 5－21　　2013 年 6 月底地方各级政府性债务规模情况　　单位：亿元

政府层级	政府负有偿还责任的债务	政府或有债务	
		政府负有担保责任的债务	政府可能承担一定救助责任的债务
省级	17780.84	15627.58	18531.33
市级	48434.61	7424.13	17043.7
县级	39573.6	3488.04	7357.54
乡镇	3070.12	116.02	461.15
合计	108859.17	26655.77	43393.72

资料来源：国家审计署《全国政府性债务审计结果（2013）》。

---

① 地方政府债务主要包括两部分：地方融资平台债务（又包括银行贷款、发行城市建设投资公司债券、基建信托等类影子银行渠道）和非融资平台公司的地方政府债务，上述两部分在 2014 年年末分别为 16.6 万亿元和 10.6 万亿元，总计为 27.2 万亿元。参见李扬等：《中国国家资产负债表 2015——杠杆调整与风险管理》，中国社会科学出版社 2015 年版，第 35～36 页。地方债当然有积极作用，地方政府一定范围内的财政扩张也是可以理解的，但必须要有法理依据和数量边界限制。我国金融市场主要是用来支持实体经济发展的，当大规模的政府融资行为挤入金融市场，势必会影响实体经济的正常融资活动。

表 5－22 2013 年 6 月底地方政府性债务余额举债主体情况 单位：亿元

举债主体类别	政府负有偿还责任的债务	政府或有债务	
		政府负有担保责任的债务	政府可能承担一定救助责任的债务
融资平台公司	40755.54	8832.51	20116.37
政府部门和机构	30913.38	9684.2	0
经费补助事业单位	17761.87	1031.71	5157.1
国有独资或控股企业	11562.54	5754.14	14039.26
自收自支事业单位	3462.91	377.92	2184.63

资料来源：国家审计署《全国政府性债务审计结果（2013）》。

（二）税负结构偏向劳动所得，扭曲了分配结构

在财政收入中，税收从来都是最重要的部分，税收总量中各税种数量所占比重的结构关系就是税负结构。税负结构所反映的是税收负担在社会成员之间的分配状况，是基于财产、资本还是劳动的征税，从税负结构中可以清晰地看出，不同的税负结构会对分配结构产生很大影响。

首先，我国税收收入中流转税占据主要部分，流转税主要由消费税、营业税、增值税等组成，它们均属于间接税，而间接税容易转嫁、纳税人与实际负税人不一致。与间接税相对应的是直接税，直接税是税负不能转嫁或不易转嫁、纳税人与负税人一致的税种（如企业所得税、个人所得税、房产税、遗产税、赠与税等）①。如图 5－18 所示，从 1994～2014 年，我国的流转税占总的税收收入比重一直高达 50% 以上，而所得税占总税收的比重一直低于 30%。正是由于直接税容易转嫁，导致税负最终被消费者承担，加重了消费者的负担。换句话说，我国的税负偏向劳动所得（流转税占据税收收入绝大部分），而我国对资产持有和资本利得却几乎没有课税（财产税、赠与税、财产离境转移税等迄今没有开征）。无论是从税收收入结构还是从税收来源结构看，我国现行税制结构都处于严重失衡状态，背离了公平与效率原则，不利于分配结构的调整，这也是党的十八届三中全会《决定》中将税制结构优化方向确立为逐步提高直接税比重的重要原因。其次，从实际税负角度看，考虑到我国近些年金融资本的较快发展，通胀率高于

① 不管是增值类税费还是消费类的税费，它们都与劳动有关。对于企业的净利润，无论是归股东还是企业主，它依然是劳动者创造出的价值，对其的征税说到底还是基于劳动者的税。

存款利率造成的实际利率为负的问题，实际利率为负反映了金融机构介入社会再分配领域，金融特权侵占财政主权，国民被变相征收金融税的事实。同时，十年来房价上涨了十倍多，高房价大幅降低了国民福利，高房价已成了国民税赋（刘玉录，2008）。再其次，从税收收入来源结构看，在我国的全部税收收入中，企业（包括国有企业、集体企业、股份合作企业、股份公司、私营企业等）所缴纳的税收收入的占比基本高达90%，而企业所缴纳的税收的主要部分依然是由劳动者所创造的，加上税收转嫁的存在，则说明税收负担还是主要由劳动者承担，同时这也不利于企业竞争力的提高（见表5－23）。最后，我国在市场化和资本化过程中，国有资产和财富（如土地、矿产等自然资源、国有企业股权）的资本化本可以提供大量的财政收入，但我国却忽视了对资产增值的课税，致使国有资产在资本化过程中产生的财富被大规模转移，国家财政收入没有得到相应增长，国民福利亦没有相应提高。宪法规定，我国境内的国有资产均为全民所有，从广义上讲，全民所有的资源和财富被转移也相当于国民被利益集团征税①。

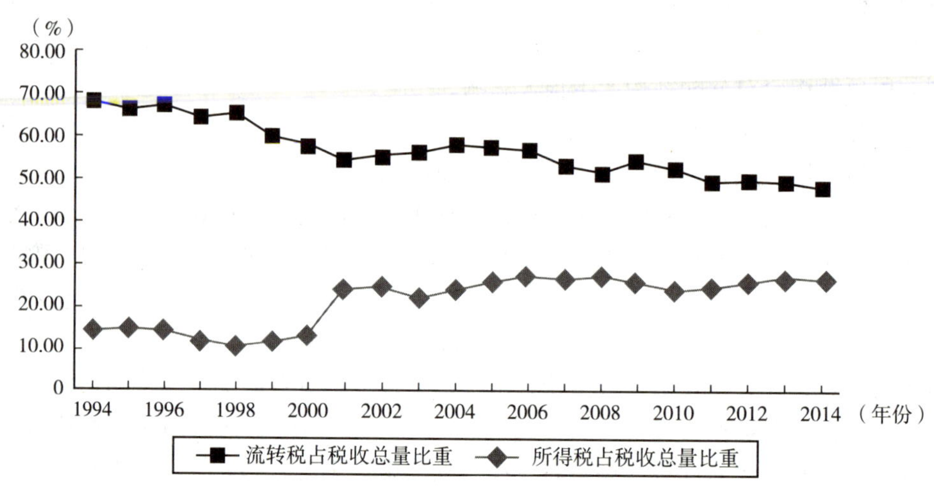

图5－18　1994～2014年流转税与所得税占税收总量中的比重

资料来源：国家统计局网站。

---

① 从实际税负的角度来说，诸如高房价、高地价等均可以看作是对劳动者所征收的税收，地方债相当于一种延迟的税负。

表5－23　　2013年中国税收收入来源结构

纳税人类型	国有企业	集体企业	股份合作企业	股份公司	私营企业
收入额（亿元）	15372	1007	600	56456	11619
占全部税收收入比重（%）	12.8	0.8	0.5	47.1	9.7
纳税人类型	涉外企业	个体经济	其他	全部税收收入	
收入额（亿元）	22992	6558	5339	119943	
占全部税收收入比重（%）	19.2	5.5	4.5	100.00	

注：这里的税收收入数额与表5－5中的数额略有差异，原因在于统计口径有差别。表5－21中的税收收入数额没有扣除出口退税，不含关税、耕地占用税、契税等。

资料来源：国家税务总局收入规划司：《税收月度快报》2013年12月。

现行财税体制除了以上所述的税负结构不够合理、税收集中于针对生产和经营活动创造价值的课税，地方政府与中央政府财权和事权不清晰等问题外，实际上还存在其他方面的问题。如我国税收立法、司法和行政相混淆问题较为突出，现行的18种有效税种中，只有3部实体税收法律（企业所得税法、个人所得税法、车船税法），其余15个税种“游离”在全国人大的立法之外，都是由国务院制定暂行条例开征；在财政的获取方式上，仍旧是单纯的资金获取，没有国民财富的确认功能，中国迄今没有已完税资产和收入的概念；财政支出方式上，提供给国民的福利仍由政府强制分配，医疗和教育的补贴被行政部门虚耗的问题较为突出；本应该由财政提供的养老、就业、医疗、教育等，却走向了产业化，相当于部分国民福利被转移。

三、财税体制影响经济结构的实证分析

本书接下来采用计量方法，分析现行财税体制、土地财政对以制造业企业为代表的实体经济发展的影响。

（一）模型的建立与数据说明

为了分析财税体制变迁、土地财政对制造业发展的影响，本书参照陈志勇、陈莉莉（2011）的研究思路，建立如下计量方程：

$$ln\_profit_{it} = \alpha_0 + \alpha_1 ln\_ctr_{it} + \alpha_2 ln\_land\_trans_{it} + \mu_i + \mu_t + \varepsilon_{it} \quad (5.21)$$

其中，i代表省份，t代表年份，α_0 为常数项，μ_i 表示省份的固定效应，用

于控制不随时间变动的因素对被解释变量的影响，μ_t 表示年份的固定效应，用于控制不随地区变动的因素对被解释变量的影响，ε_{it} 为随机扰动项，假设 $\varepsilon_{it} \sim N(0, \theta^2)$。$profit_{it}$ 为工业企业利润率即工业企业的利润与工业企业增加值之比，用来表征制造业的发展程度①；ctr_{it} 为财税体制变化指标，本书用一般预算内中央级税收与全国税收收入之比来表示；$land\_trans_{it}$ 为土地财政的衡量指标，本书用土地出让成交价款与地方本级财政收入的比率表示，在稳健性检验中，全书还借鉴陈志勇、陈莉莉（2011）的方法，用房地产业税占营业税税源产业总税收比重表示。

同时，考虑到财税体制变迁与土地财政之间可能存在的相互影响，本书在（5.21）式的基础上进一步加入了财税体制变迁与土地财政的交互变量，由此本书将基准模型扩展为如下形式：

$$\begin{aligned} \ln\_profit_{it} = {} & \alpha_0 + \alpha_1 \ln\_ctr_{it} + \alpha_2 \ln\_land\_trans_{it} + \alpha_3 \ln\_ctr_{it} \times \ln\_land\_trans_{it} \\ & + \sum_{j=1}^{5} \delta_j X_{it} + \mu_i + \mu_t + \varepsilon_{it} \end{aligned} \tag{5.22}$$

此外，为了保证估计结构的可靠性，本书还加入了其他控制变量：（1）城市化率（urb），用城镇人口占总人口的比重衡量，贺灿飞（2011）指出城市化会通过集聚经济对制造业的发展产生重要的影响；（2）人力资本（edu），借鉴陈钊等（2004）的做法，用各地区人均的受教育年限来衡量，孙文杰、沈坤荣（2011）指出人力资本积累是影响制造业企业创新效率的重要因素，因而会对制造业发展产生影响；（3）市场化程度（market），本书用非国有企业职工占总职工数的比重来衡量，一个地区的市场化程度越高，生产要素在行业间优化配置的成本越小，可能会有利于制造业的发展；（4）开放程度（fdi），用各个地区实际利用外资的金额表示，黄静波、向铁梅（2010）指出开放程度是影响制造业生产效率的重要因素；（5）基础设施（infras），用各地区公路里程与面积之比来表示，"基础设施与制造业发展关系研究"课题组（2002）指出基础设施发展水平会对制造业的发展有显著影响且这种影响会因地区与时间的不同而有所差异。所有变量均以对数的形式进入方程。

本书的实证分析基于全国 29 个省（自治区、直辖市）2003～2013 年的数据②。营业税税源产业的税收③、中央级税收以及地方级税收收入的数据来源于

---

① 工业包括采矿业、制造业和电力、燃气及水的生产供应业等，但是由于统计局没有公布制造业增加值与营业利润的数据，因此本书使用工业营业利润率近似替代制造业的发展程度。

② 西藏自治区由于数据缺失直接剔除，同时将四川和重庆的数据合并。

③ 营业税税源产业是指第三产业（不包括批发和零售业）以及第二产业中的建筑业。

历年《中国税务年鉴》，土地出让成交价款的数据来源于2004年《中国国土资源年鉴》和2005～2014年《中国国土资源统计年鉴》，非国有企业职工与总职工人数来源于历年《中国劳动统计年鉴》，其他数据均来自历年《中国统计年鉴》。表5-24报告了基本变量的描述性统计。

表5-24 关键变量的描述性统计

变量名	变量含义	平均值	标准差	最小值	最大值
ln_profit	工业企业营业利润率取对数	-1.6184	0.4253	-3.1624	-0.7294
ln_ctr	中央级税收比重取对数	-0.5361	0.1010	-0.8837	-0.2741
ln_land_trans	土地出让成交价款与地方本级财政收入之比取对数	-0.8947	0.6202	-3.5432	0.5334
ln_house_tax	房地产业税收与营业税税源产业总税收之比取对数	-1.4695	0.4192	-3.0054	-0.7288
ln_urb	城市化率取对数	-0.7639	0.2910	-1.9223	-0.1097
ln_edu	人均受教育年限取对数	2.1535	0.1025	1.8579	2.4900
ln_market	市场化程度取对数	-0.9181	0.4020	-4.4595	-0.2030
ln_fdi	实际利用外资金额取对数	8.5555	1.4143	4.8122	11.5193
ln_infras	公路密度取对数	-4.1976	0.8223	-6.4778	-2.4515

（二）实证结果

1. 基本回归结果

表5-25显示了回归结果，可以看出，在控制其他影响制造业企业发展的变量的基础上，主要观测变量与制造业发展水平有显著的相关关系。财税体制变迁本身（ctr）对制造业的发展的影响呈现显著的负相关，这可能是因为在新的分税制下，制造业没有其他行业所带来的税收数量多且快，导致地方政府不甚关注实体企业发展，地方政府乐于做大做强营业税税源产业中的房地产行业。土地财政对制造业的发展的影响也是呈现显著的负相关：一方面，土地财政在推动土地、房地产的资本化过程中，将实体经济中的大量资源吸引到房地产行业中；第二，土地财政所推动的地价、房价暴涨及其带来的人工成本上升，影响了实体企业的发展尤其是产业转型升级。财税体制指标与土地财政指标的交互项（ctr和land_trans · ctr）在回归结果中的系数为负且显著，说明财税体制和土地财政对制造业企业的发展是存在相互影响的，即现行财税体制促使地方政府更加依赖土

地财政，在这种依赖过程中影响了制造业企业的发展；地方政府利用土地以及土地上的房屋获取税收收入削弱了财税体制对其的制约效果，在此相互作用过程中影响了制造业企业的发展。

表 5-25　　财税体制变动、“土地财政”与制造业发展

变量	工业企业营业利润率 ln_profit				
	1	2	3	4	5
ln_ctr	-0.7720 * (0.4014)		-0.9023 ** (0.4001)	-1.1796 *** (0.2613)	-1.0801 *** (0.2599)
ln_land_trans		-0.0943 ** (0.0398)	-0.1054 *** (0.0398)	-0.8383 *** (0.0459)	-0.7995 *** (0.0465)
ln_land_trans × ln_ctr				-0.4852 *** (0.0251)	-0.4717 *** (0.0251)
ln_urb					-0.1282 * (0.0681)
ln_edu					0.4933 (0.4625)
ln_market					0.0658 (0.0423)
ln_fdi					-0.1331 *** (0.0409)
ln_infras					-0.0202 (0.0798)
常数项	-2.5022 *** (0.2128)	-2.2036 *** (0.0609)	-2.6840 *** (0.2215)	-2.5179 *** (0.1446)	-2.5579 ** (1.0467)
年份固定效应	控制	控制	控制	控制	控制
地区固定效应	控制	控制	控制	控制	控制
Within R^2	0.5620	0.5649	0.5728	0.8191	0.8305
样本数	319	319	319	319	319

注：第2、3、4、5 列分别在第1 列的基础上增加了政策控制变量和其他结构性控制变量；***、**、*分别表示在1%、5%与10%的水平上显著，括号内为稳健的标准误差。

2. 稳健性检验

为了保证估计的可靠性，我们对上述结果主要从两个方面进行稳健性检验：第一，使用不同的指标测度土地财政；第二，使用系统 GMM 进行估计。

本书参考陈志勇、陈莉莉（2011）的方法，用房地产业税占营业税税源产业总税收比重重新测度土地财政，表5－26中的第1、2列报告了具体的回归结果。

表5－26 稳健性检验

变量	更换土地财政的测度方法		系统GMM估计	
	1	2	3	4
L. ln_profit			0.2053*** (0.0283)	0.1499*** (0.0527)
ln_land_trans	－4.5091*** (0.6517)	－4.2661*** (0.6689)	－1.1035*** (0.4128)	－0.9662** (0.3788)
ln_house_tax	－1.6744*** (0.2405)	－1.6289*** (0.2555)		
ln_house_tax × ln_ctr	－2.9662*** (0.4333)	－2.9069*** (0.4543)		
ln_land_trans			－0.8061*** (0.0279)	－0.8232*** (0.0245)
ln_land_trans × ln_ctr			－0.5261*** (0.0147)	－0.5321*** (0.0184)
ln_urb		－0.2422** (0.0984)		－0.4417** (0.1739)
ln_edu		0.5177 (0.6673)		－0.6562 (1.3513)
ln_market		0.1981*** (0.0594)		0.0423** (0.0212)
ln_fdi		－0.0882 (0.0619)		0.0231 (0.0291)
ln_infras		－0.2097* (0.1198)		－0.0177 (0.0561)
常数项	－4.6792*** (0.3883)	－5.8316*** (1.5469)	－1.7442*** (0.2284)	－0.8381 (3.0387)
年份固定效应	控制	控制	控制	控制
地区固定效应	控制	控制	控制	控制
AR(2)			0.2319	0.1046
Sargan 检验			1.0000	1.0000
Within R^2	0.6284	0.6565		
样本数	317	317	287	287

此外，考虑到制造业的发展会受到过去经济发展水平的影响，本书在解释变量中通过加入被解释变量的滞后一期进行分析，而滞后被解释变量的引入，势必会造成模型估计的内生性问题，因此本书使用系统 GMM 对基准模型进行分析，表 5－27 的第 3、4 列报告了具体的回归结果。二阶序列相关 AR（2）的检验结果显示误差项不存在二阶序列相关的问题，Sargan 检验结果也表明不存在过度识别的问题。

3. 区分样本的回归

以上是没有区分地区与时间所做的回归结果。为了分析财税体制变迁、土地财政对制造业企业发展影响的地区与时间差别，本书进行了区分样本的回归检验，回归结果如表 5－27 所示。表 5－27 中的第 1、2、3 列分别显示东部、中部、西部三大地区财税体制变迁和土地财政对制造业发展的影响，回归结果没有改变表 5－25 的基本结论，即财税体制和土地财政均对制造业企业发展产生负面的显著影响，尤其是以中部分地区影响为甚；表 5－27 中的第 4、5 列显示区分金融危机前后的情况，回归结果也是负向。

表 5－27　　区分样本的回归

变量	东部地区	中部地区	西部地区	金融危机以前	金融危机以后
	1	2	3	4	5
ln_ctr	－0.4703 (0.3211)	－1.1115 (0.9562)	－0.9199** (0.4323)	－1.2212** (0.5105)	－0.2949 (0.2348)
ln_land_trans	－0.9472*** (0.0742)	－1.0330*** (0.2530)	－0.6544*** (0.0608)	－0.7039*** (0.0733)	－0.9317*** (0.0933)
ln_land_trans × ln_ctr	－0.5906*** (0.0424)	－0.5577*** (0.1222)	－0.4039*** (0.0336)	－0.4180*** (0.0344)	－0.6522*** (0.0584)
ln_urb	－0.1513** (0.0577)	2.7251** (1.0790)	1.6806** (0.8020)	－0.2029*** (0.0757)	－0.1475 (0.3596)
ln_edu	1.4715** (0.5795)	2.1286* (1.2247)	0.0858 (0.8357)	0.7777 (0.7366)	－0.6197 (0.5222)
ln_market	0.1813 (0.1408)	0.4316* (0.2435)	0.0211 (0.0470)	0.2505 (0.1819)	0.0174 (0.0274)
ln_fdi	0.0773 (0.0778)	－0.3858*** (0.1157)	－0.1790** (0.0709)	0.0245 (0.0707)	0.0826 (0.0892)
ln_infras	－0.0661 (0.0806)	0.0559 (0.4249)	0.3462 (0.2236)	－0.0018 (0.1494)	－0.0144 (0.1172)

续表

变量	东部地区	中部地区	西部地区	金融危机以前	金融危机以后
	1	2	3	4	5
常数项	-6.0806*** (1.5587)	-0.5864 (3.5902)	2.3009 (2.4255)	-4.3125** (1.7479)	-1.1338 (1.4752)
年份固定效应	控制	控制	控制	控制	控制
地区固定效应	控制	控制	控制	控制	控制
Within R^2	0.8662	0.9295	0.8674	0.8000	0.7749
样本数	143	67	109	174	145

注：***、**、*分别表示在1%、5%与10%的水平上显著，括号内为稳健的标准误差。

第四节　本章小结

总结本章内容，我们基本可以得到这样的几点结论：

第一，我国过去六十多年的经济建设和改革取得了巨大的成就，已经成为一个工业大国。当前和未来的主要目标是采取措施推动产业升级和技术进步，发展拥有自主知识产权的高端产业，由中国制造向中国创造转变，实现完全的工业化和现代化，进入到国际体系中的比较优越位置。为此，必须坚决地调整结构，提高经济发展的质。

第二，20世纪90年代中后期特别是21世纪初以来，我国在经济总量迅速提高的同时，经济结构也在发生深刻变化。目前，经济结构存在的主要问题包含国际和国内双重因素。一方面，我国经济已经是世界经济重要组成部分，已经深深融入由西方发达国家主导的全球经济中，国际金融资本对我国国民经济的影响越来越大；另一方面，我国国民经济虚拟化程度的不断提高、所有制结构有失倾向等问题是国内毫无节制的金融资本对产业资本进行淘汰和否定的必然结果。调整经济结构的关键是对国内外资本进行适当和有效的节制、引导和驾驭，使其为推动以制造业为主体的实体经济较快较好发展服务，为实现工业化和现代化服务。

第三，我国经济结构存在大量问题的根源在于现行的财税体制未能有效约束国内外资本，导致投机盛行、分配差距拉大、大量产业资本流入虚拟经济领域、资本利得远高于劳动所得、食利阶层开始分享经济发展成果，包括地方债务、地方政府的扩张等行为都是现行财税体制所造成的结果。因而，有必要对现行的财税体制进行全面的反思。未来财税体制改革的重点：一方面，改变税负结构，向资产持有和资本利得征税，将庞大资本重新导入到实体经济中；另一方面，坚持真正的分税原则，在全国实行抽肥补瘦措施，厘清地方政府职责和压缩地方政府规模，使地方政府在以收定支和最低事权的体制下结束扩张冲动，将工作重心完全转变到包括调整经济结构、民生在内的提高经济发展的质的工作上来，同时将全国的财税收入按照各地区发展实际进行合理分配，抽肥补瘦。

第六章

中国经济结构调整的方向和相应财税体制安排路径

在前面的章节中，我们分析了在经济全球化下对一国工业化进程中的经济结构基本内涵的认识，剖析了关于中国未来经济结构调整的几种方案，从全球和历史视野分析了代表性国家财税体制和经济结构变迁历史，同时分析了中国经济结构的现状与存在的主要问题，以及当前财税体制的种种弊端。本章将在继续分析中国基本国情基础上，提出中国未来经济结构调整的方向和相应财税体制方面的安排。

第一节　中国的基本国情：资源、生态和环境约束

我们在前面关于西方资本主义经济发展史的分析中提到，在市场经济下，经济增长过程中会对资源造成巨大消耗①，也会在一定程度上造成劳动者失业。中国作为人口众多、资源能源短缺的发展中大国，在经济结构调整和发展方式转变这一重大问题上，更应该对自身的国情有一个清醒认识。

① 西方发达国家掌握广阔的海外市场和大量的资源能源，有对外转嫁危机的能力，在发展经济时可以较少地考虑资源能源限制问题，但中国作为一个发展中国家，本国的国情和发展水平决定了我们在分析经济发展和经济结构调整问题时必须要考虑资源和生态约束。

表6－1显示了我国的主要资源人均占有水平与世界平均水平，可以看出，除了钨、稀土之外，我国主要资源人均占有水平均低于世界平均水平。特别地，水、土、能、矿和人力资源的分布状况是极不均衡的，而且搭配也极其不利（邓英淘，2013）。

表6－1　中国主要资源人均占有水平与世界平均水平的比较

单位：%

资源	我国人均占有量为世界平均水平的百分比
国土	32
耕地	32
林地	13
草原	33
可用于农林牧业的土地（包括尚未开垦的荒地）	31
森林蓄积量	13
淡水	24
煤（地质储量） 其中：经济可采储量	47 40
石油（地质储量）	32～64
水能（总储量） 其中：可开发水电量	61 81
铁矿（探明储量）	48
铜（探明储量）	29
铝（工业储量）	33
钨（工业储量）	225
锡（探明储量）	70
稀土（工业储量）	338
钛（探明储量）	100
镍（探明储量）	25
铅（探明储量）	54
锌（探明储量）	100
硫（探明储量）	85
磷（探明储量）	52

资料来源：邓英淘：《新发展方式与中国的未来》，上海人民出版社2013年版，第24～25页。

表6－1是1982年前后的情况，以中国为10亿人、世界为45亿人计算的。三十多年过去了，随着经济的快速发展，我国资源和生态约束问题没有得到根本好转。

表6－2～表6－5更加具体地反映了我国资源能源占有、消耗、未来需求等方面的状况。

表6－2　　2000～2020年中国一次能源消费总量及其结构预测

年消费量（亿吨油当量）	20年消费量（亿吨油当量）	一次能源消费结构（%）			
		石油	天然气	煤炭	水、核能
23～25	340～360	24～30	10	50～60	6～10

资料来源：谷树忠、成升魁等：《中国资源报告：新时期中国资源安全透视》，商务印书馆2010年版，第31页。

表6－3　　2000～2020年中国能源和其他主要矿产资源供需缺口预测

资源类	年需求（亿吨）	国内生产（亿吨）	年缺口（亿吨）	对外依存度（%）	累计需求（亿吨）	累计进口（亿吨）	年新增探明储量（亿吨）
石油	5.8～7.2	1.8～2	4～5.2	69～75	80～94	43～52	1.4～1.7
天然气①	2400	1500	900	37.3	23000	7700	650
煤炭	23～28				400～420		
粗钢②	2.9～3.0		1.5～1.8	50～60	51～53	27～29	
铜③	580～680	230	180～230	35	8800～9300	4800～5100	100
铝金属④	1190～1260	380	500	40	1.6～1.7	5500	580

注：①单位为亿立方米；②金属二次回收达到9000万吨/年，累计进口铁矿石量约合45亿～59亿吨优质铁矿石；③单位为万吨，对外依存度从目前的50%下降到35%；④单位万吨，二次回收达到390万吨/年。

资料来源：谷树忠、成升魁等：《中国资源报告：新时期中国资源安全透视》，商务印书馆2010年版，第31页。

表6－4　　中国重要指标占世界总量比例历史、现状及变化预测　　单位：%

类别	1971年	1995年	2010年	2020年
人口	23	21	20	19
一次能源需求	5	11	14	16
煤炭需求	13	28	33	36

续表

类别	1971 年	1995 年	2010 年	2020 年
石油需求	2	5	8	10
电力需求	3	9	13	15
CO_2 排放量	6	14	17	19

资料来源：谷树忠、成升魁等：《中国资源报告：新时期中国资源安全透视》，商务印书馆 2010 年版，第 32 页。

表 6－5　　中国土地资源与世界一些国家比较

类型	世界	中国	俄罗斯	美国	印度	加拿大	法国
土地面积总量（万平方公里）	13048.00	960.00	1688.85	915.91	297.32	922.10	55.01
人均（公顷/人）	2.200	0.740	11.400	3.350	0.310	30.540	0.937
耕地面积总量（万平方公里）	1465.81	122.08	133.07	187.78	169.57	45.50	19.39
人均（公顷/人）	0.247	0.094	0.898	0.686	0.174	1.507	0.330
森林面积总量（万平方公里）	3454.38	175.00	763.50	212.52	65.01	244.57	15.03
人均（公顷/人）	0.583	0.132	5.154	0.776	0.067	8.100	0.256
草原面积总量（万平方公里）	3410.20	400.00	86.86	239.17	11.42	27.90	10.83
人均（公顷/人）	0.575	0.330	0.586	0.874	0.012	0.924	0.184
人口密度（人/1000 公顷）	442	1321	88	294	3177	32	1060

资料来源：谷树忠、成升魁等：《中国资源报告：新时期中国资源安全透视》，商务印书馆 2010 年版，第 106 页。

在能源、矿产资源方面，我国消费需求越来越大，供需缺口日渐扩大，对外依存度越来越高。同时，我国的关键矿产资源面临供应不足、资源战略储备体系尚未建立，进口、运输线和价格等受制于人的问题。另外，我国的矿产资源分布很不均匀，这主要表现在占全国 GDP 60% 以上的东部地区，国土面积只占全国的 14%，资源占有量在全国的 1/3 以下，这无疑加大了资源供给的运输成本和压力。

在水资源方面，我国水资源的供需矛盾越来越大，水资源时空分布严重不均匀，水资源环境污染较为严重。首先，我国是全球 13 个人均水资源最贫乏的国家之一，人均水资源只有 2200 立方米，仅为世界人均量的 1/4、美国的 1/5、加拿大的 1/50。更为严重的是，我国可利用的水资源量更少，仅为 11000 亿立方米左右，人均可利用水资源量约为 900 立方米。其次，我国水资源在空间、时间和形态等方面的分布很不均匀。从空间上看，表现为东南多，西北少；从时间上看，全年60%的雨水集中在夏秋的3~4个月之间，而且多以暴雨形式出现；从形态上看，约70%地下水分布在南方，北方地下水源严重缺乏（邓英淘，2013）。最后，水资源短缺和不合理利用引发的生态环境污染问题较为严重，突出表现在长江、黄河等大江大河源头地区生态恶化（黄河面临断流威胁）；全国7大江河水系检测断面59%为五类和劣五类水质；重要湖泊和湿地日益萎缩、地下水位严重下降，等等。

在土地资源方面，我国土地资源人均占有量较少，后备耕地资源较少，林地资源和草地资源流失问题较为严峻。首先，我国人均土地面积只有0.74公顷，不及世界平均水平的1/3；人均可耕地面积只有0.094公顷（截至2005年底），远低于世界平均水平，约为加拿大的1/18，俄罗斯的1/10，美国的1/8，印度的1/2；我国人均森林面积0.132公顷，不到世界平均水平的1/4；人均占有草原只有0.33公顷，仅为世界平均水平的一半（谷树忠、成升魁等，2010）。其次，中国山地和丘陵约占全国国土面积的2/5，土地资源整体质量欠佳。再其次，长期不合理开发利用导致土地资源质量总体呈下降趋势。全国56%的耕地缺钾，70%~80%的耕地营养不足；水土流失面积已高达4亿公顷，占国土面积41.7%；全国沙漠化的耕地达393万公顷；全国天然草地年减少约67万公顷，等等。土地资源方面的不乐观形势对国家的粮食安全也构成了潜在挑战。最后，全国土地资源区域分布不均衡，水土资源匹配错位严重。西部干旱地区相对人少地多，土地占全国的52.4%，东部地区气候湿润，人多地少，土地占全国的47.6%；南方水资源量占全国水资源总量的80%，但耕地面积不到全国总耕地面积的40%，水田面积占全国水田总面积的90%以上，北方水资源、耕地资源占全国总量比重分别为20%和60%；我国大部分森林资源集中分布在江河领域和山地丘陵地带，在地域上看是东南部多、西北部少；草地面积主要分布于东北、西北和青藏高原地区。

在能源方面，我国已经是世界能源消耗大国（2009年中国能源消费规模居世界第二位），但我国人均剩余探明储量煤炭不到世界平均水平的2/3，石油和天然气人均水平均不到世界平均水平的10%，能源的供需矛盾早已显现。首先，在油气资源方面，我国油气资源尽管开发潜力较大，但分布不均衡，勘探开发难度较大（按照第三次油气资源量评价结果，我国石油资源总储量超过260×10^8吨，占预计资源量的25%左右；天然气资源量探明率在4×10^{12}立方米以上，占预计资源量不到10%）；我国大规模的石油进口已经对国际市场造成较大影响（全球石油进口增长量至少40%来自中国），石油对外依存度较高也带来了能源安全困境。其次，我国煤炭资源总量大，开发潜力大，但探明程度仍不高，煤炭的生产区域与消费区域时空错位在无形之中极大地提高了运输成本。最后，我国的水能资源主要分布在中部和西部地区，尽管开发潜力较大，但开发难度越来越大，水能资源丰富的区域基本都是相对贫困和绝对贫困落后地区，尽管对当地水能资源的开发可以促进当地经济发展，但如何统筹区域生态环境均衡却是一个比较棘手的问题。

通过以上简要分析，我们基本可以了解中国面临的极为不乐观的资源和生态问题。中国面临的物质资源制约尽管没有对解决绝大多数人的温饱问题构成明显障碍，但可以肯定的是，对于未来实现完全的工业化和现代化，资源、生态和环境问题必然会构成严重的制约。如果按照一些发达国家大量消耗资源的方式实现高度现代化，如按照美国的方式，则2060年中国人均能源消耗量为10.87吨标准燃料，总量为141.31亿吨，相当于整个世界1970年消费总量的2.17倍；按照日本的方式，2060年中国的人均能源消费量为4吨，总量为52亿吨，相当于整个世界1970年消费总量的80%，这是国内资源无法满足的，即使利用国际资源，必然也会引起激烈的国际竞争①（邓英淘，2013）。

正因为中国在资源、生态和环境方面面临的严峻形势，所以在未来经济发展中，不应该盲目追求高消费的生活方式，更不应该为追求单纯的GDP增长而消耗大量有限的物质资源，也不应该“去工业化”，推动虚拟经济的发展，因为那样不可能实现真正的现代化。中国应该具有全球和历史视野，吸取过去发达国家和发展中国家经济发展的经验和教训，结合中国的国情，采取切实有力措施，朝着有利于实现工业化和社会主义现代化的目标，推动技术进步和产业升级，调整经济结构，最终实现强国富民的目标，而在此过程中，应该积极发挥财税体制的主导作用。

第二节　结论与政策建议

结合全书前面的分析，我们将未来中国调整经济结构的目标、方向和具体概

① 中国的许多进口能源的对外依存度已经相当高了。早在2009年，石油对外依存度已经超过了国际规定的50%警戒线。更为严重的是，海湾地区和非洲地区作为中国的重要的海外能源供应地，其局势时常发生动荡，而对上述地区，中国根本无力掌控。此外，我们还应该注意到，西方发达国家是不会容忍中国像它们那样，轻松占有过多资源、过上高福利的生活方式。美国前总统奥巴马在澳大利亚接受当地电视台采访时的讲话已经清楚明了地表达了这方面的意思，可参见薛牧青：《奥巴马言论在华人世界掀轩然大波》，http：/qnck. cyol. com/content/2010－05/15/content_3232167. htm。

括为以下几个方面。

第一，调整经济结构的目标是实现产业升级，推动技术进步，占领科技制高点，避免历史上“富而不强”的局面，在现有的宝贵的资源和能源限制下，实现完全的工业化和社会主义现代化；应改变过去那种盲目追求 GDP、出口量、高消费等为目标的经济发展模式；应充分认识到中国依然处于工业化的进程中，面临着十分严峻的资源能源约束，“去工业化”、大力发展现代服务业、“内需主导”等都并非可取之道。

第二，经济结构调整的方向之一是坚决维护以制造业为主体的实体经济地位，应始终将制造业的发展摆在经济建设和工业化、社会主义现代化进程的核心位置，虚拟经济应始终处于从属地位，应坚决避免历史上欧美一些国家过度发展的金融业挤压制造业（英美“金融病”）的状况在中国重演。

当前，应充分认识到大量的中低端制造业并非国民经济的包袱，而是维护社会稳定、促进就业、推动国家进入到现有全球经济体系中比较优越位置的支柱，应采取务实措施解决制造业基础不牢、产业升级缓慢等问题。如对目前的产能过剩的问题，我国政府应该进一步加强对产业的整合和市场的监管。对于低端产业的恶性竞争和产能过剩问题，除了后文提到的在财税领域采取的相关有效措施外，应该学习高铁工业和航天工业的做法，成立专门的领导部门，统一控制国内市场、统一对外谈判、迫使外资转让核心技术、避免无序开放、推动国内企业技术进步。对于目前那些生产和生存遇到较大困难的制造业企业，可以考虑通过兼并重组和组建大型国有企业等手段，在确保就业的同时实现企业的浴火重生。另外，考虑到现有的产业布局，在严格保护环境和资源的基础上，可以将东部地区的一些产业迁移到中西部，以扩大工业化的广度和深度，合理布局全国的人口和产业，实现全国各地区的均衡发展。

第三，经济结构调整的方向之二是积极改变现有财富和收入分配结构失衡状态，坚决抑制食利阶层和食利资本的过度膨胀，确保劳动收益高于食利收益，抑制食利和投机，抑制由分配差距过大而可能带来的社会分化局面，推动分享经济体制的尽早建立，始终坚持劳动者的主体地位，让劳动创造价值的理念深入人心。

除了在财税体制领域采取诸如对资产持有和资本利得征税措施外，包括统计部门在内的国家相关部门应该定期公布关于全国范围内各行业、各部门从业人员收入水平状况，统计分配差距，严厉打击各种非法收入，消除灰色收入。

第四，经济结构调整的方向之三是积极改变现有所有制结构中的本国资本与外国资本结构失衡倾向，避免经济发展主导权丧失，维护国家经济主权，维护公有制的主体地位。

其一，全国人大应该对国家经济主权进行清晰界定，完善关于维护国家经济主权的相关立法工作，为维护国家经济主权提供法理依据。如全国人大应该明确我国哪些行业和领域外资可以进入以及进入的程度，哪些行业和领域必须由国家资本控制。同时，全国人大应该督促各级政府积极维护国家经济主权，将此项工作予以量化并纳入地方官员的政绩考核范围。

其二，在已成立的国家安全委员会内部设立维护国家经济金融安全的专门机构，全面调查和评估西方跨国公司和外资在我国国内各行业和各领域存在状况，对涉及危害国家经济金融安全的外资和外企要坚决清理，特别地，在当前的混合所有制改革中，应防止外资以资本重组形式全面控制我国的产业和国民经济。同时，加强对西方跨国公司和金融资本的监控，限制当代西方跨国公司和金融资本对中国经济金融的渗透和操控，反对全面放开金融市场，防止西方金融资本完全主导中国经济版图，防止金融业脱离国家监管走向独立。

其三，在当前的混合所有制改革中，应防止国有资产流失、防止外国资本垄断、防止非公资本单向控股、防止削弱人民币国际化、防止只讲混合所有制、防止削弱国有经济主导地位。

第五，经济结构调整的方向之四是积极改变人口和产业布局失衡倾向，应以制造业重新振兴和“一带一路”倡议的实施为契机，在原有的西气东输、南水北调、西部大开发基础上加快全国产业和人口的重新合理布局，切实加快推进中西部地区的发展，改造全国的水土与环境，推动资源高效利用，提高国内市场的潜力，提高工业化的深度和广度，实现区域均衡发展。

为此，应以严格的立法形式，重新安排现有的财税体制，以更好地支持和促进经济结构调整。

第一，在“营改增”基础上，调整现有的税负结构，改变课税重心完全停留在生产和劳动环节的状况，建立普遍的财产登记、收入申报和完整纳税记录的制度，建立遗产税、赠与税和房产税等针对资产持有的严谨课税，建立针对资本利得的严谨课税，建立针对资产转移的严谨征税，遏制资产向境外转移，遏制资本暴利，将金融资本重新导入到创造价值的领域和高附加值的产业，降低生产部门的生产成本，保证生产部门的基本增长，让一切创造价值的产业获得合理的收益，阻止产业空心化的趋势。同时，应该征收环境补偿税和特种资源税，加大环境和资源的保护力度；实行外资和内资一视同仁的政策，让外资的投资利润回报恢复到国际平均水平，所有针对外资和外企的优惠政策应该全部取消，适时提高外资涉入行业的税负水平。

第二，切实将地方政府的工作重心转移到调整和优化经济结构、推动工业化、实现高质量发展和社会主义现代化工作上来。具体而言，应采取措施清理现有的地方债务，本着最低事权和以收定支的原则，厘清各级政府的职责和压缩各级政府规模，建立真正的分税制，将中央集中的财税收入按照全国各地发展的实际进行合理分配，建立完善的全国范围内的横向和纵向转移支付体系，抽肥补瘦；对发展水平较为落后的地区，应在财税上给予大力支持，如行业和企业上的低税负、加大转移支付力度；在无特殊原因情况下，不应该允许地方政府发债融资，避免地方政府规模扩张；建立对地方政府预算实行公开透明和严厉的监督和审核的制度；建立政府官员收入与财产的公开、登记和申报制度①。

除了在财税体制这一经济顶层方面采取有利于经济结构调整的措施外，在金融领域也应该同时采取一些适当措施，如利用主权信贷发展国内经济，以人民币结算中国的出口，壮大人民币经济体，摆脱美元霸权的影响等（廖子光，2010）。

① 简言之，实行新发展方式（邓英淘，2013），实行累进的遗产税、累进的房产税、累进的租金税，鼓励劳动、尊重劳动、鼓励创新，不鼓励继承房产、不鼓励以房租为谋生手段，抑制和消灭土地食利者与金融寄生者，杜绝弃实求虚、攫取暴利的投机风气，反对未富先奢、资本崇拜、拜金主义，倡导勤俭节约的社会风气，让资源社会共享、经济发展成果社会共享，坚持制造业立国、坚持公有制主体地位，实现公平与效率的统一、实现全国区域间的协调发展。同时，房产税等针对资本利得和资产持有的税收收入也不应该完全成为地方性的税收，而应该根据各地区发展实际状况进行全国范围内的分享，以利于缩小地区差距，抽肥补瘦，最终实现多数人的现代化。

参考文献

中文参考文献

[1] 鲍晓：《德国的区域政策及其对我国振兴东北的启示》，载《德国研究》2004 年第 4 期。

[2] 陈志武：《为什么中国人勤劳而不富有》，中信出版社 2010 年版。

[3] 陈平：《社会演化的发展观与经济结构的方法论》，载《学习与探索》1981 年第 3 期。

[4] 陈平：《土地流转、城市模式和农民转业》，载《人民论坛》2011 年第 8 期。

[5] 陈平：《中国道路的本质和中国未来的选择》，载《经济社会体制比较》2012 年第 3 期。

[6] 陈平：《中国结构调整的方向与市场整合的规划》，载《经济导刊》2015 年第 1 期。

[7] 陈文东：《税收对收入分配的影响及改革展望》，载《中央财经大学学报》2012 年第 9 期。

[8] 陈少克、陆跃祥：《课税结构、价值流动与经济平衡——一个马克思经济学的分析框架》，载《马克思主义研究》2012 年第 7 期。

[9] 陈共、宋兴义：《日本财政政策》，中国财政经济出版社 2007 年版。

[10] 陈志勇、陈莉莉：《财税体制变迁、“土地财政”与经济增长》，载《财贸经济》2011 年第 12 期。

[11] 陈钊、陆铭、金煜：《中国人力资本和教育发展的区域差异：对于面板数据的估算》，载《世界经济》2004 年第 12 期。

[12] 陈曦、曾繁华：《国家经济安全的维度、实质及对策研究：基于外资并购视角的案例分析》，中国经济出版社 2010 年版。

[13] 程恩富、王佳菲：《“猛虎”是怎样放出笼的——论金融自由化与美国金融危机》，载《红旗文稿》2009 年第 1 期。

[14] 程恩富、尹栾玉:《加快转变对外经济发展方式须实现“五个控制和提升”》，载《经济学动态》2009 年第 4 期。

[15] 程恩富、杨斌:《当前资本主义危机引发的困境及其出路》，载《当代世界》2012 年第 5 期。

[16] 程恩富、冯金华、马艳主编:《现代政治经济学新编》，上海财经大学出版社 2012 年版。

[17] 程恩富、杨斌:《当前美国金融垄断资本主义的若干新变化》，载《当代世界与社会主义》2014 年第 1 期。

[18] 曹雷、程恩富:《加快向充分自主型发展方式转变——基于经济全球化视角的审思》，载《毛泽东邓小平理论研究》2013 年第 8 期。

[19] 程恩富、谢长安:《论资本主义和社会主义的混合所有制》，载《马克思主义研究》2015 年第 1 期。

[20] 储德银、闫伟:《税收政策与居民消费需求——基于结构效应视角的新思考》，载《经济理论与经济管理》2012 年第 3 期。

[21] 财政部《财政制度国际比较》课题组编著:《日本财政制度》，中国财政经济出版社 1988 年版。

[22] 邓子基:《坚持、发展“国家分配论”》，载《财政研究》1997 年第 1 期。

[23] 邓子基:《国家分配论与构建公共财政框架》，载《当代财经》1999 年第 4 期。

[24] 邓子基:《坚持与发展“国家分配论”》，载《东南学术》1999 年第 1 期。

[25] 邓子基:《借鉴“公共财政论”发展“国家分配论”》，载《财政研究》2000 年第 1 期。

[26] 邓子基:《关于公共财政的几点认识》，载《财政研究》2001 年第 7 期。

[27] 邓英淘:《新发展方式与中国的未来》，上海人民出版社 2013 年版。

[28] 范从来:《正确看待财产性收入对经济运行的影响》，载《金融纵横》2011 年第 1 期。

[29] 范从来、孙覃玥:《新苏南模式所有制结构的共同富裕效应》，载《南京大学学报》(哲学社会科学版) 2007 年第 2 期。

[30] 方明:《全球货币战略:霸权博弈》，中国法制出版社 2012 年版。

[31] 冯兴元:《解决区域发展不平衡问题——欧盟和德国的经验》，载《中

国农村经济》1999 年第 6 期。

[32] 冯静：《美国税制改革原因、思路及对中国启示》，载《财政研究》2013 年第 12 期。

[33] 樊士德：《结构主义经济学研究动态述评与中国经济结构》，载《社会科学战线》2009 年第 6 期。

[34] 郭传章、范洪波、文川：《产业结构与税制结构的同步调整》，载《财经问题研究》1999 年第 11 期。

[35] 郭庆旺、吕冰洋：《十年来税制运行的基本特征分析》，载《税务研究》2004 年第 11 期。

[36] 关雪凌、张猛：《发达国家跨国公司是如何为国家利益服务的——跨国公司的政治经济学分析》，载《政治经济学评论》2014 年第 3 期。

[37] 高培勇：《财税体制改革与国家治理现代化》，社会科学文献出版社 2014 年版。

[38] 高培勇、汪德华：《本款财税体制改革进程评估》，载《财贸经济》2016 年第 11 期。

[39] 高峰：《金融全球化的垄断资本主义与全球性金融—经济危机》，载《国外理论动态》2011 年第 12 期。

[40] 郭飞：《我国当前个人收入分配的主要问题与对策》，载《教学与研究》2010 年第 2 期。

[41] 郭飞：《居民财产差距悬殊的基本成因与对策》，载《马克思主义研究》2015 年第 12 期。

[42] 谷树忠、成升魁：《中国资源报告：新时期中国资源安全透视》，商务印书馆 2010 年版。

[43] 龚六堂：《公共财政理论》，北京大学出版社 2009 年版。

[44] 高梁：《当前我国工业面临的若干重要问题》，载《马克思主义研究》2014 年第 5 期。

[45] 国家统计局经济平衡统计司：《国民收入统计资料汇编（1949～1985）》，中国统计出版社 1987 年版。

[46] 贺雪峰：《城市化的中国道路》，东方出版社 2014 年版。

[47] 何秉孟：《美国金融危机与国际金融垄断资本主义》，载《中国社会科学》2012 年第 12 期。

[48] 何自力、马锦生：《发达国家经济高度金融化的内涵及本质》，载《经济纵横》2013 年第 5 期。

［49］何干强：《论公有制在社会主义基本经济制度中的最低限度》，载《马克思主义研究》2012 年第 10 期。

［50］黄树东：《大国兴衰——全球化背景下的路线之争》，中国人民大学出版社 2012 年版。

［51］黄静波、向铁梅：《贸易开放度与行业生产率关系研究——基于中国制造业面板数据的分析》，载《广东社会科学》2010 年第 2 期。

［52］韩毓海：《五百年来谁著史：1500 年以来的中国与世界》，九州出版社 2011 年版。

［53］黄河：《跨国公司与发展中国家》，上海人民出版社 2012 年版。

［54］贺灿飞：《地方化经济、城市化经济与中国制造业企业劳动生产率》，载《哈尔滨工业大学学报》（社会科学版）2011 年第 6 期。

［55］贾康、梁季：《我国个人所得税改革问题》，载《经济学动态》2010 年第 3 期。

［56］贾根良：《国际大循环经济发展战略的致命弊端》，载《马克思主义研究》2010 年第 12 期。

［57］"基础设施与制造业发展关系研究"课题组：《基础设施与制造业发展关系研究》，载《经济研究》2002 年第 2 期。

［58］江涌：《猎杀"中国龙"?》，经济科学出版社 2009 年版。

［59］江涌：《中国困局·中国经济安全透视》，经济科学出版社 2010 年版。

［60］江涌：《道路之争：工业化还是金融化?》，中国人民大学出版社 2015 年版。

［61］黎昌卫：《影响产业结构优化的税收因素与政策措施》，载《税务研究》2006 年第 11 期。

［62］李俊英、苏建：《经济结构调整视角下的结构性减税政策》，载《税务研究》2013 年第 2 期。

［63］李永友：《需求结构失衡的财政因素：一个分析框架》，载《财贸经济》2010 年第 11 期。

［64］李实：《收入分配与和谐社会》，载《中国人口科学》2007 年第 5 期。

［65］李实、罗楚亮：《中国收入差距究竟有多大——对修正样本偏差的尝试》，载《经济研究》2011 年第 4 期。

［66］李实：《中国收入分配格局的变化与改革》，载《北京工商大学学报》2015 年第 4 期。

［67］李楠：《中国所有制结构演变对收入分配的影响》，载《经济与管理研

究》2007 年第 9 期。

［68］李扬等主编：《中国国家资产负债表 2015：杠杆调整与风险管理》，中国社会科学出版社 2015 年版。

［69］李建平等主编：《世界创新竞争力发展报告：2001～2012》，社会科学文献出版社 2013 年版。

［70］吕冰洋：《财政扩张与供需失衡：孰为因？孰为果?》，载《经济研究》2011 年第 3 期。

［71］吕冰洋、谢耀智：《间接税对供需失衡的影响分析》，载《经济理论与经济管理》2012 年第 1 期。

［72］刘志彪：《马克思的积累的社会结构理论与当代经济危机》，载《江苏社会科学》1999 年第 5 期。

［73］刘志彪：《基于内需的经济全球化：中国分享第二波全球化红利的战略选择》，载《南京大学学报》2012 年第 2 期。

［74］刘志彪：《战略理念与实现机制：中国第二波经济全球化》，载《学术月刊》2013 年第 1 期。

［75］刘志彪：《财税体制：全面深化改革的突破口和关键环节》，载《江苏社会科学》2014 年第 4 期。

［76］刘志彪：《从全球价值链转向全球创新链：新常态下中国产业发展新动力》，载《学术月刊》2015 年第 2 期。

［77］刘成龙：《从收入分配视角看税收与民生》，载《税务研究》2012 年第 8 期。

［78］刘虎：《税制结构与收入分配：理论、现状和建议》，载《税务研究》2012 年第 11 期。

［79］刘成龙、王周飞：《基于收入分配效应视角的税制结构优化研究》，载《税务研究》2014 年第 6 期。

［80］刘华、黄永明：《试论税收调节产业结构的方式》，载《税务与经济》1994 年第 1 期。

［81］刘仲藜主编：《新中国经济 60 年》，中国财政经济出版社 2009 年版。

［82］刘志广：《新财政社会学研究——财政制度、分工与经济发展》，上海人民出版社 2012 年版。

［83］刘国光：《关于分配与所有制关系若干问题的思考》，载《开放导报》2007 年第 5 期。

［84］刘玉录：《高房价已成国民税赋》，载《中国房地产金融》2008 年第

1 期。

［85］廖元和：《中国产业布局的历史演进及区域经济变化趋势》，载《重庆广播电视大学学报》2014 年第 1 期。

［86］廖群等：《日本财政金融政策研究》，江西人民出版社 1989 年版。

［87］鲁品越：《国际体系与中国现代化道路的两个阶段——立足唯物史观对“中国奇迹”的解读》，载《马克思主义研究》2014 年第 10 期。

［88］李慎明：《国际金融危机现状、趋势及对策的相关思考》，载《马克思主义研究》2010 年第 6 期。

［89］李其庆：《马克思经济学视域中的金融全球化》，载《当代经济研究》2008 年第 2 期。

［90］刘元琪：《金融资本的新发展与当代资本主义经济的金融化》，载《当代世界与社会主义》2014 年第 1 期。

［91］李建新等：《中国民生发展报告》，北京大学出版社 2015 年版。

［92］卢洪友、熊艳：《我国税收的居民收入再分配效应研究》，载《财政研究》2014 年第 4 期。

［93］马洪：《中国式的社会主义现代化和经济结构的调整》，载《经济问题》1979 年第 1 期。

［94］马洪、吴家骏：《经济结构是决定社会经济效果的一个重要因素》，载《经济问题》1982 年第 1 期。

［95］马洪、孙尚清主编：《中国经济问题研究》（上册），人民出版社 1981 年版。

［96］马昀、卫兴华：《用唯物史观科学把握生产力的历史作用》，载《中国社会科学》2013 年第 11 期。

［97］齐新宇、徐志俊：《政府行为对两大部类增长率的影响—基于一个扩大的马克思再生产模型》，载《马克思主义研究》2010 年第 3 期。

［98］沈坤荣、余红艳：《税制安排对产业结构的影响》，载《经济纵横》2014 年第 1 期。

［99］苏振兴主编：《拉美国家现代化进程研究》，社会科学文献出版社 2006 年版。

［100］苏振兴主编：《拉美国家社会转型期的困惑》，中国社会科学出版社 2010 年版。

［101］苏振兴主编：《拉美国家现代化进程及其启示》，知识产权出版社 2012 年版。

［102］孙文杰、沈坤荣：《人力资本积累与中国制造业技术创新效率的差异性》，载《中国工业经济》2009 年第 3 期。

［103］时寒冰：《时寒冰说：未来二十年，经济大趋势》（现实篇），上海财经大学出版社 2014 年版。

［104］孙建国、村上直树、陈文举：《中日工业化进程比较》，社会科学文献出版社 2013 年版。

［105］唐毅南：《中国经济真是“粗放式增长”吗——中国经济增长质量的经验研究》，载《学术月刊》2014 年第 12 期。

［106］唐末兵、傅元海：《所有制结构变迁对我国居民收入差距的阈值效应》，载《马克思主义研究》2013 年第 2 期。

［107］唐祥来、倪琳、孔娇娇：《中国税制改革路径选择：从投资激励向消费积累转型》，载《中央财经大学学报》2013 年第 5 期。

［108］童锦治、黄克珑：《我国经济需求结构协调发展的税制结构优化研究》，载《当代财经》2014 年第 7 期。

［109］吴敬琏：《中国增长模式抉择》，上海远东出版社 2013 年版。

［110］魏广谱、何干强：《我国内需不足成因的马克思主义经济学分析》，载《马克思主义研究》2014 年第 12 期。

［111］魏杰：《基于国民生产总值的经济结构调整》，载《学术月刊》2010 年第 6 期。

［112］杨承训、张新宁：《国际超级金融垄断资本主义盛衰论》，载《马克思主义研究》2013 年第 1 期。

［113］王保安：《中国经济结构失衡：基本特征、深层原因与对策建议》，载《财贸经济》2010 年第 7 期。

［114］王国清：《马克思政治经济学教研中的“税收误区”和“税收盲区”释疑》，载《财政研究》2008 年第 2 期。

［115］王庆：《中国消费不足、投资过热现象被夸大》，载《华尔街日报》2009 年 12 月 3 日。

［116］王陆进：《深化财税改革　进一步理顺中央与地方关系》，载《经济研究参考》1998 年第 1 期。

［117］王志乐主编：《2012 跨国公司中国报告》，中国经济出版社 2012 年版。

［118］王健、谢长安：《当代西方跨国公司及对我国经济主权的影响》，载《马克思主义研究》2015 年第 11 期。

［119］王春雷：《促进总需求结构调整　扩大居民消费的税收政策》，载

《经济与管理评论》2012 年第 6 期。

[120] 王勇、范从来：《产业结构与货币需求的政治经济学分析——基于中美 M2/GDP 差异的研究》，载《马克思主义研究》2014 年第 11 期。

[121] 武少芩：《我国税收收入与产业结构关系的对接分析》，载《经济问题》2011 年第 7 期。

[122] 吴福象、蔡悦：《中国产业布局调整的福利经济学分析》，载《中国社会科学》2014 年第 2 期。

[123] 席卫群：《税收对居民消费影响的调查与分析》，载《税务研究》2013 年第 5 期。

[124] 谢旭人主编：《中国财政 60 年》，经济科学出版社 2009 年版。

[125] 项俊波：《我国经济结构失衡的测度与分析》，载《管理世界》2008 年第 9 期。

[126] 徐建炜、马光荣、李实：《个人所得税改善中国收入分配了吗——基于 1997～2011 年微观数据的动态评估》，载《中国社会科学》2013 年第 6 期。

[127] 夏杰长：《以扩大消费需求为着力点调整我国总需求结构》，载《经济学动态》2012 年第 2 期。

[128] 杨文芳、方齐云：《财政收入、财政支出与居民消费率》，载《当代财经》2010 年第 2 期。

[129] 杨帅、温铁军：《经济波动、财税体制变迁与土地资源资本化——对中国改革开放以来“三次圈地”相关问题的实证分析》，载《管理世界》2010 年第 4 期。

[130] 闫玮：《税收政策影响区域经济发展的作用机制分析》，载《山东社会科学》2005 年第 5 期。

[131] 岳希明、张斌、徐静：《中国税制的收入分配效应测度》，载《中国社会科学》2014 年第 6 期。

[132] 杨斌：《西方模式个人所得税的不可行性和中国式个人所得税的制度设计》，载《管理世界》2002 年第 7 期。

[133] 于金富：《缩小财富与收入差距实现共同富裕的制度求解》，载《马克思主义研究》2014 年第 12 期。

[134] 张斌：《流转税和所得税的产业结构调整效应分析》，载《财经理论与实践》2011 年第 2 期。

[135] 张海星、许芬：《促进产业结构优化的资源税改革》，载《税务研究》2010 年第 12 期。

［136］张军：《为什么消费不足可能是个伪命题》，载《经济观察报》2010年1月29日。

［137］曾庆宾、何志静：《税制改革与产业结构优化》，载《暨南学报》（哲学社会科学版）2005年第3期。

［138］张熠、卞世博：《遗产税、民生财政与中国经济结构转型》，载《财经研究》2015年第1期。

［139］张宇燕、高程：《美洲金银和西方世界的兴起》，载《社会科学战线》2004年第1期。

［140］朱炳元、陆扬：《当代资本主义经济虚拟化金融化的六大趋势》，载《毛泽东邓小平理论研究》2011年第10期。

［141］张宇、卢荻：《当代中国经济》，中国人民大学出版社2012年版。

［142］张宇：《金融危机、新自由主义与中国的道路》，载《经济学动态》2009年第4期。

［143］张宇、蔡万焕：《金融垄断资本及其在新阶段的特点》，载《中国人民大学学报》2009年第4期。

［144］张俊山：《资本主义基本矛盾的发展与当前资本主义金融危机》，载《教学与研究》2009年第10期。

［145］张帆：《产业漂移：世界制造业和中心市场的地理大迁移》，北京大学出版社2014年版。

［146］庄起善主编：《世界经济新论》，复旦大学出版社2008年版。

［147］曾纪茂：《地方政府公司化的运行逻辑与后果》，载《太平洋学报》2011年第11期。

［148］赵雪梅：《拉丁美洲经济概论》，对外经济贸易大学出版社2010年版。

［149］赵人伟、李实：《中国居民收入差距的扩大及其原因》，载《经济研究》1997年第9期。

［150］张馨：《论公共财政》，载《经济学家》1997年第1期。

［151］张馨：《“公共财政”与“国家财政”关系辨析》，载《财政研究》1997年第11期。

［152］张馨：《我国“财政本质”观演变述评》，载《经济学家》1999年第4期。

［153］张馨：《论建立公共财政的现实意义》，载《当代财经》2000年第1期。

［154］张馨：《马克思主义财政学的“创新”与“阶级财政论”的否定》，

载《财贸经济》2007年第11期。

[155] 中国信息通信研究院主编：《2015年中国工业发展报告》，人民邮电出版社2015年版。

[156] 中国企业联合会、中国企业家协会：《2014中国500强企业发展报告》，企业管理出版社2014年版。

[157] 周淼：《当代垄断资本主义的新特征探析》，载《中共四川省委党校学报》2014年第1期。

[158] 周波：《民生取向下深化税制改革的思路》，载《税务研究》2013年第6期。

[159] 张培刚：《发展经济学教程》，经济科学出版社2001年版。

[160] 张云东：《政策的作用力方向与国家战略》，载《上海证券报》2015年5月29日。

[161]《马克思恩格斯全集》第7卷，中译本，人民出版社1959年版。

[162]《马克思恩格斯全集》第12卷，中译本，人民出版社1962年版。

[163]《马克思恩格斯全集》第23、26卷，中译本，人民出版社1972年版。

[164]《马克思恩格斯全集》第21卷，中译本，人民出版社2003年版。

[165]《马克思恩格斯文集》第1、2、3、4、5、6、7、8卷，中译本，人民出版社2009年版。

[166] 杰奥瓦尼·阿锐基：《漫长的20世纪——金钱、权利与我们社会的根源》，中译本，江苏人民出版社2001年版。

[167] 迈克尔·波特：《国家竞争优势》，中译本，中信出版社2012年版。

[168] 阿瑟·刘易斯：《二元经济论》，中译本，北京经济学院出版社1989年版。

[169] 拉格纳·纳克斯：《不发达国家的资本形成问题》，中译本，商务印书馆1966年版。

[170] 艾伯特·赫希曼：《经济发展战略》，中译本，经济科学出版社1991年版。

[171] 张夏准：《资本主义的真相：自由市场经济学家的23个秘密》，中译本，新华出版社2011年版。

[172] 托马斯·皮凯蒂：《21世纪资本论》，中译本，中信出版社2014年版。

[173] 费尔南·布罗代尔：《15至18世纪的物质文明、经济和资本主义》（第三卷：世界的时间），中译本，生活·读书·新知三联书店1993年版。

[174] 费尔南·布罗代尔：《资本主义的动力》，中译本，生活·读书·新知

三联书店 1997 年版。

［175］瓦科拉夫·斯米尔：《美国制造：国家繁荣为什么离不开制造业》，中译本，机械出版社 2014 年版。

［176］加里·皮萨诺、威利·史：《制造繁荣：美国为什么需要制造业复兴》，中译本，机械工业出版社 2014 年版。

［177］爱德华·肖：《经济发展中的金融深化》，中译本，格致出版社 2014 年版。

［178］罗纳德·麦金农：《经济发展中的货币与资本》，中译本，上海三联书店 1988 年版。

［179］廖子光：《中国出路：全球债务危机与中国应对策略》，中译本，中央编译出版社 2010 年版。

［180］让—多米尼克·拉费、雅克·勒卡荣：《混合经济》，中译本，商务印书馆 1995 年版。

［181］米歇尔·阿尔贝尔：《资本主义反对资本主义》，中译本，社会科学文献出版社 1999 年版。

［182］贡德·弗兰克：《白银资本——重视经济全球化中的东方》，中译本，中央编译出版社 2000 年版。

［183］乌尔里希·森德勒主编：《工业 4.0：即将来袭的第四次工业革命》，中译本，机械工业出版社 2014 年版。

［184］弗里德里希·李斯特：《政治经济学的国民体系》，中译本，华夏出版社 2009 年版。

［185］纳谷城二等：《发展的难题——亚洲与拉丁美洲的比较》，中译本，上海三联书店 1992 年版。

［186］大卫·李嘉图：《政治经济学及税赋原理》，中译本，华夏出版社 2005 年版。

［187］滨下武志：《中国、东亚与全球经济：区域与历史的视角》，中译本，社会科学文献出版社 2009 年版。

［188］戴维·斯托克曼：《资本主义大变形》，中译本，中信出版社 2014 年版。

［189］莱斯利·贝瑟尔主编：《剑桥拉丁美洲史》（第 6 卷），中译本，当代世界出版社 2000 年版。

［190］吉川元忠：《金融战败：发自经济大国受挫后的诤言》，中译本，中国青年出版社 2000 年版。

英文参考文献

[191] Acemoglu, D., 2009, *Introduction to Modern Economic Growth*. Princeton University.

[192] Acemoglu, D., Guerrieri, V., 2008, "Capital Deepening and Nonbalanced Economic Growth". *Journal of Political Economy*, Vol. 3, No. 116, pp. 467 - 498.

[193] Buera, F., Kaboski, J., 2012, "The Rise of the Service Economy. *American Economic Review*", Vol. 6, No. 102, pp. 2540 - 2569.

[194] Bah, E. - H., Brada, J. C., 2009, "Total Factor Productivity Growth, Structural Change and Convergence in Transition Economies". *Comparative Economic Studies*, Vol. 4, No. 51, pp. 421 - 446.

[195] Boppart, T., 2014, "Structural Change and the Kaldor Facts in a Growth Model with Relative Price Effects and Non - Gorman Preferences". Manuscript, Stockholm University of Zurich.

[196] Betts, C. M., Giri, R., Verma, R., 2011, "Trade, Reform, and Structural Transformation in South Korea". Manuscript, University of Southern California.

[197] Baumol, W. J., 1967, "Macroeconomics of Unbalanced Growth: The Anatomy of Urban Crisis". *American Economic Review*, Vol. 3, No. 57, pp. 415 - 426.

[198] Chenery, H. B., 1960, "Patterns of Industrial Growth". *American Economic Review*, Vol. 4, No. 50, pp. 624 - 654.

[199] Echevarria, C., 1997, "Change in Sectoral Composition Associated with Economic Growth". *International Economic Review*, Vol. 2, No. 38, pp. 431 - 452.

[200] Foellmi, R., Zweimuller, J., 2008, "Structural Change, Engel's Consumption Cycle, and Kaldor's Facts of Economic Growth". *Journal of Monetary Economics*, Vol. 7, No. 55, pp. 1317 - 1328.

[201] Gollin, D., Parente, S. Rogerson, R., 2012, "The Role of Agriculture in Development". *American Economic Review*, Vol. 2, No. 92, pp. 160 - 164.

[202] Iscan, T. B., 2010, "How Much Can Engel's Law and Baumol's Disease Explain the Rise of Service Employment in the United States". *The BE Journal of Macroeconomics*, Vol. 1, No. 10, pp. 1 - 41.

[203] Kuznets, S., 1957, "Quantitative Aspects of the Economic Growth of Nations: Ⅱ. Industrial Distribution of National Product and Labor Force". *Economic De-*

velopment and Cultural Change, Vol. 4, No. 5 (supplement), pp. 1 – 111.

[204] Kongsamut, P., Rebelo, S., Xie, D. – Y., 2001, "Beyond Balanced Growth". *Review of Economic Studies*, Vol. 4, No. 68, pp. 869 – 882.

[205] Ngai, L. R., Pissarides, C. A., 2007, "Structural Change in a Multi-sector Model of Growth". *American Economic Review*, Vol. 1, No. 97, pp. 429 – 443.

[206] Nickell, S., Redding, S., Swaffield, J., 2002, "Educational Attainment, Labour Market Institutions, and the Structural of Production". Working book, London School of Economics.

[207] Mokyr, J., 1993, *Introduction*, *in Mokyr*, *J.* (*ed*) *The British Industrial Revolution*. Boulder, Colorado: Westview Press.

[208] Pandit, K., Casetti, E., 1989, "The Shifting Pattern of Sectoral Labor Allocation During the Development: Developed versus Developing Countries". *Annals of the Association of American Geographers*, Vol. 79, September, pp. 329 – 344.